일본어학과 일본어교육
日本語学·日本語教育

2 음운·음성(音韻·音聲)

韓美卿 編

일본어학과 일본어교육 2 음운·음성
머리말

　어느덧 우리나라 대학의 정규교육에 일본어가 도입된 지도 반세기가 넘었다. 그 동안 한국과 일본은 정치적으로는 우여곡절을 겪으면서도 경제적으로는 동북아는 물론 세계 경제를 움직이는 중요한 존재가 되었으며 세계의 번영과 평화를 위한 협력자로서의 역할을 다 해야 한다는 책임감을 공유하고 이를 더욱 발전시켜야 할 단계에 와 있다. 이러한 가운데 일본관련 학문 연구도 장족의 발전을 거듭하였으며 일본어학과 일본어교육의 연구는 괄목할 만한 성과를 보이고 있다.

　그동안 국내의 일본관련 연구를 중심으로 하는 학회도 많이 설립되었고 수준 높은 학술지도 다수 발행되고 있다. 이러한 학회와 학술지들의 등장과 양적 팽창은 한일간의 인적 교류의 필요성을 증명하는 것으로 한국 사회의 일본관을 보다 객관화하는 데 크게 기여했다. 현재에도 국내외 대학원에서 일본관련 학문을 전문적으로 연구하는 전공자들이 상당한 수에 달하고 있으며 이들에 의한 연구 성과 또한 대단한 것이다.

　그동안 일본관련 대학과 연구는 학문을 쉽게 전달하여 이해를 넓히고자 하는 초기 단계를 거치며 관련 연구자와 일본어학에 관심을 갖는 일반인의 양적 팽창을 이루었다. 이를 바탕으로 현재 질적으로 수준 높은 연구들이 나오게 되었다. 그러나 이러한 연구들이 심화되면 될수록 연구자들은 각자의 분야에만 깊이 천착하여 서로간의 교류가 소홀해져 결국에는 소통이 단절되는 경우도 많았으나 이제는 일본어학 연구의 정제된 성과를 서로 공유하고 활발한 토론을 통한 새로운 학문 발전의 토대를 마련하는 것이 시대적 요청이 되었다. 이러한 시점에서 이제까지 논문이나 각 개인의 저술을 통해 소수에게만, 또는 개별 전공 영역의 연구자들에게만 공유되었던 전문가들의 연구 성과를 모아 일본어학 연구총서를 간행하는 것은 전문분야간의 활발한 소통과 발전을 위해 반드시 필요한 일이며 의미 있는 일이라고 생각된다.

이 총서는 심도 있는 내용을 전제로 하면서도 개별 전문분야간의 활발한 소통을 위해 다른 분야 연구자는 물론 앞으로의 연구자들에게 쉽게 다가갈 수 있도록 노력하였다. 또한 일본어학과 일본어교육뿐 아니라 한국어학, 언어학은 물론 다른 언어를 전공하는 전공자와의 교류와 소통을 위해 일본어로 작성된 원고를 모두 한국어로 번역하였다. 이러한 점에서 이 총서는 기존의 기획에는 없는 새로운 시도라고 할 수 있다.

이 총서는 일본어학·일본어교육이라는 큰 테두리 안에서 일본어문법, 음운음성, 어휘, 경어, 담화, 일본어사 그리고 일본어교육이라는 7개의 분야로 나누어 국내와 해외 연구자의 연구를 아우름으로써 우리나라에서의 일본어학 연구의 수준을 한 단계 향상시키는 역할을 하리라 기대한다. 이 총서의 구성은 다음과 같다.

1권 문법(文法)
2권 음운·음성(音韻·音聲)
3권 어휘(語彙)
4권 경어(敬語)
5권 담화(談話)
6권 일본어사(日本語史)
7권 일본어교육(日本語教育)

이 총서의 특징의 하나는 그동안의 국제적 학문 교류의 성과를 보여주는 저서라는 점이다. 그동안 양적으로 많은 연구가 이루어지면서도 선행연구에서는 주로 일본 학자들의 이론이 인용되었던 것도 사실이다. 그러나 이제는 이 총서 여러 곳에서 확인할 수 있는 것처럼 국내와 국외 연구자들의 그동안의 활발한 교류의 흔적이 녹아든 내용이 많다는 사실에서 서로가 필요한 존재임을 여실히 보여주고 있다. 하나의 언어를 갖고 이론을 만들어내는 시대는 저물고 있다. 한국과 일본에서 이루어진 연구 결과를 서로 공유함으로써 각각의 언어의 객관화된 사실과 이론화가 가능한 시대가 되었다. 이 책은 이런 시대적 변화를 반영함과 동시에 앞으로의 공동연구를 위한 출발점이라는 의미도 담고 있다.

　이 총서는 국내외의 해당 분야를 대표하는 연구자들이 함께 만든 책이다. 처음에 집필을 약속하였으나 건강상의 이유로, 개인적인 사정으로 아쉽게도 집필에 참여를 못하신 분들이 있다. 그러나 기획 초기 단계에서 모든 분들이 집필 의도에 대해 아낌없는 찬사와 격려의 말씀을 주셨다. 이 총서의 집필에 참여해 주신 국내외 모든 저자들께 이 자리를 빌려 심심한 감사의 마음을 표하고 싶다. 해외에서 집필에 참여해 주신 외국 연구자들은 다음과 같다.(경칭 생략)

文法 : 早津恵美子(東京外国語大学), 益岡隆志(神戸市外国語大学)

音韻・音声 : 田中真一(神戸大学), 高山知明(金沢大学),
　　　　　　Pintér Gábor(神戸大学)

語彙 : 安部清哉(学習院大学), 影浦峡(東京大学),
　　　神崎享子(豊橋技術科学大学), 金水敏(大阪大学),
　　　笹原宏之(早稲田大学), 塩田雄大(ＮＨＫ放送文化研究所),
　　　田中牧郎(国立国語研究所), 横山詔一(国立国語研究所)

敬語 : 蒲谷宏(早稲田大学), 坂本惠(東京外国語大学),
　　　佐竹秀雄(武庫川女子大学), 滝浦真人(放送大学),
　　　吉川香緒子(早稲田大学)

談話 : 宇佐美まゆみ(東京外国語大学), 生越直樹(東京大学),
　　　岸本千秋(武庫川女子大学)

日本語史 : 齋藤文俊(名古屋大学), 白井純(信州大学),
　　　　　沖森卓也(立教大学), 池田証寿(北海道大学)

日本語教育 : 川口義一(早稲田大学), 小林ミナ(早稲田大学),
　　　　　　館岡洋子(早稲田大学), 戸田貴子(早稲田大学)

　또한 이 기획의 구상부터 완성에 이르기까지 모든 과정을 함께 하며 적극적으로 참여해 주신 간행위원 선생님들께도 감사의 마음을 전하고 싶다. 나아가 편집위원 선생님들의 노고에도 감사의 말씀을 드리고 싶다. 각 권마다 어떤 구성으로 집필자를 배치할지부터 국내외 선생님들의 섭외와 들어오는 원고의 번역은 물론 여러 차례에 걸친 교정까지 모든 분들의 세심하고 적극적인 노력이 없었더라면 이 책은 완성될 수 없었을 것이다. 간행위원과 편집위원은 다음과 같다.

간행 및 편집위원장 : 한미경(한국외대)
간행위원 : 고수만(인하대)　　김광태(한서대)　　김준숙(백석예술대)
　　　　　송영빈(이화여대)　 윤상실(명지대)　　윤호숙(사이버한국외대)
　　　　　정상철(한국외대)　 정수현(동국대)　　최창완(가톨릭대)
　　　　　황미옥(인천대)
편집위원 : 권경애(한국외대)　 김동규(한국외대)　박민영(한국외대)
　　　　　송정식(인하공전)　 오미영(숭실대)　　이우제(백석예술대)
　　　　　이은미(명지대)　　 정상미(신라대)

　마지막으로 이 책의 기획이 갖는 의미에 공감하고 출판을 기꺼이 맡아주신 제이앤씨 윤석현 대표이사님과 결코 쉽지 않은 이런 종류의 총서에 대해 헌신적으로 교정을 맡아주신 최인노님께 감사의 뜻을 전하고 싶다.

2013년 5월
간행 및 편집위원장
한 미 경

일본어학과 일본어교육 **2** 음운・음성

차 례

┃ 上代日本語 イ列乙類의 音韻的 성격 ·························· 고수만　13

┃ 한국어화자에 의한 促音과 撥音의 知覚 ············ 고시로 아끼코　29

┃ 상대일본어의 복합어 음운현상과 악센트 ···················· 권경애　49

┃ 평판악센트와 언어구조 ······································· 다나카 신이치　73

┃ 한일 양 언어의 유음의 역할에 관한 공통점과 차이점
·· 다카야마 도모아키　91

┃ 일본어 음성커뮤니케이션 연구 ································· 민광준　109

┃ 韓国語母語話者의 음성에 대한 縱断的研究 ······ 사카이 마유미　129

┃ 최적성이론으로 본 일본어의 음운 ···························· 손범기　149
　-어종에 따른 소리분포의 비대칭성-

┃ 分韻表를 활용한 日本漢字音 研究 方法 ······················ 이경철　169

▌字音仮名에 의한 漢字音 硏究 ·················· 조대하   201

▌청각적 거리와 일본어 ワ행의 쇠퇴 ············ 핀텔 가볼   225

▌촉음의 출현과 기능 ···························· 황광길   239

▌海外著者原文(あいうえお 順) ································   265

• 日韓両言語の流音の役割に関する
  共通性と相違点 ···································· 高山知明   267

• 平板アクセントと言語構造 ······················ 田中真一   281

• 聴覚的な距離と日本語のワ行の衰退 ····· ピンテール・ガーボル   295

일본어학과 일본어교육
日本語学・日本語教育

2 음운・음성(音韻・音声)

일본어학과 일본어교육

日本語学·日本語教育

2 음운 · 음성 (音韻 · 音聲)

일본어학과 일본어교육
日本語学・日本語教育

2 음운・음성(音韻・音声)

上代日本語 イ列乙類의 音韻的 성격

고 수 만*
인하대학교 교수

I. 머리말

일본 상대(上代) 문헌에 나타나는 万葉仮名(주로 音仮名)의 용자법(用字法)을 보면 イエオ 三列의 가나즈카이(仮名遣)는 현대일본어 イエオ 三列의 仮名遣와는 다른 특이한 점이 보인다. 즉, 상대일본어 イエオ 三列의 각 列을 표기하는 万葉仮名는 2개의 그룹으로 나뉘어 사용되었고, 게다가 그 2개의 각 그룹에 속한 字들은 같은 그룹 내에서는 서로 뒤섞여 사용되었지만, 그룹을 달리 해서 혼용되는 일은 절대로 없었다. 다시 말해, 상대일본어의 イエオ 三列은 각각 표기하는 방법이 2가지씩 존재했었다는 이야기가 된다.

* 高秀晩 : 仁荷大學校

이처럼 상대일본어의 イエオ 三列을 표기함에 있어 엄격하게 구분되는 두 가지 표기법이 존재했었다고 하는 것은 상대일본어의 イエオ 三列에 각각 서로 다른 두 개의 음이 존재했었다는 해석이 가능하게 된다.

그렇기 때문에 일본 국어학계의 많은 학자들은 일찍부터 두 음의 존재에 대해 그것이 모음의 차이에서 비롯된 것으로 해석하고 소위 '8모음설'(정확하게는 8모음 음소설, 이하 같음)을 주장하였고, 그것이 정설인 것처럼 인식되어져 왔다.

그러나 하시모토 신키치(橋本進吉)에 의해 '上代特殊仮名遣'[1]라고 이름 붙여진 이 현상은 자세히 보면 イエオ 三列이 제각각 다른 양상을 보인다. オ列에서는 그 구분표기가 거의 모든 行에 걸쳐 이루어져 있음에 반해, イ列과 エ列에서는 그러한 구분표기가 カ・ガ・ハ・バ・マ行에서만 행하여져 있다.

따라서 オ列에서의 구분표기와 イ・エ列에서의 구분표기는 서로 다른 각도에서 음운적 해석을 해야 한다. 그럼에도 '8모음설'을 주장하는 학자들은 그러한 사실을 간과했다. '8모음설'이 설득력을 가지려면 カ・ガ・ハ・バ・マ行 이외의 行에서도 イ・エ列에 각각 서로 다른 두 가지의 표기법이 사용되었어야 한다. 그러나, '8모음설'을 주장하는 학자들은 왜 カ・ガ・ハ・バ・マ行의 イ・エ列에서만 두 가지 표기법이 구분 사용되었는지에 대해 납득할 만한 설명을 하지 못한 채 상대일본어의 모음체계를 8모음체계로 상정했다.

イエオ 三列에서의 구분표기는 平安時代가 되면 하나로 통합되어 현재와 같은 5모음체계로 되면서 上代特殊仮名遣는 소멸되는데, 주로

---

[1] 上代日本語 イエオ 三列의 仮名遣가 특이한 양상을 보이는 것에 대해서는, 江戸시대의 國學者 모토오리노리나가(本居宣長)가 『古事記傳』의 서문에 처음으로 언급하였고, 그의 제자 이시즈카타쓰마로(石塚龍麿)에 의해 그 전모가 밝혀졌지만, 일반에 인정받지 못하고 오랫동안 잊혀져 왔다. 그 후 근대에 들어와 하시모토(橋本)에 의해 재발견되었는데, 하시모토는 이를 「上代特殊仮名遣」라고 명명하고, 두 가지 표기법에 대해 甲類, 乙類라고 명명하였다.

乙類가 甲類에 합류되었다. 따라서 상대일본어의 모음체계에 관해서는 우선 各列 乙類의 성격을 분명히 하는 것이 필요하다.

이하 본 논문에서는 イ列乙類 표기에 대해 선행연구의 문제점을 지적하고 그 음운적 성격에 대해 고찰한다. イ列甲類에 대해서는 종래부터 여러 측면에서 현재와 크게 다르지 않은 [i]로 추정되어 왔고 이에 대한 異論도 거의 없으므로, 본 논문에서는 문제가 되어 있는 イ列乙類에 대해 고찰하고자 한다.

또한 본 논문에서의 '上代日本語'란 핫토리 시로(服部四良, 1976a)의 정의에 따라, 奈良시대의 奈良方言을 중심으로 하는 中央方言을 가리키는 것으로, 東國方言을 포함하지 않는 것으로 한다.

II 선행연구 검토

上代特殊仮名遣를 재발견한 하시모토(橋本)나 上代日本語 연구에 커다란 업적을 남긴 아리사카 히데요(有坂秀世)는 イ列乙類의 음가에 대해 ïi와 같은 이중모음을 생각했다. 이것은 万葉仮名로 사용된 漢字의 音, 다른 음과의 상통·교체, 그리고 후대의 甲類乙類의 합류 등을 고려한 해석으로 타당한 것으로 생각된다. 다만 두 사람 모두 ïi에서 ï가 어떤 성격의 음인가에 대한 설명이 미흡해 설득력이 떨어지는 점은 아쉬움을 남긴다.

8모음설을 주장하는 학자들은 甲類를 i로, 乙類를 ï로 해석하고 乙類의 ï를 中舌모음이었을 것으로 추정한다. 그러나 乙類가 중설모음 ï 였다면 그것이 k(カ行), g(ガ行)나 p(ハ行)[2], b(バ行), m(マ行) 이외의

---

2 ハ行의 음가에 대해서는 상대에 이미 파열음인 [p]에서 마찰음인 [ɸ]로 바뀌었다고 보는 것이 정설이지만 음소로서는 /p/로 해석되므로 여기서는 p로 한다.

다른 음과도 결합한 형태가 존재했어야 하는데, 그러한 흔적은 어디에서도 볼 수 없다. 또한 奈良時代 말기가 되면 甲類와 乙類는 합류되어 그 구별이 없어지는데, 前舌의 高母音 i와 中舌의 高母音 ï 가 모두 존재하는 음운체계에서는 둘의 합류가 어렵다는 것이 일반적인 설이다. 이것은 한국어의 예를 보면 잘 알 수 있을 것이다.

핫토리(服部, 1976a)와 마쓰모토 카쓰미(松本克己, 1976) 두 사람은 イ列의 구분 표기에 대하여, 그것이 모음의 차이에 의한 것이 아니라, 하나의 子音이 구개화(口蓋化)된 것과 구개화되지 않은 것이 대립한 것으로 해석한다. 그리고 두 사람은 エ列의 구분 표기에 대해서도 같은 의견을 내세운다. 음성학적으로 연구개음(軟口蓋音)인 k g와 순음(脣音)인 p b m는 전설모음인 i e와 결합할 때 구개음화를 일으켜, 다른 모음과 결합하여 구개음화되지 않은 kgpbm과는 구별이 용이하기 때문에, イ列와 エ列의 구분 표기는 구개화 자음과 비구개화(非口蓋化) 자음 간의 대립이라고 주장했다.

イ列와 エ列의 모음은 후대에 각각 i, e 로 정착되었으므로 上代에도 전설모음인 i, e, 혹은 그에 가까운 전설모음이었을 것이라는 추정은 가능하다. 따라서 두 사람의 주장은 일견 타당한 듯이 보인다. 그러나 두 사람의 주장에는 다음과 같은 의문점이 생긴다.

우선, イ列와 エ列의 구분표기는 그 성격을 달리 하는 것으로 생각한다.

한자음의 측면에서 보았을 때, イ列의 구분 표기는 순음의 경우 切韻音 三等韻에서의 重紐의 대립과 상당 부분 일치한다. 切韻三等韻의 重紐의 대립이 구개화와 비구개화의 대립이라는 것이 통설이므로 상대일본어의 イ列의 구분 표기에 구개화와 비구개화의 대립이 관여되었을 것이라는 가설은 충분히 성립될 수 있을 것이다. 그러나 아(牙)·후음(喉音) 字의 경우는 重紐의 대립에 의한 것이라기보다는 중심모음의 차이에 의한 것으로도 볼 수 있다. 이에 대해서는 후술한다.

또한 ユ列에서의 구분 표기는 한자음을 놓고 볼 때, 구개화와 비구개화의 대립과는 관련성이 먼 것으로 생각된다. 즉, ユ列甲類의 표기에는 주로 四等韻인 齊韻의 字가, ユ列乙類의 표기에는 주로 一等韻인 咍韻의 字가 사용되어, ユ列에서의 구분표기에는 重紐의 대립과 같은 구개화와 비구개화의 대립과는 관련이 없었던 字들이 주로 사용되었다.

또한 상대일본어의 四段動詞 활용 어미를 보면, 未然 -a, 連用 -i甲, 終止·連体 -u, 已然 -e乙, 命令 -e甲으로 나타난다. 활용형의 대부분이 모음 어미의 변화에 의해 형성되는데, 已然形과 命令形의 구분은 비구개화 자음과 구개화 자음, 즉 자음 간의 대립에 의한 것이라는 납득하기 어려운 상황이 생긴다.

논점을 イ列에 놓고 보면, 四段動詞와 カ変動詞, 그리고 上一段動詞의 連用形은 イ列甲類이지만 上二段動詞의 連用形은 イ列乙類이다. 이 또한 구개화와 비구개화 자음 간의 대립이라면 일본어 내부에서의 음운 현상에 대한 설명이 불가능해 진다. 이에 대해서는 후술한다.

平安 이후에 甲類와 乙類가 i로 통합된 것을 생각하면, イ列의 甲類나 乙類 어느 쪽에도 모음 i가 관여되었을 것은 충분히 생각할 수 있다. 일반적으로 어느 자음이나 모음 i와 결합할 때는 구개음화되는 것이 자연스러운 현상이다[3]. 그런 일반적인 현상을 생각하면 연구개음과 순음이 아닌 다른 자음에서도 구개화와 비구개화의 대립에 의한 구분이 있어야 할 것이다.

연구개와 입술은 구개음화가 일어나는 경구개에서 조금 떨어져 있는 곳이다. 경구개에서 가까운 곳에 있는 치·치경에서 조음되는 자음들은 구개화되었을 때와 구개화되지 않았을 때의 차이가 연구개나 입술에서보다 명료하게 나타낸다. 두음 사이의 음색(音色)의 차이가 명

---

[3] 어느 자음도 모음 i의 앞에서는, 혀가 경구개 방향, 즉 i를 발음할 준비를 하면서 부풀어 오르는데, 이를 (경)구개화라고 한다.

료하게 들어나기 때문에 현대음성학에서는 발음기호도 달리 사용된다 (영어의 [si]와 [ʃi]). 그런데 상대일본어의 치·치경음에 해당하는 「シ·チ·リ·ニ」등에서는 구분 표기의 흔적이 보이지 않는다[4].

Ⅲ 한자음으로 본 イ列乙類

イ列乙類의 표기에 이용된 万葉仮名와 그 소속 운(韻)을 주요 문헌별로 보면 다음과 같다. 日本書紀는 모리 히로미치(森博達, 1977)에 따라 卷14~19와 卷24~27을 α群, 卷1~13과 卷22~23을 β群으로 구분한다[5].(숫자는 용례수, 韻의 분류는 히라야마 히사오(平山久雄, 1967)에 따른다.)

音節	推古	古事記	書紀α群	書紀β群
キ乙	帰(微)	紀(之) 45 貴(微) 4	紀(之) 5 基(〃) 4 己(〃) 1	紀(之) 9 幾(微) 1 機(〃) 1 気(〃) 1
ギ乙		疑(之) 9	擬(之) 8 疑(〃) 1	擬(之) 3 疑(〃) 1
ヒ乙	非(微)	斐(微) 18 肥(微) 10	彼(支B) 2 悲(脂B) 1	被(支B) 2
ビ乙		備(脂B) 31		備(脂B) 2 媚(〃) 1
ミ乙	未(微)	微(微) 16	微(微) 3	未(微) 6 微(〃) 1

---

4 마부치 카즈오(馬淵和夫, 1958)는, 古事記에서는 「シ」에도 구분표기의 흔적이 있다고 주장하지만, 결론이 명확하지 않기 때문에 정설로 받아들여지지 않는다.

5 모리(森, 1977)는 日本書紀에서의 万葉仮名 용자법(用字法)이 卷에 따라 다른 것에 주목하여, 한자음의 측면에서 日本書紀의 各卷을 두 개의 그룹으로 나누어 각각 α群, β群이라고 명명하였다. 그리고 α群에서의 音仮名 용자법이 당시 중국 북방의 원음을 충실히 반영한 것으로 자료로서의 신빙성이 높다고 주장하였다.

위의 표를 보면, 가장 오래된 推古期에는 용례는 많지 않지만 イ列乙類의 音仮名로 微韻의 字가 이용되었다. 이후 시대가 내려와 古事記와 日本書紀에서는 之韻과 微韻에 속한 字가, 그리고 指·支韻의 B類에 속하는 字들이 이용되었다.

之韻과 微韻은 切韻 3等B類에 소속된 韻이다. 앞에서 언급한 것처럼 切韻3等韻은 重紐의 대립을 이루어 A類에는 전설(前舌)의 개모(介母)가, B類에는 중설(中舌)의 개모가 있는 것으로 분류된다. 그렇지만 之韻과 微韻에는 전설의 개모를 갖는 A類가 없고 B類만이 존재한다. 그것은 切韻音까지 이들 韻의 중심모음이 중설모음이었기 때문으로 파악된다.

위의 표에서와 같이 之韻의 字들이 古事記와 日本書紀에서 キ乙·ギ乙의 音仮名로 주로 사용된 것으로 보아 イ列乙類의 音仮名로 가장 적합했던 것으로 생각할 수 있다. ヒ乙·ビ乙·ミ乙의 표기에 微韻, 또는 指·支韻의 B類에 속하는 字들이 이용된 것은 之韻에는 ヒ乙·ビ乙·ミ乙를 나타낼 수 있는 순음자(脣音字)가 없었기 때문에 어쩔 수 없는 용자법이었다고 생각된다.

指·支韻은 원래 전설모음을 중심모음으로 하는 韻이지만, 전설적인 개모와 중설적인 개모에 의해 重紐의 대립을 이룬다. 指·支韻A類의 字들이 イ列甲類의 音仮名로 주로 이용되었던 것은 전설적인 중심모음을 가졌기 때문으로 생각된다. 그리고 B類의 字들은 중심모음이 중설적인 것은 아니지만, 중설의 개모를 지녔기 때문에 イ列乙類의 순음을 표기할 때 주로 사용되었던 것으로 생각된다.

이상 한자음의 측면에서 보았을 때, イ列乙類를 표기하는 데는 중설모음을 중심모음으로 하는 之韻에 속한 字들이 音仮名로 가장 적합했던 것으로 생각된다. 之韻에 속한 字들이 없는 경우는 어쩔 수 없이 중설의 개모를 갖는 重紐B類에 속하는 字들이 사용되었다.

之韻이나 重紐B類에 속하는 字들은 한국한자음에서 '의, 긔, 희'와 같은 이중모음으로 나타난다. 참고로 한국한자음에서는 순음에서는 重紐A類와 B類의 구별이 나타나지 않지만 베트남한자음에서는 순음에서의 重紐A類와 B類 대립의 흔적이 남아 있다.

이상 한자음의 측면에서 보았을 때, イ列乙類를 표기하는 데 중설모음을 중심모음으로 하는 之韻에 속한 字들이나 중설의 개모를 갖는 重紐B類에 속하는 字들이 사용되었다. 이것은 イ列乙類에 중설모음적인 요소가 있었기 때문이라고 보는 것이 타당한 해석일 것이다.

Ⅳ 日本語 내부(內部)의 イ列乙類

일본어 내부에도 イ列에서의 甲類와 乙類의 구분 흔적은 남아 있다.
앞에서 언급한 바와 같이 上代日本語의 동사 활용을 보면, 四段活用의 連用形에는 イ列甲類의 音仮名가, 上二段活用의 連用形에는 イ列乙類의 音仮名가 사용되었다.

일본어의 音便은 五段(四段)動詞의 連用形에 テ·タ·タリ가 접속할 때 생긴다. 현대적 의미의 音便形은 平安시대 초기의 문헌에 처음 등장하기 때문에 音便의 발생을 이 시기로 보는 것이 일반적이지만, 音便의 발생을 그 이전 시기 즉 奈良시대로 보아야 한다고 하는 설도 제기되고 있다. 音便의 발생은 제설(諸説)이 인정하는 바와 같이 처음에는 '발음상의 편의'를 도모하기 위한 것이었을 것이다. 그렇다면 音便의 발생 등에 관한 것은 음운론의 범주에서 풀어야 할 문제이다. 주지하는 바와 같이 후대에 내려와서는 音便은 문법론의 범주에 정착되었다.

그런데 四段動詞의 連用形에서 생기는 音便은 같은 조건의 上二段動詞 連用形에서는 일어나지 않는다.

四段 ; 置く→おいて
上二段 ; 起く→おきて

イ列의 甲類와 乙類는 平安 초기에 이미 통합이 완료되어 있었기 때문에, 奈良시대에 구별되었던 四段動詞의 連用形과 上二段動詞의 連用形은 平安 시대에는 같은 음으로 되어 있었을 것이다.

音便의 발생이 平安시대에 시작된 것이라면 上二段動詞의 連用形에서 音便이 일어나지 않는 것은 음운론적으로는 설명할 수 없다. 그렇지만 일부 학자들이 주장하는 대로 音便이 奈良시대에 발생했다면 上二段動詞의 連用形이 イ列乙類이었던 것과 관련이 있다고 볼 수 있고, 비로소 음운론적인 해석이 가능해 진다. 즉 イ列乙類가 단모음인 イ列甲類와 달리 이중모음적인 것이었기 때문에 音便이 일어나기 어려웠을 것이라고 해석할 수 있다. 처음 音便이 음운론의 범주에서 시작되었다는 것을 감안한다면 가능한 해석이라고 생각한다.

또한 핫토리(服部)·마쓰모토(松本)가 주장하는 대로 자음이 다르고 모음은 같은 형태였다면 四段動詞에서 일어나는 音便이 왜 上二段動詞에서는 일어나지 않는가에 대해서도 음운론적으로는 설명할 길이 없다.

또한 古代일본어에서 完了를 나타내는 조동사「リ」는 四段動詞의 命令形과 サ変動詞의 未然形에만 접속하고, 上二段動詞와 下二段動詞의 連用形에는 접속하지 않는 것으로 되어 있다.

조동사「リ」는 원래「動詞(連用形)+アリ」에서 유래한 것으로 動詞連用形의 어미 -i와 ari가 융합하여 -eri로 된 것에서「リ」를 떼어내고 남은 형태가 エ甲類로 四段動詞에서는 命令形과 일치하고 サ変動詞의 경우는 未然形과 일치하여 그렇게 규정한 것이다.[6]

---

6 アリ는 上一段動詞나 カ変動詞의 連用形에도 접속하여 メリ, ケリ의 형태로 나타나는데, 이들 동사들의 連用形은 イ列甲類이다.

상대일본어에서는 모음의 연속을 기피하였기 때문에 「i+a→e甲」의 융합형은 일반적인 현상이다.

イ列甲類가 단모음이었기 때문에 アリ가 접속하여 「i+a→e甲」과 같은 융합형이 만들어졌지만, イ列乙類는 단모음이 아닌 이중모음 같은 것이었기 때문에 그와 같은 융합형이 만들어 질 수 없는 환경이었을 것이다.

구보조노 하루오(窪薗晴夫, 1995)는 음절구조에 대하여 다음과 같이 분류하였다(C는 자음, V는 모음).

경음절 : CV
중음절 : CVV, CVC
초중음절 : CVVC, CVCC 등

구보조노(窪薗)는 音便의 발생이 경음절만을 허용하던 고대일본어에서 중음절을 허용하게 되면서 생긴 현상이라고 하였는데, 上二段動詞의 連用形에서 音便이 일어나지 않거나 アリ가 접속할 수 없었던 것은 上二段動詞의 連用形의 음절 구조와 관련이 있는 것으로 생각된다. 즉 イ列乙類가 이중모음이라는 중음절 구조이었기 때문에 초중음절을 생성하게 되는 音便이 일어나기 어려웠을 것이다. 또한 중음절에 또 다시 모음이 연접하는 アリ의 접속은 회피되었을 것으로 생각된다.

V イ列乙類의 음가(音價)에 대하여

上代日本語 イ列의 甲類와 乙類는 平安시대가 되면 완전히 통합되어 하나가 된다. 그리고 그 모음은 i이다. 따라서 상대일본어 イ列의

甲類와 乙類에는 모음 i라는 공통의 요소가 들어 있었을 것이다. 앞에서 본 바와 같이 한자음의 측면이나 일본어 내부적인 면에서나 단모음 i이었던 甲類와 달리 乙類의 실제음은 모음 i가 포함된 이중모음이었을 것이라는 추정은 가능하다고 생각한다.

실제 발음 면에서 자음이 모음 i와 결합할 때 구개화가 되지 않는다면 그것은 부자연스러운 발음이 될 것이다. 실제로 발음해 보았을 때, 모음 i와 결합하며 구개음화되지 않게 하는 발음이라면 자음과 모음 i 사이에 자음을 구개음화시키지 않는 다른 모음(중설의 ï와 같은)이 개입되어 있는 것처럼 들리게 된다. 그렇기 때문에 한국어의 'ㅢ' [ïi]처럼 이중모음으로 나타나게 된다.

그렇다면 여기서 イ列乙類의 실제음이 이중모음 ïi라고 가정한다면, ï는 어디서 온 것이냐라는 문제가 제기된다.

초기의 상대일본어 연구에 커다란 업적을 남긴 하시모토(橋本)와 아리사카(有坂)도 イ列乙類의 음가를 이중모음인 ïi로 추정하였다. 하지만 두 사람은 ï가 어떤 성격의 음인가에 대해 설명을 못 해 설득력이 떨어졌다. 한국어처럼 i와 ï가 모두 모음 음소로서 존재하는 언어체계라면 별 문제가 없었겠지만, 상대일본어의 어디에도 모음 ï가 존재했었던 흔적은 보이지 않는다.

상대일본어의 イ列乙類의 음가가 이중모음 ïi이었다는 것이 인정받으려면 ï가 어떤 성격의 음인가, 그리고 ï는 왜 단독으로 나타나는 일이 없는가에 대한 납득할 수 있을 만한 설명이 있어야 할 것이다.

그런데, 상대일본어에는 다음과 같은 イ列乙類와 オ列乙類 간의 교체예가 보인다.

　　　木キ － 木立コダチ
　　　火ヒ － 火中ホナカ

이것은 イ列乙類와 オ列乙類 간의 밀접한 관련을 보여 주는 예로서, 둘 사이에 무언가의 공통적인 요소가 있음을 보여주는 것이라 생각한다.

또한 神武記에는 オホイシ(大石)＞オヒシ(意斐志)와 같은 모음축약의 예가 보이는데, 여기서 ホ와 ヒ는 각각 オ列乙類, イ列乙類이므로 이 역시도 イ列乙類와 オ列乙類 간의 밀접한 관계를 엿보게 한다.

상대일본어 オ列乙類의 음가에 대해서는 학자들에 따라 이견이 많은데[7], 필자는 한자음의 측면에서 중설모음인 ə로 추정한다.(고수만(2005b))

앞에서 イ列乙類의 음가를 이중모음적인 음으로 추정한다고 하였는데, 그렇다면 əi와 같은 이중모음을 생각할 수 있다. 이 경우 후대에 əi와 i가 합류하지 못할 이유는 없지만, イ列甲類와의 합류가 奈良末이라는 이른 시기에 이루어지기는 어렵지 않았을까 생각한다. オ列甲乙의 구분이 平安시대 초기까지 남았던 것을 생각하면 イ列甲乙의 합류도 더 늦추어졌을 것으로 생각한다.

한국한자음을 포함한 한국어에서 이중모음 '긔'[ïi]는 일찍부터 단모음 i로 통합되었다. 현대한국어에서 '희, 띄, 씌' 등 표기상에는 '긔'가 남아 있지만, 실제의 발음은 '히, 띠, 씨'와 같이 단모음으로 나는 것이 보통이다. 그리고 무자음인 '의'의 경우 첫음절에 올 때는 이중모음인 [ïi]로 발음되지만, 2음절부터는 [i]로 발음되고, 조사의 경우에는 [e]로 발음되는 것이 보통이다. 참고로 중세한국어의 'ㅔ'는 그 음가를 əi로 보는 것이 일반적인데, 현재는 e로 바뀌었다.

한국어의 예와 イ列甲乙의 합류를 생각할 때, イ列乙類의 음가는 이

---

7 상대일본어 オ列乙類의 음가에 대해서는, オ列甲類와의 합류 등을 고려하여 원순 중설모음이라고 추정하는 학자들이 많다. 그렇지만 원순모음이라면 언어유형론(言語類型論)의 입장에서 불리한 점이 생긴다. 그리고 마쓰모토(松本)는 オ列의 甲類와 乙類는 같은 하나의 음으로 상보분포에 의한 표기상의 차이라고 하였으나 甲類와 乙類 간에 최소대립예(最小對立例, minimal pair)가 존재하는 것에서 인정받기 어렵다.

중모음인 ïi로 추정하는 것이 타당할 것으로 생각한다. 이 경우 ï는 ə의 조건이음으로 볼 수 있다.

현대영어에서 모음 a는 단독으로 나타나는 일이 없다. a는 반드시 ai와 같은 이중모음일 경우에만 나타난다. 다시 말해 영어의 모음음소 /a/는 단모음으로서는 [æ]로, 이중모음일 때는 [a]로 나타난다. 이 경우 [æ]와 [a]는 조건이음으로 상보분포를 이루고 있는 관계이다.

상대일본어의 ə와 ï의 관계도 이와 같은 관계라고 해석할 수 있다. 음소 /ə/는 단모음으로 나타날 때는 [ə]이지만, i와 결합한 이중모음일 때는 [ï]로 나타난 것으로 볼 수 있다.

VI 맺음말

이상 상대일본어의 イ列乙類의 음운적 성격에 대하여, 한자음의 측면과 일본어 내부, 그리고 한국어의 음운 현상 등 여러 각도에서 검토해 보았다.

연구개음인 k g와 순음인 p b m라는 제한된 자음이 앞에 올 때만 구분되는 イ列의 甲類와 乙類를 각각 독립된 음소로 파악하는 8모음설의 주장은 처음부터 설득력이 떨어지는 것이었다.

イ列甲乙의 구분을 구개화와 비구개화의 대립으로 해석한 핫토리(服部)·마쓰모토(松本)의 견해는 탁월한 것으로 평가할 수 있다. 그렇지만 두 사람은 이를 자음간의 대립으로만 파악했기 때문에 上代일본어 내부에서의 イ列甲乙의 구분에 대해 제대로 설명할 수 없었다.

万葉仮名로 사용된 한자의 음 등을 놓고 볼 때 イ列甲乙의 구분이 구개화와 비구개화의 대립과 밀접한 관련이 있는 것으로 생각한다. 다만 그것은 구개화된 자음과와 비구개화 자음 간의 대립이 아니라, 자음을 구개화시키는 모음과 구개화시키지 않는 모음 간의 대립으로 파악해야 한다. 즉 자음을 구개화시키는 모음 i와 자음을 구개화시키지 않기 위해 다른 모음을 중간에 개입시키는, 그래서 이중모음으로 나타나는 모음 간의 대립으로 파악해야 한다는 것이다. 그래야만 일본어 내부에서의 イ列甲乙의 구분을 제대로 설명할 수 있을 것이다.

이 경우 이중모음인 イ列乙類의 음가는 甲乙의 합류, 그리고 한국어의 예를 감안할 때, ïi이었을 것으로 추정할 수 있다. ï는 상대일본어의 모음체계에서 단모음으로 존재하지 않지만, オ列乙類의 모음인 ə의 조건이음으로 해석할 수 있다.

참고 문헌

高秀晩(2005a)「上代日本語のイ列母音の音価について」『日本研究』24
＿＿＿＿＿(2005b)「上代日本語のオ列母音の音価について」『日本學研究』17
有坂秀世(1955)『上代音韻攷』三省堂
大野晋　(1957)『日本古典文学大系万葉集一』岩波書店
＿＿＿＿＿(1976)「上代日本語の母音体系について」『言語』5-8
窪薗晴夫(1995)『語形成と音韻構造』くろしお出版
小泉保(1971)『英語学大系 1　音韻論Ⅰ』大修館書店
河野六郎(1979)「朝鮮漢字音の研究」『著作集 2』平凡社
橋本進吉(1950)『国語音韻の研究』岩波書店
＿＿＿＿＿(1966)『国語音韻史』岩波書店
服部四郎(1976a)「上代日本語の母音体系と母音調和」『言語』5-6
＿＿＿＿＿(1976b)「上代日本語の母音音素は六つであって八つではない」『言語』5-12
平山久雄(1976)「中古漢語の音韻」『中国文化叢書①言語』大修館書店
松本克巳(1976a)「日本語の母音組織」『言語』5-6
＿＿＿＿＿(1976b)「万葉仮名のオ列甲乙について」『言語』5-11
馬淵和夫(1958)「『古事記のシ・オ・ホのかな」『国語学』31

森博達(1977) 「『日本書紀』 歌謡における万葉仮名の一特質―漢字原音より観た書紀区分論―」『文学』45-2
＿＿＿(1981) 「漢字音より観た上代日本語の母音組織」『国語学』126
＿＿＿(1991) 『古代の音韻と日本書紀の成立』大修館書店

일본어학과 일본어교육
日本語学・日本語教育

2 음운・음성(音韻・音声)

한국어화자에 의한 促音과 撥音의 知覚

고시로 아키코 [*]
한림대학교 교수

I 머리말

모국어가 한국어인 일본어 학습자가 처음에 촉음(促音)과 발음(撥音)를 학습할 때, 한국어의 받침이 촉음과 발음을 이해하는데 도움이 되는 것은 일반적으로 알려져 있다. 촉음·발음과 한국어의 받침은 음절말 자음이라는 공통점을 가지고 있지만, 촉음·발음이, 「모음」 또는 「자음+모음」으로 구성되는 음절처럼, 길이의 단위인 1모라(mora)를 형성하는 것에 반해, 받침은 언어리듬에 있어서 그것만으로 하나의 단위가 되지는 않는다. 일본어학습자의 듣기에 있어서, 촉음·발음을 놓치거나 촉음·발음이 없는 곳에 넣어서 잘못 듣거나 하는 원인은 모라라

---

[*] 小城彰子 : 翰林大學校

는 단위가 모국어에 없어서 拍의 감각을 포착하는 것이 어렵기 때문이라는 것은 종래부터 지적되고 있는 대로다.

  그러나, 모국어에 모라가 없다는 점에서 요인을 추구하고, 모든 문제가 해결된다라고 하면 그렇지 않다. 학습자가 촉음·발음을 듣고 구별할 때에는 음절말 자음의 지속 시간뿐만 아니라 다른 음성적인 요소가 영향을 끼치고 있는 것이 밝혀지고 있다. 한국어화자인 학습자가 촉음, 발음 유무를 판단할 때의 기준 단서가 되는 음성적인 특성, 일본어화자의 지각 특징과의 상이점을 파악하는 것으로 학습자에게 실천적인 음성지도를 할 수 있을 것으로 기대된다.

  본 논문은 필자가 한국어화자인 일본어 학습자를 대상으로 지금까지 실시한 세 가지 듣기 실험의 결과를 통해서 한국어화자의 지각에 있어서 촉음, 발음 유무의 판단에 끼치는 영향을 검증하고자 한다.

II 촉음의 지각

  한국어화자인 학습자가 촉음을 들을때의 특징은, 다른 일본어학습자도 같지만, 비축음어(촉음이 없는 단어)의 어중 파열 자음(語中破裂子音)의 폐쇄부를 촉음으로서 잘못 인식하는 것과 축음어(촉음이 있는 단어)의 촉음을 상대적으로 한국어의 음절말 자음보다 폐쇄 시간이 긴 데도 불구하고 놓치고 잘못 듣는 것이다. 학습자에 의한 촉음지각에 대해서는 상세한 연구가 이루어 졌지만(민, 1987), 히라타 유카리(平田由香里, 1990), 우치다 데루히사(內田照久, 1993), 미나가와 야스요(皆川泰代, 1996), 도다 타카코(戶田貴子, 1998)), 촉음의 앞에 위치하는 음절의 음성적인 특성이 촉음, 비촉음의 선택에 주는 영향에 대해서는 밝혀지지 않았다.

1. CVQ음절의 자음종과 액센트의 영향

 학습자가 촉음어(CVQCV, /Q/는 촉음)인지 비촉음어(CVCV)인지를 구별할때 CVQ음절의 CV(촉음선행부)에 있어서의 자음종과 액센트형이 촉음의 유무 판단에 어떠한 영향을 미치는지 검증하기 위해서 실험을 실시하였다(고시로(小城) 2007,실험1). CVQ음절에 주목한데에는 두 가지 이유가 있다.

 첫 번째 이유는 자음이 무성음인지 유성음인지에 의해, 촉음의 유무 판단이 바뀔 가능성이 있다고 생각한 것에 기인한다. 한국어는 조음적으로 긴장성이 낮은 연음(平音)과 긴장성이 높은 경음(激音, 濃音)으로 나뉘어져 있다(이, 1996). 이러한 음운대립에 익숙한 한국어화자에게 무성, 유성에 의한 긴장, 이완의 대립이 촉음의 유무 판단에 영향을 끼칠 것으로 예측하였다.

 두 번째 이유는 학습자가 촉음의 유무를 판단할 때, 촉음 앞 소리의 성질을 기준으로 하는 예가 많았던 것에서 기인한다. 초급학습자 157명 중 어떻게 촉음의 유무를 판단했는가라고 하는 질문에, 약60% 학습자가 '촉음 앞 소리가 높다' 또는 '(촉음 앞 소리가)길다, 강하다'라고 회답하였다.

 1) 실험 1 방법 및 대상
 실험 1의 대상자는 초급학습자 (JLPT3급 합격정도) 157명이다. 자극어는 일본어화자가 발화한 무의미어인 비촉음어keto, teto reto, meto, 촉음어ketto, tetto, retto, metto의 8종에 액센트가 頭高型 (HL)계열 8종, 平板型 (LH)계열 8종, 계16종이다. 어두 자음이 무성음[k][t], 유성음[r][m]이다. 이 자극어들을 '어느쪽이 ~씨 입니까?'라고 하는 문장에 삽입한후, 16글×2시행=32글을 테이프에 녹음하였다. 대상자에게 테

이프를 듣고 「ketoけと /tetoてと /retoれと /metoめと / kettoけっと /tettoてっと /rettoれっと/mettoめっと」중에 하나를 히라가나와 한글로 표기하도록 지시하였다.

2) 실험 1 결과 및 고찰

대상자 157명×자극어 16종×2시행=5024회답 중에 촉음어/비촉음어를 잘못 들은 총수는 1186이었다. 오답수 전체에서는 비촉음어를 촉음어로서 잘못 들은 것(비촉음어→촉음어)보다 촉음어를 비촉음어로서 잘못 들은 것(촉음어→비촉음어)이 많았다 (p<0.01).

또, 전체적으로는 어두 자음이 무성음([t][k])때의 오답보다 유성음([m][r])때의 오답이 많았다(무성<유성) (p<0.01).

액센트형에 의한 차이는 없었지만, HL 중에서는 비촉음어→촉음어보다 촉음어→비촉음어가 많았다 (p<0.01).

아래 표1, 2는 오답의 내역을 나타낸 것이다.

〈표 1〉 비촉음어 → 촉음어(촉음삽입)

			유성음	무성음	액센트별 합계
삽입	523	LH	143(22.7%)	142(22.6%)	285(22.7%)**
		HL	115(18.3%)	123(19.6%)	238(18.9%)
		어두별 합계	258(20.5%)	265(21%)	

**p<0.01

〈표 2〉 촉음어 → 비촉음어(촉음탈락)

			유성음	무성음	액센트별 합계
탈락	663**	LH	181(28.8%)	136(21.6%)	317(25.2%)
		HL	178(28.3%)	168(26.7%)	346(27.5%)**
		어두별 합계	359(28.6%)**	304(24.2%)	

**p<0.01

표1, 2를 보면 비촉음어→촉음어 중에는 HL보다 LH의 오답이 많고, 촉음어→비촉음어 중에는 무성음보다 유성음의 오답이 많은 것을 볼 수 있다.

실험 1의 결과로 초급학습자에 한하여 다음과 같은 사항을 지적할 수 있다.

촉음의 유무 판단이 헷갈리기 쉬워지는 음성환경은 1. 단어(CVQCV/CVCV)의 액센트가 平板型일 경우 2. CVQ/CV의 자음종이 유성음일 경우다. 자음종과 액센트의 상관관계에 있어서 촉음의 유무를 잘못 듣기 쉬운 것은 유성+平板型>유성+頭高型≧무성+頭高型>무성+平板型이다.

2拍語인 비촉음어의 경우, 촉음이 있는 것으로 잘못 듣기 쉬운 쪽은 어두 자음이 유성 무성에 관계 없이 頭高型보다 平板型이었다. 학습자의 기준으로는 촉음 앞 소리의 강함이나 높이등을 기준에 촉음의 유무 판단을 하고 있지만, 실제로는 후속 음절이 강하고 높으면 촉음을 인식하기 쉽다고 추측된다.

3拍語인 촉음어에서는 頭高型, 平板型 양쪽 모두 촉음을 놓치고 잘못 듣기 쉽고, 특히 어두 자음이 유성음일때 촉음을 놓치고 듣기 쉬웠다. 조음적으로 촉음은 긴장하고 있는 음이라 음향적으로 긴장한 무성음이 앞설 경우보다 이완된 유성음이 앞설 경우에서 놓치고 듣기 쉬다고 추측된다.

2. CVQ음절에 있는 모음의 지속 시간에 의한 영향

다음으로 CVQ음절에 있는 모음에 주목한다. 한국어화자의 한국어 발화에서는 開音節에 있는 모음의 지속 시간보다 閉音節에 있는 모음의 지속 시간이 단축되는 현상 Closed Syllable Vowel Shortening(CSVS, Maddieson 1985)이 보여진다 (마에카와 키쿠오(前川喜久雄, 1997), 민

(2007)). 일본어화자의 일본어발화에는 閉音節의 모음이 開音節의 모음보다 짧아지는 것은 없다 (구보조노 하루오(窪薗晴夫, 1998)).

마에카와(前川, 1997)에 의하면, CSVS는 발화에서만 나타나는것이 아니라 들을 때에도 나타난다. [kana]인지[kanna]인지 듣고 판별할 경우, 한국어화자는 제1모음[a]이 짧으면 [kanna]로, 즉 閉音節[kan]로서 듣기 쉽고, 일본어화자는 모음이 길면[kanna]로서 듣기 쉬웠다.

그렇다면, 한국어화자의 학습자가, 예를 들어 [katta], [kata]와 같은 일본어의 閉音節/開音節, 다시 말해 촉음어·비촉음어를 구별할 때에도 음절 [kat] / [ka]에 있는 모음의 지속 시간이 영향을 끼치는 것일까?

촉음선행 모음의 지속 시간이 촉음의 유무 판단에, 어떠한 영향을 미치는지 검증하기 위해서 실험을 실시하였다.(고시로(小城, 2010), 실험 2).

1) 실험 2방법 및 대상

실험 2의 대상자는 초급학습자 10명 (JLPT3급정도, 일본에 체류한 적이 없음), 상급학습자 10명 (JLPT1급 합격, 1년이상 일본에 체류), 일본어화자 5명이다. 기본적인 실험 방법은 마에카와(前川, 1997)를 따랐다. 일본어화자의 발화[katta] (買った, '샀다')에 있는 제1모음을 20ms 단축한후, 원음성[katta] (제1모음(V1)=105ms)과 모음단축된 [katta] (제1모음(V1) =85ms)쌍방에 대해서, 폐쇄 지속 시간을 전방에서 20ms씩 삭제, 280ms ~140ms 사이에 각8종, 계16종의 자극어를 작성하였다 (표3참조). 실험은 각자극어를 랜덤하게 10회씩 배열한 음성을 제시해서 [kata] (型, '형')로 들리는 것인지 [katta] (買った, '샀다')로 들리는 것인지 판단하도록하여 회답 용지에 미리 인쇄된 「かた」「かった」중에서 선택하도록 지시하였다. 아래 표3은 자극어의 지속시간을 내보인 것이다.

〈표 3〉 자극어의 지속시간(ms)

	k	a(V1)	CD	VOT	a
V1=105ms系列	45	105	280~140	15	112
V1=85ms系列	45	85	280~140	15	112

2) 실험 2의 결과 및 고찰

아래의 그림 1은 각 그룹(일본어화자, 초급학습자, 상급학습자)의 촉음어 판단율의 평균을 나타낸 것이다. 횡축은 [t]의 폐쇄 지속 시간, 세로축은 촉음어[katta]로 판단한 횟수를 백분률로 나타내고 있다. 실선은 V1=105ms계열의 자극어, 점선은 V1=85ms계열의 자극어의 결과다.

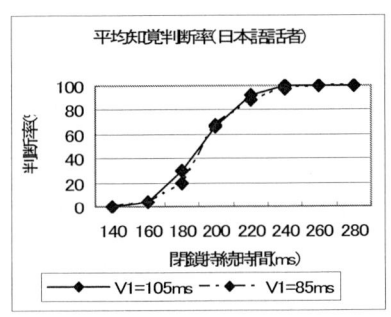
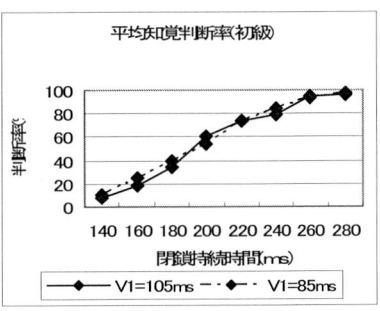
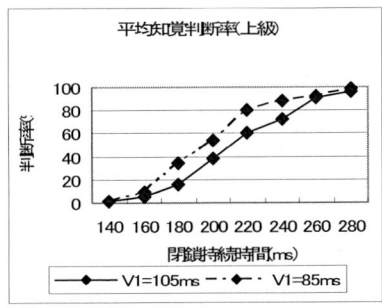

〈그림 1〉 각 그룹(일본어화자, 초급, 상급)의 평균 촉음어판단율

다음 표 4, 5, 6은 각 그룹의 촉음어 판단율의 평균치(average), 최소치(min), 최대치(max), 표준편차치(SD)를 측정한 것이다.

〈표 4〉 판단율의 평균, 최소치, 최대치, 표준편차치(일본어화자) (%)

CD(msec)		140	160	180	200	220	240	260	280
Average	105ms	0	4	30	66	92	100	100	100
	85ms	0	4	20	68	88	98	98	100
V1=105ms	max	0	10	60	90	100	100	100	100
	min	0	0	30	50	80	100	90	100
V1=85ms	max	0	20	50	80	100	100	100	100
	min	0	0	10	50	70	90	100	100
SD	V1= 105ms	0	6	21	18	9	0	5	0
	V1= 85ms	0	9	17	11	11	5	0	0

<표 5> 판단율의 평균, 최소치, 최대치, 표준편차치(초급학습자) (%)

CD(msec)		140	160	180	200	220	240	260	280
Average	105ms	8	18	34	60	74	79	95	97
	85ms	11	25	39	53	74	84	93	98
V1=105ms	max	30	50	80	100	100	100	100	100
	min	0	0	0	20	50	60	80	80
V1=85ms	max	60	80	90	70	100	100	100	100
	min	0	0	0	30	30	70	70	90
SD	V1= 105ms	11	15	26	25	20	14	9	7
	V1= 85ms	19	22	23	16	18	11	12	5

<표 6> 판단율의 평균, 최소치, 최대치, 표준편차치(상급학습자) (%)

CD(msec)		140	160	180	200	220	240	260	280
Average	105ms	1	6	16	38	61	72	91	98
	85ms	1	9	34	54	80	88	92	99
V1=105ms	max	10	20	30	50	100	100	100	100
	min	0	0	0	30	40	50	80	80
V1=85ms	max	10	20	50	60	100	100	100	100
	min	0	0	10	20	40	60	90	90
SD	V1= 105ms	3	7	10	7	20	14	11	7
	V1= 85ms	3	8	12	21	21	17	16	3

그림 1에서 보듯이 일본어화자의 평균 판단율에서는 선행 모음의 길이에 의한 영향은 없다. 초급학습자는 V1=105ms계열 보다 V1=85ms계열의 판단율이 약간 상회하고 있지만 큰 차이는 보여지지 않는다. 상급학습자는 V1=85ms계열 자극어을 촉음으로 듣기 쉬운 경향이 현저하다.

대상자 개인별 결과를 보면 상급 대상자는 큰 차이 없이 평균적으로, 한사람을 제외한 9명이 V1=85ms계열 판단율이 높았다. 이에 반해서, 표4~6에서도 보듯이 초급학습자는 편차가 상당히 크다. V1=105ms계열의 판단율이 높은 대상자(3명), V1=85ms계열의 판단율이 높은 대상자(4명), 판당율이 불규칙한 대상자(3명)가 혼재되어 있어서, 어느 계열쪽을 촉음으로 판단하기 쉬운지 명확하게 검증하기 어렵다.

또, 초급학습자는 일본어화자와 상급학습자가 [katta]로서 판단하는 폐쇄 지속 시간(CD) 160ms~140ms사이에서 [kata]로 판단하는 대상자가 보여진다. 특히, V1= 85ms계열의 판단률에서는 60%~80%의 비율로 촉음이 있다고 판단한 대상자도 보여진다. 상급과 비교하면 촉음의 유무를 구별하는 명확한 기준이 정해지지 않고 있는 것이 확인된다.

실험 2통해서 다음과 같은 결과를 얻을 수 있었다. 일본어화자의 촉음유무 판단율에서는 선행 모음장에 의한 영향은 보여지지 않았지만, 상급학습자는 선행 모음이 짧은 자극어를 촉음어로 판단하는 경향이 있었다. 촉음의 유무를 판단하는 기준은 일본어화자와 상급학습자간에 차이가 있는 것이 확인되였다. 초급학습자는 선행 모음이 긴 자극어를 촉음어로서 판단하기 쉬운 학습자, 선행 모음이 짧은 자극어를 촉음어로서 판단하기 쉬운 학습자가 있어 개인차이가 있었다. 상급과 초급의 일부에서 선행 모음이 짧으면 촉음 [tt]을 듣기 쉬웠던 요인에는 전술의 대로 CSVS의 영향이 반영되어 있다고 추측된다. 이와 더불어 자음의 음향적 특성 또한 요인이 되는 것으로 추측할 수 있다. 다른 자음 종을 고려해서 더욱 심도있는 조사가 필요하다.

III 발음(撥音)의 지각

발음과 한국어의 음절말 비음을 비교하면, 발음은 후속 자음의 조음점에 동화해서[m、n、ɲ、ŋ、ɴ、ṽ] 과 같은 비음, 비모음으로서 실현되지만, 음운적으로는 하나의 /N/ (「ん」)로서 인식된다. 한편 한국어의 /ㅁ/[m], /ㄴ/[n], /ㅇ/[ŋ]은 의미의 식별을 담당하는 음소다. 일본어화자가 한국어의 음절말 비음을 알아 듣기에는 곤란이 따르지만 한국어화자에게있어서 발음은 비교적 알아 들기 쉽다(유타니 유키토시(油谷 幸利, 2005)). 그러나, 학습자에 있어서는 촉음의 경우와 같이 발음을 놓쳐서 잘못 듣는 것이나 발음을 넣어서 듣는 경우가 나타난다.

마에카와(前川, 1997)는 일본어화자와 한국어화자인 상급학습자를 대상으로 제1모음[a] ([n] 또는 [nn]의 앞에 위치파는 모음)과 [n]을 변수로하여 [kana] 또는 [kanna]를 듣고 판별하는 실험을 실시하였다. 일본어화자는 모음이 길면 발음으로 듣는것이 촉진되고 학습자는 모음이 짧으면 발음으로 듣는것이 촉진되었다는 결과에서, 모음의 지속 시간이 발음 유무를 식별할때 단서로서 이용되고 조직적인 영향을 미치게 하는 근거가 된다는 견해를 제시하고 있다.

단, 제시된 자극어 [kana], [kanna]는 平板型액센트이고 무의미어이기 때문에 한국어 화자에게는 한국어의 '가나' '갔나'가 연상되기 쉬웠다고도 추측되어 발음의 유무 판단에 적지 않은 영향을 주었을 가능성도 있다. 게다가 액센트형에 의한 영향, 일본어의 습득 수준에 의한 차이에 대해서도 지금까지는 조사되지 않았다.

1. 실험 3방법 및 대상자

한국어화자과 일본어화자가 모국어의 음절말 비음을 들을때의 선행 모음장의 영향을 검증하기 위한 실험과, 학습자가 일본어 음절말 비음인 발음의 유무를 판별할 때의 선행 모음의 지속 시간(V1長, V1短)과 액센트형 (HL, LH)이 끼치는 영향을 검증하기 위한 실험을 실시하였다(고시로(小城)2012, 실험3의①, ②).

우선, 한국어화자와 일본어화자가 각각 자신의 모국어에 있는 음절말 비음의 유무을 판단할 때 선행 모음장이 어떠한 영향을 주는지 조사하였다 (실험①). 그 다음에, 한국어화자인 학습자가 일본어의 발음의 유무를 판단할 때의 선행 모음장과 액센트형의 영향을 조사하고, 일본어화자와 비교하였다 (실험②).

실험①의 대상자는 (1)일본 체류, 일본어학습의 경험이 없는 한국어화자 5명 (서울 출신·남성 1명, 경기도출신·여성 4명), (2)한국 체류, 한국어학습의 경험이 없는 일본어 화자5명 (도쿄출신·여성 4명, 지바현출신·남성 1명)이다. 실험②의 대상자는 (3)일본어를 학습하는 한국어화자 초급 10명 (경기도출신·남성 2명, 여성 5명, 강원도 춘천시 출신·여성 3명), (4)상급 10명 (서울 출신·여성 2명, 경기도 출신·남성 3명, 여성 2명, 강원도 춘천시, 원주시 출신·여성 3명)이다.

기본적인 실험 방법은 마에카와(前川, 1997)를 따랐다. 일본어화자가 발화한 頭高型 (HL)의「かんご」[kaŋgo], 平板型 (LH)의 「かんご」[kaŋgo], 한국어화자(강원도 춘천시 출신, 남성)가 발화한 한국어 '강고'[kaŋgo]를 원음성으로 제1모음(V1) [a]을 27ms단축한 음성을 작성, 단축하지 않은것 것과 단축 한 것 양쪽 모두에 대해서 [ŋ]부분을 단계적으로 단축한 자극어를 7종류 작성하였다. 자극어는 한국어 14종류 (V1長/V1短), 일본어 28종류 (HL의 V1長/V1短, LH의 V1長/V1短)이

다. 아래 표7은 자극어 지속시간을 나타낸 것이다.

〈표 7〉 각 자극어의 지속 시간(ms)

	k	a(V1)	ŋ	g	o
일본어HL型·V1長	60	112	144~19	22	135
일본어HL型·V1短	60	85	144~19	22	135
일본어LH型·V1長	69	115	148~20	16	138
일본어LH型·V1短	69	88	148~20	16	138
한국어·V1長	32	105	142~21	18	204
한국어·V1短	32	78	142~21	18	204

실험①, ②에서는 각 자극어를 랜덤하게 10회씩 배열한 음성을 작성, 한국어화자에게는 한국어 음성, 일본어화자에게는 일본어 음성을 제시하였다.

한국어는 '강고(~하다、強固)'([kaŋgo])또는 '가고(家故)'([kago]), 일본어 HL에서는 「かんご/看護(간호)」 또는 「かご/過誤(과오)」, LH에서는 「かんご/漢語 (한어)」 또는 「かご/籠(바구니)」 중 어느 것인가를 선택하도록 지시하였다.

회답 용지에는 '강고/가고', 「かんご/かご」를 미리 인쇄하였다. 자극어의 총수는 한국어는 14종류×10회=140, 일본어는 HL형 14종류×10회+LH형 14종류×10회=280이다.

2. 실험 3의 결과

아래 그림2는 실험①의 한국어화자에 의한 '강고'[kaŋgo]판단율 평균과 일본어화자에 의한 [kaŋgo] 판단율 평균이다. 횡축이 [ŋ]부분의 지속 시간(단어 전체지속시간 중 [ŋ]가 차지하는 지속시간의 비율을 %

로 나타낸 것), 세로축은 '강고'/「かんご」로서 판단한 비율(%)이다. 일본어화자의 그림에 「HL·L」은 액센트형이 HL이고 모음을 단축하지 않는 (V1長)자극어 계열, 「HL·S」는 HL이고 모음을 단축된 (V1短)자극어 계열이다. 이와 같이 「LH·L」은 액센트형이 LH이고 모음을 단축하지 않는 (V1長)자극어 계열, 「LH·S」는 LH이고 모음을 단축된 (V1短)자극어 계열을 나타낸다.

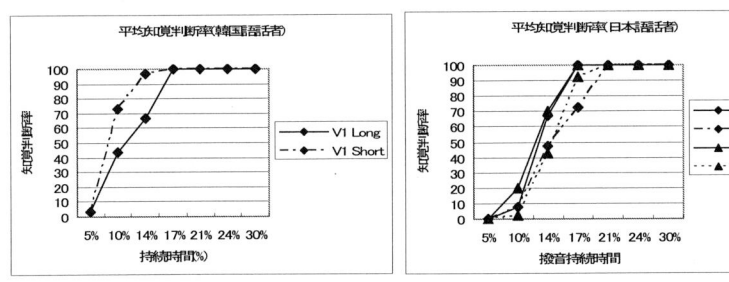

〈그림 2〉 한국어화자의 '강고' 판단율 평균(왼쪽)과 일본어화자의 「かんご」 판단율 평균(오른쪽)

그림 2에서 보듯이 한국어화자는 모음이 짧은 자국어의 판단율이 높고, 일본어화자는 HL·LH 모두 모음이 긴 자국어의 판단율이 높은 것이 확인된다. 한국어화자가 한국어의 음절말 비음[ŋ]을 들을 때에는 선행 모음이 짧으면 음절말 비음의 판단이 촉진되고 일본어화자가 일본어 발음[ŋ]을 들을 때는 선행 모음이 길면 발음의 판단이 촉진되는 것이 확인되었다.

아래 그림3에 실험②의 초급 10명, 상급 10명에 의한 「かんご」 판단율 평균을 가리킨다.

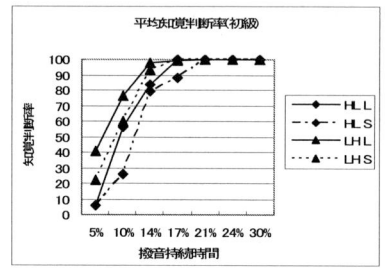 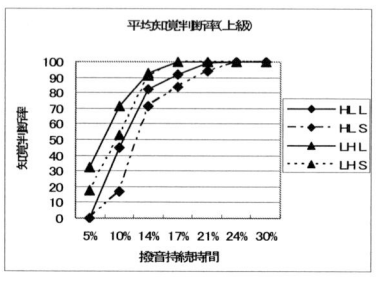

〈그림 3〉 초급학습자(왼쪽)와 상급학습자(오른쪽)에 의한 「かんご」 판단율 평균

위 그림에서 보이듯이 실험②에서는 초급, 상급 양쪽 모두 선행 모음장이 긴 자극어의 판단율이 높을 것이 확인된다. 이것은 HL, LH 모두 같은 결과이었다. 또, 발음[ŋ]부분의 지속 시간이 같으면, HL보다 LH에서 발음 판단이 촉진되었다. 이점은 액센트에 의한 차이가 없었던 일본어화자과 비교하면 (그림2참조), 특징적인 결과다.

3. 실험 3논의

실험①에서는 한국어화자가 모국어의 음절말 비음[ŋ]을 들을 때는 선행 모음장이 길면 [ŋ]의 판단이 억제되고, 선행 모음장이 짧으면[ŋ]의 판단이 촉진되었다. 일본어화자가 발음[ŋ]을 들을 때는 선행 모음장이 짧으면 [ŋ]의 판단이 억제되고, 길면 [ŋ]의 판단이 촉진되겠다. 각각, 자신의 모국어에 있어서의 음절말 비음을 지각, 인식할 때는 선행 모음장이 영향을 끼치지만, 한국어화자와 일본어화자에서는 반대 현상이 일어나는 것이 드러났다. 이것은 마에카와(前川, 1997)와 맞는 결과이며, 한국어에있어서CSVS의 영향이 나타나고 있다고 말할 수 있다.

실험②는 이러한 일반적인 모국어에 있어 기준이 되는 것이 외국어인 일본어를 들을 때에도 적용되는 가를 조사하기 위해서이었지만, 한국어화자인 학습자가 일본어의 발음[ŋ]을 들을 때, 액센트HL/LH 모두 선행 모음장이 긴 자극어를 발음으로서 판단하는것이 촉진되는 것으로 나타났다. 한국어화자가 모국어의 음절말 비음을 판단할 때의 특징이 그대로 일본어의 발음를 알아 들을 때의 단서로는 반영되지 않는 것을 나타내고 있다.

선행 모음장이 긴 자극어를 발음으로서 듣기 쉬웠던 점에 대해서, 학습자도 일본어화자도 결과는 같았지만, 액센트형의 영향에 대해서는 양쪽이 크게 달랐다. 일본어화자에게 선행 모음장이 긴 자극어 계열의 HL과 LH의 판단율, 또 선행 모음장이 짧은 자극어 계열의 HL과 LH의 판단율에 큰 차이가 없고, 발음으로서 듣기 쉬운 순서는 HL·V長≒LH·V長＞HL·V短≒HL·V短 이다. 발음의 지각에 우선되는 요소는 액센트형이 아니라 선행 모음장인 것이 명확하다. 이에반하여, 학습자는 HL보다 LH의 판단율이 높고, LH·V長＞LH·V短＞HL·V長＞HL·V短 순서로 발음을 듣기 쉬운 것을 확인할 수 있다. 선행 모음이 긴 HL보다 선행 모음이 짧은 LH에서 발음의 판단율이 높은 것을 보면, 平板型의 단어에 발음을 넣어서 듣기 쉽고, 액센트형이 발음의 유무의 판단에 중대한 영향을 미치는 요소로 있다고 말할 수 있다.

또, 일본어화자가 [kago]로서 듣는 [ŋ]지속시간이 짧은5% ~10% 지점에서 [kaŋgo]로서 듣는 비율이 상당히 높은 것도 학습자의 특징이다. 특히, LH에서는 50%~80% 의 판단율이고, 발음이 없는 곳에 발음을 넣어서 듣는다는 지적에 연결되는 것이라고 생각된다. 이것은 모국어의「강고」판단율에도 드러나고 있다. 10%이하가 되면, 발음으로 인식 못 하는 일본어와 비교하면, '강고'에서는 V短의 판단율이 70%을 내보이고 있는 것이 특징이다. 모라라는 제약이 없는 한국어에서는 음절말 비음에 인식할 수 있는 범위가 일본보다 비교적으로 완만하다고 생각된다. 일본어에서는 [ŋ]의 비율이 상대적으로 어떤 일정 기

준을 채우지 않으면 1拍으로서 인식하지 못하기 때문에 10%전후에서 2拍語「かご」로 바뀌는 것이라고 보여진다.

Ⅳ 실험의 정리

실험의 결과를 정리하면 다음과 같다.

실험 1에서는 초급학습자가 촉음의 유무를 판단함에 있어서 액센트와 CVQ음절의 자음종의 영향을 검증하였다. 그 결과 ①비촉음어에 촉음을 넣어서 듣는 오답 보다 촉음어의 촉음을 놓치고 듣는 오답이 많았고 2음절CVQCV를 3모라(3 拍語)로서 인식하는 것을 어려워하는 것을 추측할 수 있었다. ②촉음어의 경우, CVQ음절의 자음이 무성음의 때보다 유성음일때 촉음을 놓치고 듣기 쉬웠다. ③비촉음어의 경우, 平板型에 촉음을 넣어서 듣기 쉬웠다.

실험 2에서는 초급과 상급학습자가 촉음의 유무를 판단함에 있어서 선행 모음의 지속 시간이 미치는 영향을 검증하였다. 일본어화자는 모음장에 의한 판단의 차이는 보여지지 않았지만 ①초급은 모음이 길면 촉음이 있다고 판단하기 쉬운 학습자와 모음이 짧으면 촉음이 있다고 판단하기 쉬운 학습자가 있었고 편차가 컸다. ②상급은 평균적으로 모음이 짧은 자극어를 촉음어라고 판단하는 경향이 있었다.

실험 3에서는 한국어화자와 일본어화자가 모국어의 음절말 비음을 들을때의 선행 모음장의 영향 및 학습자가 발음 유무를 판별할 때 액센트형과 선행 모음의 지속 시간(V長, V短)이 끼치는 영향을 검증하였다. 이 결과 ①한국어화자는 모국어를 지각할 때, 선행 모음장이 짧으면 음절말 비음[ŋ]을 듣기 쉽고, 일본어화자는 모음이 길면 발음[ŋ]을 듣기 쉬웠다. ②학습자의 경우, 초급도 상급도 모음이 길면 발음으로 판단하기 쉬웠다. 이것은 頭高型 (HL), 平板型 (LH)양쪽 모두 같았다. ③일본어화자는 HL·V長≒LH·V長>HL·V短≒HL·V短 순서로 발음을 듣기 쉬웠지만, 학습자는 LH·V長>LH·V短>HL·V長>HL·V短 순서로 발음을 듣기 쉽다. 학습자의 듣기에는 액센트형이 영향을 미치고 있는 점이 일본화자와 다르다. 초급도 상급도 발음의 길이가 같으면, 頭高型보다 平板型에서 발음을 듣기 쉬웠다.

V 맺음말

한국어 종성(받침)은 초성, 중성과 함께 음절을 형성하고 閉音節의 말미 자음이 된다. 일본어의 촉음, 발음도 閉音節을 형성하지만, [t]/[tt], [n]/ [nn]와 같이 자음의 길이 대립으로 간주한다는 점이 한국어와 다르다. 한국어화자의 일본어학습자에 있어서 촉음, 발음라는 개념은 이해하기 쉽지만, 발화할때나 들을때의 촉음, 발음의 유무 구별에는 어려움을 나타내는 경우가 있다.

흥미 깊은 것은 촉음이나 발음이 없는 부분에「っ」「ん」을 넣어서 듣는다고 하는 삽입 현상이 보여지는 것과 촉음이나 발음을 상대적으로 한국어의 받침 보다 폐쇄 부분이나 비음부분의 지속 시간이 김에도 불구하고 놓쳐서 듣는 현상도 보여진다는 것이다.

본 실험을 통해서 이 현상이 CVQ음절의 자음종, 모음의 길이, 액센트형등의 음성적 요소와 관계되어 있는 것을 확인할 수 있었다. 촉음 선행부의 음절의 자음이 유성음일 때, 촉음을 놓쳐서 듣기 쉬웠다는 결과는 지도현장에서 막연하게 느낀 경험을 뒷받침하는 것이 되었다.

액센트형에 관해서는 頭高型보다 平板型일 때 촉음, 발음을 넣어서 듣기 쉽다라고 하는 공통점이 보였다. 일본어화자와는 다르고, 한국어화자가 촉음, 발음을 식별할때는 액센트형이 영향을 미치것을 알 수 있었다.

　선행 모음의 지속 시간에 대해서는 일본어화자와 다른 기준으로 촉음, 발음을 인식하고 있는 것이 관찰되었다. 촉음의 지각에서는 모음이 짧으면 촉음으로서 인식하기 쉽고 (상급과 초급의 일부), 발음의 지각에서는 모음이 길면 발음으러서 인식하기 쉽다는 결과를 얻었다. 본 실험으로는 한국어화자에게서 관찰되는 CSVS현상이 그대로 일본어의 음절말 자음인 촉음, 발음의 유무 판단에도 단서로 적용된다고 단정하기는 어려웠다.

　이 결과의 차이는 [t] [ŋ] 라는 자음종의 음향적 특성의 차이가 그 요인이라고 생각해 볼 수도 있다. 또, 학습자는, 특히 초급 경우, 어느 정도의 길이가 있으면 촉음어, 발음어라고 말할 수 있고, 어느 정도에서 2拍단어가 될 것인지 확신이 어렵기 때문, 단어전체의 지속 시간장을 촉음, 발음의 유무 판단의 기준으로 하고 있을 가능성도 추측할 수 있다. 이들에 대해서는, 다시 한번 상세하게 검증 할 필요가 있다.

참고 문헌

이호영(1996)『국어음성학』태학사, pp.67-101

内田照久(1993)「中国人日本語学習者における長音と促音の聴覚的認知の特徴」『教育心理学研究』41, pp.414-423

窪薗晴夫(1998)「モーラと音節の普遍性」『音声研究』2-1, pp.5-15

戸田貴子(1998)「日本語学習者による促音・長音・撥音の知覚範疇化」『文芸言語研究』言語篇 第33号, 筑波大学文芸・言語学系, pp.65-82

平田由香里(1990)「単語レベル・文レベルにおける促音の聴き取り-英語を母語とする日本語学習者の場合-」『音声学会会報』195, pp.4-10

前川喜久雄(1997)「日韓対照音声学管見」『日本語と外国語との対照研究Ⅳ 日本語と朝鮮語』下巻 研究論文編, pp.173-190

皆川泰代(1996)「促音の識別におけるアクセント型と子音種の要因、韓国・タイ・中国・英・西語母語話者の場合」『平成8年度日本語教育学会春季大会予稿集』, pp.123-128

閔光準(1987)「韓国人の日本語の促音の知覚について」『日本語教育』62号, pp.179-193

＿＿＿(2007)「韓国人日本語学習者の発話に見られる促音挿入の生起要因」『音声研究』11-1, pp.58-70

油谷幸利(2005)『日韓対照言語学入門』白帝社, pp.1-46

小城彰子(2007)「韓国語話者の促音の知覚について-アクセント及び先行音節の音声的特徴が弁別に与える影響-」『音声研究』11-1, pp.93-101

＿＿＿＿(2010)「韓国人学習者の日本語の促音と撥音の知覚と生成」韓国外国語大学校大学院博士論文

＿＿＿＿(2012)「韓国語話者による撥音の知覚-先行母音長とアクセント型が音節末鼻音[ŋ]の識別に及ぼす影響-」『日本研究』51, pp.291-307

Maddieson,I(1985) "Phonetic Cues to Syllabification" Phonetic Linguistics, pp.203-221

일본어학과 일본어교육
日本語学・日本語教育

2 음운・음성(音韻・音声)

일본어학과 일본어교육 2 음운·음성

상대일본어의 복합어 음운현상과 악센트

권 경 애 [*]
한국외국어대학교 교수

I 머리말

상대일본어의 문헌에 나타나는 복합어에는 아래와 같이 다양한 음운현상을 볼 수 있다.

(1) アライソ > アリソ(荒磯)　　ハナレイソ > ハナレソ(離磯)
(2) ナガイキ > ナゲキ(長息 → 嘆)　タカイチ > タケチ(高市)
(3) アガキ(足掻)　マツバラ(松原)

(1), (2)는 모음음절로 시작하는 단어가 복합어의 후항요소가 된 경

[*] 權景愛 : 韓國外國語大學校

우에 발생하는 현상(모음탈락, 모음융합)으로 (1)은 모음 [a] [o]가 각 각 탈락한 경우이며 (2)는 모음 [ai]가 융합하여 [e]가 된 경우이다. 반면에 (3)은 「カキ」「ハラ」가 복합어의 후항요소에 위치 [ガキ] [バラ]로 변한 현상(연탁)을 가리킨다.

이러한 변화는 고대 일본어의 음소배열법칙에 따른 것이다. 상대 문헌에는 「アオイ(青)」와 같이 모음음절 만으로 형성된 단순어가 거의 존재하지 않으며[1] 탁음으로 시작하는 단순어도 극소수에 불과하다. 단어 안에 모음음절이 오는 예는 「カイ(櫂)」「マウス(申)」「マウク(設)」등이 보고되는 정도이다. 또한 탁음으로 시작하는 예도 「ブ(蜂音)」와 같은 오노마토페나 「ガ(蛾)」「ゴ(碁)」처럼 한자음 유래 단어, 「バラモニ(婆羅門)」「ダニヲチ(檀越)」와 같은 범어계통 외래어에서 볼 수 있으며 고유일본어에서 어두 탁음어로는 「バケ(術)」만을 들 수 있다. 이러한 단순어에서 보이는 연모음 회피현상이나 어두 탁음 회피현상이 복합어를 생성할 때도 영향을 미친다는 것이다. 즉, 단어 결합으로 인하여 어중 모음음절이 형성될 상황이면 개음절 구조를 유지하기 위하여 (1)과 같이 어느 한쪽의 모음이 탈락하거나, (2)처럼 모음이 융합하여 새로운 모음으로 바뀌기도 하고, (3)처럼 어두 청음을 탁음으로 바꾸어 복합어임을 표시하게 되는 것이다.

그런데 이러한 현상이 어느 일정한 음 환경 속에서 모든 복합어에서 규칙적으로 일어나는 현상이 아니라는 점에 주목할 필요가 있다.

(4) ミヅ(水)+ウミ(海) > ミヅウミ(湖)　フセ(伏)+イホ(庵) > フセイホ
(5) シマ(島)+クニ(国) > シマクニ　ウ(海)+シホ(潮) > ウシホ

(4)는 모음탈락이나 융합이 일어날 수 있는 환경, (5)는 연탁이 일어

---

1 「アオイ(青)」의 고어형은 「アヲシ」이다.

날 수 있는 환경에 있음에도 불구하고 원형 그대로 문헌에 나타난다. 그렇다면 상대 일본어에서 (1)~(3)과 같은 현상이 일어나는 용례들에서는 어떠한 공통점이 있는지, 또 그 원인이 어디에 있는지 음미해 볼 필요가 있을 것이다.

 필자는 이전에 '모음탈락', '모음융합'이 일어나는 복합어들을 조사하여 이들 현상과 악센트와의 상관관계를 보고한 적이 있으며 '연탁' 현상에서도 유사한 경향이 나타남을 확인하였다(졸고1999, 2003, 2007 참조). 본고에서는 이들 음운현상들과 악센트 사이에 보이는 상관관계에 대하여 재정리하고 수정 보완한 다음, 그것이 의미하는 바를 종합적으로 검토해 보기로 한다.

Ⅱ 상대 일본어의 악센트 체계

 최근에 나라, 교토를 중심으로 하는 긴키지방(近畿地方)의 상대 악센트가 중고시대의 악센트 체계와 큰 차이가 없었음을 입증하는 연구들[2]이 이루어지고 있다. 따라서 중고 악센트 자료[3]를 사용하여 상대 용례들의 악센트 양상을 살펴보는데 크게 문제가 없을 것으로 보인다.

 한편, 복합어의 경우에 중고말기 이후에 악센트 조정이 이루어지게 되는데, 예를 들어 저평조(底平調)를 ○로, 고평조(高平調)를 ●라 표기할 때 [●○]와 [●●]가 결합하였을 경우에 [●●●●] 또는 [●●

---

2 고마쓰 히데오(小松英雄, 1959, 1960), 다카야마 미치아키(高山倫明, 1981), 오쿠무라 미쓰오(奧村三雄, 1995) 등 참조.
3 본고에서 사용한 자료는 아래와 같이 약자로 표기하며, 출전은 뒤쪽 <자료> 란을 참조.
 『類聚名義抄』観智院本 → 観名, 図書寮本 → 図名, 高山寺本 → 高名, 鎭國守國神社本 → 鎭名, 『和名類聚抄』→ 和名, 『色葉字類抄』→ 色葉, 『古今和歌集』→ 古今, 『日本語アクセント史総合資料索引篇』→ 日本ア

●○]과 같이 악센트가 조정되는 것이다. 이러한 악센트 조정은 당연히 상대 일본어에서는 볼 수 없던 현상이라 할 수 있다. 그러므로 당시 복수의 형태소가 연결될 때 본래의 단어가 가지고 있던 악센트 특성 내지 유형을 그대로 유지하고 있었을 가능성이 높았다고 할 수 있다. 그렇다면 상대에 모음탈락이나 모음융합, 연탁 등으로 인해 어형 변화가 일어난 복합어의 경우 악센트는 어떠한 상태에 있었을까.

고마쓰(小松, 1975:p385)는「モタグ<(モテアグ)」「カカグ(<カキアグ)」와 같은 모음탈락 동사의 악센트가 실질적으로 원래 상태 그대로이며 언제나 분리 가능한 잠재성(poteniality)을 갖고 있었다고 지적한다. 즉,「モタグ(○●○)」는「モテ(○●)＋アグ(●○)」,「カカグ(○●○)」는「カキ(○●)＋アグ(●○)」의 악센트가 합쳐진 형태라는 것이다. 이는 모음탈락에 의해 단어의 형태가 변했다고 하더라도 악센트는 변화하지 않는다는 것을 의미한다. 만일 모음이 탈락하거나 융합된 복합어에서 원래의 악센트가 보존되는 경향이 있었다면 (6)과 같은 형태로 악센트가 보존되었을 것이다.

(6) a. ○ + ○ → ○ / ● + ● → ●
    b. ○ + ● or ● + ○ → ○ or ●
    c. ○ + ● → ◐ / ● + ○ → ◑(◐는 상승조, ◑는 하강조)

과연 탈락이 일어난 복합어가 모두 실질적으로 원래 상태 그대로이며 언제나 분리 가능한 잠재성을 갖고 있었는지, 모음융합이나 연탁의 경우는 또 어떤지, 당시의 악센트 상태를 추정해 보기로 한다.

본격적인 검토에 들어가기에 고찰용례에 대한 몇 가지 전제조건을 밝힌다. 첫째, 용례는 가나(仮名)표기로 된 것에 한정한다. 단 중고말기 악센트 자료가 긴키지방 방언의 악센트를 반영하고 있는 점으로 보아 『만요슈(万葉集)』의 아즈마 우타(東歌) 및 사키모리 우타(防人歌), 『후도키(風土記)』 수록 가요(歌謠) 등 지역 언어의 특성이 반영되었을 가능성이 있는 경우[4]와 어원해석이 개입될 소지가 있는 고유명사를 제외한다. 둘째, 복합어의 선행요소가 동사 연용형인 경우에는 종지형 악센트와 동일하다고 간주한다[5]. 셋째, 악센트가 확인되지 않는 경우에는 ×로 표시하였다.

Ⅲ 복합어의 음운현상 및 악센트 양상

1. 모음탈락·융합

야마구치 요시노리(山口佳紀, 1974:p16)는 모음융합(야마구치 용어로는 '모음전성')이 모음탈락보다 이전에 일어난 현상이라고 보고 있다. 그러나 야나기다 세이지(柳田征司, 1993:p266-267)는 모음융합 용례가 a·ö·u·i의 4모음에서만 일어났을 개연성이 높은 점을 고려할 때 융합이 일어나지 않게 된 시점에도 탈락이 일어났지만 융합으로 생겨난 모음(o·ë·e·ï)이 다른 모음과 연속한 후에 다시 융합이 일어나기는 힘들었기 때문에 탈락이 일어나지 않은 것으로 추정되며 만약 그렇게 생각한다면 탈락과 융합이 동 시대에 일어난 현상이라고 생각해도 무방할

---

4   '아즈마'는 고대 일본 동쪽 변경지방에 해당하며 '아즈마 우타'는 그쪽에서 읊은 노래. '사키모리'는 기타큐슈(北九州) 수비를 맡았던 병사들로 처음에는 여러 지방에서 차출되었으나 후에 아즈마 출신들이 주로 담당했다. '사키모리 우타'는 그들이 읊은 노래. '후도키'는 지역별로 풍토나 문화 기타 사항에 대해 기술한 서책.
5   이는 동사의 연용형과 종지형의 악센트가 동일하다는 미나미 후지오(南不二男, 1956), 긴다이치 하루히코(金田一春彦, 1937, 1964), 사쿠라이 시게하루(桜井茂治, 1994)의 지적에 따른 것이다.

것이라고 야마구치(1974)의 견해를 반박하고 있다.

모음융합이 모음탈락보다도 오래전에 일어난 현상이라고 보는 데는 상대 문헌에서 모음융합 용례가 모음탈락 용례에 비해 극단적으로 적다는 사실에 기인한다. 그러나 용례의 많고 적음에 따라 그 현상의 순서를 논하는 것은 다소 무리가 있어 보인다. 본고에서는 현상의 발생 시기에 차가 있는지의 여부에 대해서는 그 결론을 보류하고 모음탈락이나 융합이 일어나는 결합부분이 악센트 면에서 동일한 환경에 있었는지를 확인해 보기로 한다. 이하, 모음탈락이나 융합이 일어난 복합어와 그렇지 않은 복합어에 대해 악센트 양상을 <표 1>에 제시하였다.

〈표 1〉 모음탈락형 및 융합형의 악센트 양상

	결합부분의 악센트 높이가 같은 경우(23)	
A 모음탈락이 일어난 복합어	[1] アフミ(淡海) ：○○+○●	アハシ(淡○○シ：図名22-4) ウミ(海○●：図名5-4)
	[2] アモル(天降) ：○○+○●	アマノカハ(銀河○○○●○：図名7-1) オル(降○●：図名198-1)
	[3] アリソ(荒磯) ：●●+●●	アラシ(硬●●×：図名156-5) イソ(磯●●古今・顕天片1094)[6]
	[4] ウツツ(打棄) ：○●+●○	ウツ(打○●：観名・仏下本77-4) スツ(棄●○：観名・仏下本108-5)
	[5] オヒシ(生石)[7] ：○●+●○	オフ(生○●：観名・僧下91-3) イシ(石●○：図名147-2)
	[6] カカリ(斯有) ：●○+○●	カク(是●○：観名・仏中95-4) アリ(有○●：観名・仏中138-3)
	[7] カリホ(仮庵) ：●○+○○	カリ(仮●○：観名・仏上33-5) イホリ(庵○○○：観名・僧上16-8)
	[8] カレヒ(涸飯) ：●○+○●	カル(涸●○：図名33-2) イヒニウヘタリ(饑○○●×××：観名・僧上110-3)
	[9] キタル(来至) ：●+●●○	ク(来●：観名・曾下42オ2) イタル(到●●○：観名・僧上94-2) cf) キタル(●●○：観名・仏上27-8)
	[10] クヌチ(国内) ：●●+●○	クニ(州●●：観名・僧上94-5) ウチ(内●○：観名・僧下109-6)
	[11] コキル(扱入) ：○●+●○	コク(扱○●：色葉・下8オ6) イル(入●○：観名・僧下109-7)
	[12] コギル(漕入) ：●●+●○	コグ(漕○●：観名・法上20-6) イル(入●○：観名・僧下109-7)
	[13] コチタシ(言痛) ：○○+○○●	コト(言○○：図名70-2) イタシ(悧○●◐：図名273-5)

상대일본어의 복합어 음운현상과 악센트 55

A 모음탈락이 일어난 복합어	[14] コム(子生) ：●+●○	コ(子●：観名・法下137-2) ウム(生●○：観名・僧下91-3)	
	[15] ササグ(差上) ：○●+●○	サス(差○○：観名・仏下末28-1) アグ(上●○：観名・仏中74-3) cf) ササグ(奉○●○：観名・仏下末24-3)	
	[16] シカリ(然有) ：○○+○●	シカ(然○○：観名・仏下末50-4) アリ(有●○：観名・仏中138-3) cf) シカリ(然○○●：観名・仏下末50-4)	
	[17] トキハ(常盤) ：●●○+●○	トコ(常●●：観名・法下143-3) イハ(磐●○：観名・法中4-7)	
	[18] ヌキツ(脱棄) ：○●+●○	ヌグ(脱○○：観名・仏中134-8) スツ(棄●○：観名・仏下本108-5)	
	[19] ハユマ(早馬) ：○○+○○	ハヤシ(速○○シ：高名26ウ-1) ウマ(馬○○：観名・僧中94-8)	
	[20] ハナレソ(離磯) ：○○●+●●	ハナル(離○●：観名・僧中136-2) イシ(石○○：図名147-2)	
	[21] マヰタル(参至) ：○●+●●×	マキル(入○○：法華6オ4) イタル(到●●○：観名・僧上94-2)	
	[22] メサグ(召上) ：○●+●○	メシ(召●○：観名・仏中50-1) アグ(上●○：観名・仏中74-3)	
	[23] ワカユ(若鮎) ：○○+○●	ワカ(若○○：観名・僧上47-5) アユ(鮎●○：観名・僧下3-1)	
	결합부분의 악센트 높이가 다른 경우(5)		
	[1] アサケ(朝明) ：○●+●○	アサ(朝○○：古今・梅沢622) アケヌ(明●○○：観名・仏中87-2)	
	[2] アルミ(荒海) ：●●+○○	アラシ(荒●●×：観名・僧上8-1) ウミ(海●○：図名5-4)	
	[3] オフヲ(大魚) ：○○+●●	オホヂ(祖父○○●：観名・僧中51-2) ウヲ(魚●●：観名・僧下1-2)	
	[4] ヒキル(引入) ：●○+●○	ヒク(引●○：観名・仏上80-7) イル(入●○：観名・僧下109-7)	
	[5] ヨクス(横臼) ：●●+○○	ヨコ(横●●：観名・仏下本57-3) ウス(臼○●：観名・僧下71-5)	
B 모음탈락 (융합)이 일어나지 않은 복합어	결합부분의 악센트 높이가 같은 경우(11)		
	[1] アサアメ(朝雨) ：○○+○●	アサ(朝○○：古今・梅沢622) アメ(雨○●：観名・法下34オ8)	
	[2] カムオヤ(神親) ：○○+○○	カミ(霊○○：観名・法下34ウ2) トホツオヤ(高祖父●●○○：鎮名Ⅲ64ウ1)	
	[3] カルウス(唐臼) ：○○+○●	カラウス(碓○○○●：図名198-2) ウス(碓○●：観名・法中6-5)	
	[4] マゲイホ(曲庵) ：●○+○○	マグ(曲●○：観名・僧下64オ7) イホリ(庵○○○：観名・僧上16-8)	
	[5] アソビアルク(遊歩) ：●●○+○●○	アソブ(遊●●○：高名94ウ5) アリク(行○●○：高名23ウ6)	
	[6] ウチオク(打置) ：○●+●○	ウツ(打●○：観名・仏下本77-4) オク(置●○：観名・僧中10-1)	
	[7] ウツシオク(移置) ：○○●+●○	ウツス(遷○○●：観名・仏上26ウ6) オク(置●○：観名・僧中10-1)	
	[8] トリアグ(取上) ：○●+●○	トル(取○●：観名・仏中2-1) アグ(上●○：観名・仏中74-3)	

	[9] フキアグ(吹上) : ○○●+●○	フク(風○○●：鎮名Ⅲ114-ウ7) アグ(上●○：観名・仏中74-3)	
	[10] ユキアフ(行合) : ●○+○●	ユク(行●○：高名23ウ6) アフ(合○●：観名・僧中1-3)	
	[11] ヨリアフ(寄合) : ヨリ●○+○●	ヨル(●○：観名・法下52-8) アフ(合○●：観名・僧中1-3)	
	결합부분의 악센트 높이가 다른 경우(23)		
	[1] アヲウナハラ(青海原) : ○●+○●○●	アヲウナハラ(滄溟○●○●○●：図名5-7)	
	[2] ウライソ(浦磯) : ○○+●●	ウラ(浦○○：鎮名Ⅱ11オ-5) イソ(磯●●：古今・顕天片1094)	
	[3] クモリアフ(曇合) : ○○●+○●	クモル(陰○○●：図名202-7) アフ(合○●：観名・僧中1-3)	
	[4] ココロイタシ(心痛) : ○○○+○○●	ココロ(心○○●：図名236-1) イタシ(恫○●○：図名273-5)	
B 모음탈락 (융합)이 일어나지 않은 복합어	[5] コトアグ(言上) : ○○+●○	コト(言○○：図名70-2) アグ(上●○：観名・仏中74-3)	
	[6] タクハヒオク(蓄置) : ●●●○+●○	タクハフ(峙●●●○：図) オク(置●○：観名・僧中10-1)	
	[7] タテマツリアグ(奉上) : ○●●●○+●○	タテマツル(奉○●●●○：観名・仏下末24-2) アグ(上●○：観名・仏中74-3)	
	[8] ツミアグ(積上) : ●○+●○	ツミ(積●○：観名・法下24-1) アグ(上●○：観名・仏中74-3)	
	[9] トビアガル[8] : ●○+●●×	トブ(飛●○：観名・僧下108-1) アガル(騰●●ル：観名・仏下123-6)	
	[10] トモシアフ(灯合) : ○○○+○●	トモス(炳○○○：観名・仏下末42-4) アフ(合○●：観名・僧中1-3)	
	[11] トリオフ(取負) : ○●+○●	トル(取○●：観名・仏中2-1) オフ(負○●：観名・仏下本10オ3)	
	[12] トリオホス(取被) : ○●+○○●	トル(取○●：観名・仏中2-1) オホス(課○○●：図名35-5)	
	[13] ナミオク(並置) : ●○+●○	ナム(並●○：人紀) オク(置●○：観名・僧中10-1)	
	[14] ニナヒアフ(担合) : ○○●+○●	ニナフ(荷○○●：観名・僧下6-1) アフ(合○●：観名・僧中1-3)	
	[15] ヒキウウ(引植) : ●○+●○	ヒク(引●○：観名・仏上80-7) ウフ(植●○：観名・仏下本85-8)	
	[16] フセイホ(伏庵) : ●○+○○	フス(●○：観名・仏上33-5) イホリ(庵○○○：観名・僧上16-8)	
	[17] フナアマリ(船剰) : ○●+○○○	フネ(○●：観名・仏上33-5) アマル(○○○：観名・僧上16-8)	
	[18] フミオク(踏置) : ●○+●○	フム(踏：図名102-4) オク(置●○：観名・僧中10-1)	
	[19] ミヅウミ(水海) : ●●+○●	ミヅ(水●●：観・法・上1-3) ウミ(海○●：図名5-4)	
	[20] モトメアフ(求合) : ○○○+○●	モトム(求○○○：観名・僧下108-4) アフ(合○●：観名・僧中1-3)	
	[21] モミチアフ(紅葉合) : ○○●+○●	モミツ(黄草○○●：観名・僧上1-8) アフ(合○●：観名・僧中1-3)	
	[22] ヨアカシ(夜明) : ○+●●○)	ヨル(夜○●：観名・法下40-7) アカシ(赤●●シ：観名・僧下85-5)	

상대일본어의 복합어 음운현상과 악센트 57

B 모음탈락 (융합)이 일어나지 않은 복합어	[23] キグヒウチ(杙打) ：●●)+○●	クヒ(杙●○：観名・仏下本94-5) ウツ(打○●：観名・仏下本77-4))
	[24] ヲリアカス(居明) ：●○+●●○	ヲル(居●○：観名・仏下本89-4) アカシ(赫●●シ：観名・僧下85-2)
C 모음융합이 일어난 복합어	결합부분의 악센트 높이가 같은 경우(9)	
	[1] ウツセミ(現人) ：○○+○○	ウツシ(現○○●)：日本ア・神紀) オミ(臣○○：日本ア・人紀)
	[2] ウレタシ(心痛) ：○○+○○●	ウラ(心○○：日本ア・袖中[9] イタシ(悃○○●：図名273-5)
	[3] オテモ(遠面) ：○○+○○	ヲチコチ(彼方此方●●○○：古今・訓[10]) オモテ(面○○○：観名・法上100-8)
	[4] サソリ(刺蟻) ：○●+●●	サス(刺○●：観名・僧上86-6) アリ(蟻●●：日本ア・平笛[11]) cf)サソリ(赦虫○●●：観名・僧下18-7)
	[5] タケチ(高市) ：○○+○●	タカシ(高○○●：観名・法下43-2) イチ(市○○：観名・法下40-1)
	[6] ナゲキ(長息) ：○○+○●	ナガシ(長○○×：観名・仏下本33-1) イキ(息○●：観名・僧下111-8)
	[7] ヒツラ(純裏) ：○○+○○	ヒタ(直○○：日本ア・解脱[12]) ウラ(裏○○：図名43-1)
	[8] ヘキ(日置) ：●+●○	ヒ(日●：高名93-オモテ2)[13] オキ(オク置●○：観名・僧中10-1)
	[9] ワキラツコ(若郎子)[14] ：○○+○○…	ワカシ(少○○○：観名・僧下75-2) イラツヒメ[郎姫]○○○●●：日本ア・人紀[15]
	결합부분의 악센트 높이가 다른 경우(6)	
	[1] トネリ(殿入) ：○○+●○	トノ(殿○○：観名・僧中65-2) イル(入●○：観名・僧下109-7) cf) トネリ[舎人]○○○：観名・僧中1-8)
	[2] ユケヒ(靭負) ：○●+○●	ユキ(ユギ靭)○●：色葉・下67ウ6) オフ(負○●：観名・仏下本10オ3)
	[3] フケヒ(吹負) ：○●+○●	フク(吹○●：高名73ウ-6) オフ(負○●：観名・仏下本10オ3)
	[4] メヒ(婦負) ：●+○●	メ(婦●：高名59ウ1) オフ(負○●：観名・仏下本10オ3)
	[5] カゾフ(数合フ>数フ) ：○●+○●	カズ(数○●：観名・僧中55-8) アフ(合○●：観名・僧中1-3) cf) カゾフ(計)○○：図名74-4)
	[6] クアフ>コフ(児合フ) ：●+○●	コ(子●：観名・法下137-2) アフ(合○●：観名・僧中1-3)

6 가타카나본 켄쇼 고킨슈주(『片仮名本顕昭古今集注』天理図書館蔵). 4성 체계. 중고말기 내지 가마쿠라기(鎌倉期).

7 야마구치(山口, 1974)와 야나기다(柳田, 1993)는「オヒシ」를 모음융합용례(ö+i>ï : オホ(大)+イシ(石)로 보지만「オヒ(生)+イハ(イシ)로 해석하는 아리사카 히데요(有坂秀世, 1955:p408), 가메이 다카시(亀井孝, 1962:p237-239)의 견해가 더 타당하다고 보아 탈락용례로 취급한다.

8 권경애(権景愛, 1999)에서는 누락되었으나 이번에 추가되었다. 용례출전: 安米尓登妣安我里(万葉集巻17-3906)

9 슈추쇼『袖中抄』: 4성 체계. 중고말기 내지 가마쿠라(鎌倉) 초기.

고마쓰(小松, 1975)가 '모음탈락 동사의 악센트가 실질적으로 원래 상태 그대로이며 언제나 분리 가능한 잠재성을 갖고 있었다'고 지적한 것은 <표 1>에 열거한 용례를 통해서도 확인할 수 있다.

(7) A: [9] キ(●)+イタル(●●○) > キタル(到●●○ : 觀名·仏上27-8)
    [15] サシ(○●)+アグ(●○) > ササグ(奉○●○ : 觀名·佛下末24-3)
    [16] シカ(○○)+アリ(○●) > シカリ(然○○● : 觀名·佛下末50-4)
 C: [4] サス(○●)+アリ(●●) > サソリ(赦虫○●●: 観名·僧下18-7)
    [6] ナガ(○○)+イキ(○●) > ナゲキ(嘆○○●: 高名63オ-4)

그런데, <표 1>에서 [A 모음탈락이 일어난 복합어] 및 [C 모음융합이 일어난 복합어]와, [B 모음탈락(융합)이 일어나지 않은 복합어]가 악센트의 높낮이 양상에서 반대의 결과를 보이고 있음을 확인할 수 있다. 즉, [A][C]에서는 결합부분의 악센트 높이가 같은 용례가 많은 반면에 [B]의 경우에는 결합부분의 악센트 높이가 서로 다른 경우가 월등하게 많이 나타난다. <표 1>에서 용례 수만을 간추리면 <표 2>와 같다.

---

10 고킨쿤텐쇼(『古今訓点抄』: 4성 체계. 중고말기 내지 가마쿠라기(鎌倉期).
11 헤이케마부시『平家正節』: ~에도(江戶) 중기.
12 게다쓰초슈키『解脫門聽集記』: 4성 체계(일부 6성 체계도 보임). 가마쿠라기(鎌倉期).
13 루이쥬묘기쇼『類聚名義抄』에 ヒ(日● : 高名93-オモテ2) 및 ヒ(日○ : 觀名·仏中85-6)의 두 형태가 보이나 ヒムガシ(東●●●○ : 觀名·僧下99-7)등에서 볼 때 ●로 보는 편이 타당성이 있다.
14 야마구치(山口, 1974)는 ワキラツコ(若郎子)를 「ワク+イラツコ」결합이라 보고 있다.
15 니혼쇼키『日本書紀 人皇巻』: 6성~4성 체계. 중고말기 이전.

〈표 2〉 모음탈락형 및 융합형의 악센트 양상 요약

	A 모음탈락이 일어난 복합어	B 모음탈락(융합)이 일어나지 않은 복합어	C 모음융합이 일어난 복합어
결합부분의 악센트 높이가 같은 경우	23	11	9
결합부분의 악센트 높이가 다른 경우	5	24	6

또한 주목할 것은 탈락이나 융합이 일어난 용례들을 음운변화가 일어나기 이전의 악센트와 비교했을 때 [A][C]의 용례들에서는 고저 배열에 변화가 일어나는 경우가 결합부분의 악센트 높이가 다른 경우에 주로 나타난다는 점이다.

〈표 3〉 결합부분의 악센트 높이가 같은 경우 탈락형 및 융합형의 고저변화 양상

		결합부분의 악센트 높이가 같은 경우	결합부분의 악센트 높이가 다른 경우
A	고저변화가 발생할 가능성이 없는 경우	22	1[i]
	고저변화가 예상되는 경우	1[ii]	4
C	고저변화가 발생할 가능성이 없는 경우	9	0
	고저변화가 예상되는 경우	0	6

i) オフヲ(大魚) : オホ(○○)+ウヲ(●●)>*○●● or *○○●(*는 추정형을 뜻함. 이하 동문)
ii) カカリ(斯有) : カク(●○)+アリ(○●)>*●○●

그리고 [A]의 경우에 (8)처럼 악센트가 높았다가 낮아진 후 다시 높아지는 중저형(中低型)이 되는 경우가 소수 용례에 그치고 있다.

(8) A : [2] アルミ(荒海) : アラ(●●)+ウミ(○●)>*●○●
    [5] ヨクス(横臼) : ヨコ(●●)+ウス(○●)>*●○●
    [6] カカリ(斯有) : カク(●○)+アリ(○●)>*●○●

그런데 [C]의 경우를 보면 (9)와 같이 중저형 악센트가 예상되는 용례가 많이 나타나는데, 특이한 것은 이들 용례들이 모두 「~負ふ」「~合ふ」로 구성된 복합어라는 점이다.

(9) C : [2] ユケヒ(靭負) : ユキ(○●)＋オヒ(○●)＞＊○◐●
　　　 [3] フケヒ(吹負) : フキ(○●)＋オヒ(○●)＞＊○◐●)
　　　 [4] メヒ(婦負) : ミ(◐)＋オヒ(○●)＞＊[◐○](●)
　　　 [5] カゾフ(数合) : カズ(○●)＋アフ(○●)＞＊○◐●
　　　 [6] コフ(児合) : ク(●)＋アフ(○●)＞＊◐●

　여기에서 추측할 수 있는 것은 복합어를 만들 때「~負ふ」「~合ふ」라는 복합어의 유형화가 작용했을 수 있다는 것이다. 탈락이나 융합이 일어나지 않은 [B]의 복합어를 보더라도「~負ふ」「~合ふ」가 포함된 복합어가 7용례나 된다(トリオフ(取負), ユキアフ(行合), ヨリアフ(寄合), トモシアフ(灯合), ニナヒアフ(担合), モトメアフ(求合), モミチアフ(紅葉合) 등).「~負ふ」「~合ふ」복합어를 제외하면 모음융합의 경우에 중저형 악센트가 예상되는 용례는 하나도 없게 된다.

　[A][C]만을 볼 때 중저형(…●○●…)의 용례가 적고 탈락형에서는「カクアリ＞カカリ」와 같이「형용사 연용형連用形(~ク)＋アリ＞ ~カリ」처럼 カリ활용과 병립해서 이에 이끌리는 형태로 탈락이 일어난 것에서 나타나는 형태[16]이고 융합형에서는「~負ふ」「~合ふ」복합어와 같이 복합어의 유형화가 일어난 경우에 한해서 나타나고 있다는 사실, 또한 결합부분의 악센트 높이의 차이에 관계없이 탈락이나 융합이 일어난 복합어에서 높은 부분이 한 군데라는 점[17]이라는 사실 등에서 모음탈

16　권(權, 1999) p45 참조.
17　높은 부분이 두 곳으로 나눠지지 않는다는 것은 복합어가 악센트 면에서도 한단위임을 표시한다.

락과 융합에 악센트가 서로 관여하고 있음을 미루어 짐작할 수 있다.
　모음탈락과 융합에 악센트가 관여하고 있다는 점을 확인하기 위하여 이번에는 모음탈락(융합)이 일어나지 않은 [B] 복합어에 대해 살펴보기로 한다.
　우선, 탈락이나 융합이 일어난 용례들을 음운변화가 일어나기 이전의 악센트와 비교했을 때 [A][C]의 용례들에서는 고저 배열에 변화가 일어나는 경우가 극소수지만 [B]에서는 고저배열에 변화가 생기는 경우가 전체 용례수의 반수를 넘고 있다.

(10) a. [⋯○●+○●⋯] > *⋯○○●⋯ / *⋯○●●⋯ : [1] アヲウナハラ, [3] クモリアフ, [10] トモシアフ, [11] トリオフ, [14] ニナヒアフ, [20] モトメアフ, [21] モミチアフ

b. [⋯●○+●○⋯] > *⋯●●○⋯ / *⋯●○○⋯ : [6] タクハヒオク, [7] タテマツリアグ, [8] ツミアグ, [13] ナミオク, [15] ヒキウウ, [18] フミオク

c. [⋯○○+●○⋯] > *⋯○●○⋯ / *⋯○○○⋯ : [5] コトアゲ

d. [⋯○●+○○⋯] > *⋯○○○⋯ / *⋯○●○⋯ : [4] ココロイタシ, [12] トリオホス, [16] フセイホ, [17] フナアマリ

e. [⋯●●+○●⋯] > *⋯●○●⋯ / *⋯●●●⋯ : [19] ミヅウミ, [23] ヰクヒウチ

f. [⋯●○+●●⋯] > *⋯●●●⋯ / *⋯●○●⋯ : [9] トビアガル, [24] ヲリアカス

g. [⋯○○+●●⋯] > *⋯○●●⋯ / *⋯○○●⋯ : [2] ウライソ, [22] ヨアカシ

h. [⋯●●+○○⋯] > *⋯●○○⋯ / *⋯●●○⋯ : 用例なし

(10)a와 (10)b는 탈락이나 융합에 의해 반드시 고저배열에 변화가 생기는 경우인데 전체 용례수의 반수 이상을 차지한다(13/24용례). (10)c-(10)f는 50%의 확률로 고저배열 순서에 변화를 가져올 가능성이 있으며 9용례가 있다. 고저배열 순서에 영향을 끼치지 않는 것은 (10)g의 2용례뿐이다. 이렇게 고저배열에 변화가 생기는 경우에는 모음탈락이나 융합을 피하고 있다는 사실을 확인할 수 있다.

또한, 복합에 의하여 높은 음절이 두 곳으로 갈라지는 경우에 모음탈락을 회피하는 경향을 볼 수 있다.

(11) a. 결합부분의 악센트 높이가 같은 경우

　　　[5] アソビアルク(遊歩) : アソビ(●●○)＋アルク(○●○)

　　　[10] ユキアフ(行合) : ユキ(●○)＋アフ(○●)

　　　[11] ヨリアフ(寄合) : ヨリ(●○)＋アフ(○●)

b. 결합부분의 악센트 높이가 다른 경우

　　　[4] ココロイタシ(心痛) : ココロ(○○●)＋イタシ(○○●)

　　　[11] トリオフ(取負) : トリ(○●)＋オフ(○●)

　　　[17] フナアマリ(船剰) : フネ(○●)＋アマル(○○●)

　　　[19] ミヅウミ(水海) : ミヅ(●●)＋ウミ(○●)

　　　[23] キグヒウチ(杙打) : クヒ(●●)＋ウツ(○●)

　　　[24] ヲリアカス(居明) : ヲリ(●○)＋アカス(●●○)

이상에서 모음탈락이나 융합이 일어나는 복합어와 그렇지 않은 복합어의 악센트 고저 양상을 살펴본 결과, (12)와 같은 경향을 확인할 수 있었다.

(12) a. 선항요소의 말미음절 및 후항요소의 어두음절에서 악센트 높이가 같은 경우에는 모음 탈락이나 모음융합이 일어나기 쉽고 다른 경우

에는 일어나기 어렵다. 이것은 복합어 전체의 악센트에 고저 배열이 변화하지 않는 경우에 탈락이나 융합이 일어나기 쉬움을 뜻한다.
b. 탈락형의 대부분은 악센트 면에서도 한 단위임이 표시되며 복합으로 높은 음절이 두 군데로 갈라지는 경우에는 모음탈락, 음절탈락, 모음융합을 회피하는 경향이 있다.

(12)의 경향은 결국 악센트 면에서도 '한 단위'임이 표시되는 경우에 모음탈락이나 융합이 일어나기 쉽다는 사실을 의미한다. 이러한 점에서 복합성분의 접합면에서의 악센트 높이가 모음탈락이나 융합 현상에 영향을 미쳤다고 할 수 있을 것이다.

2. 연탁(連濁)

모리야마 다카시(森山隆, 1971:p284-285)는 복합어의 선항요소가 되었을 때 반드시 연탁하는 경향이 있는 단어에 'シタ(下)'와 'ウラ(心、裏)'가 있음을 밝히고 있다. 또한 복합어의 후항요소가 되었을 때 항상 연탁이 일어나는 단어 및 어떠한 경우에도 연탁이 일어나지 않는 단어들도 제시하고 있다. 그런데 모리야마(1971)가 제시한 단어들 간에 악센트 면에서 공통된 특징을 찾아보기는 어렵다. 이는 연탁이 개별 단어의 악센트 특성에 따른 것이 아님을 뜻하며 연탁 또한 복합어에서 일어나는 현상이니만큼 전항요소와 후항요소의 악센트를 모두 살펴보아 연접하는 부분의 악센트 상태를 고찰할 필요가 있을 것이다.

여기서는 두 번 이상 어두 음절이 탁음으로 표기되고 청음 표기의 예가 보이지 않는 복합어[18] 90여개 중, 마쿠라고토바(枕詞. タクヅノ, タマ

---

18 상대 문헌에서 탁음표기는 항상 이루어지는 것이 아니기 때문에 연탁이 일어났는지에 대해서 용례 판단이 곤란한 경우가 많다. 따라서 정확성을 기하기 위해 탁음 전용가나로 표기된 용례를 중심으로 살펴볼 필요가 있을 것이다.

ヅサノ 등)나 반복어(カガ(日), サキザキ(崎々) 등)를 제외한 복합어를 대상으로 선항요소와 후항요소의 악센트 양상을 검토해 보기로 한다.

〈표 4〉 연탁하는 복합어에서 결합부분의 악센트 양상

A 결합부분의 악센트 높이가 같은 경우(50)	
[1] アガキ(足搔) : ○+○●	ア(足○○ : 図名102-1) カク(搔○● : 観名・仏下本81-1)
[2] アキダラ(飽足) : ○●+●●	アク(飽○● : 観名・僧上112-8) タラテン(足●●×× : 古今・伏片412)
[3] アサダチ(朝立) : ○○+○●	アサテ(明朝後日○○● : 高名93-オモテ3) タツ(立○● : 図名122-1)
[4] アサヂ(浅茅) : ●●+●	アサシ(浅●●× : 観名・法上7-2) チ(● : 和名・京10-66ウラ)
[5] アサビラキ(朝開) : ○○+○○	アサテ(明朝後日○○● : 高名93-オモテ3) ヒラキアリ(発○○××× : 観名・僧上107-8)
[6] アスカガワ(飛鳥河) : ○○○●+●○	アスカノカハ(飛鳥○○●●×× : 古今・訓720) カハ(河○○ : 図名6-4)
[7] アマヂ(天治) : ○○+○	アマノカハ(銀河○○○●○ : 図名7-1) アハヂシマ(淡路島●●●● : 日本ア・人紀)
[8] アリガヨヒ(有通) : ○●+●●×	アリ(有○● : 観名・仏中138-3) カヨフ(通●●× : 高名30-ウラ2)
[9] イクミダケ(い組竹) : ○●+●●	クム(織○● : 図名294-7) タケ(竹●● : 観名・僧上11-1)
[10] イナガラ(稲殻) : ○●+●○	イネ(稲○● : 観名・法下10-4) カラ(柄●● : 観名・仏下本110-6)
[11] イヘヂ(家道) : ○○+○	イヘ(宅○● : 観名・法下53-6) アハヂシマ(淡路島●●●● : 日本ア・人紀)
[12] ウタダノシ(歌楽) : ●○+○○●	ウタ(詩●○ : 図名91-4) タノシ(悰○○● : 図名240-4)
[13] ウラグハシ(心細) : ○○+○○●	ウラ(心○○ : 日本ア・神中) クハシ(細○○● : 図名298-3)
[14] オホブネ(大船) : ○○+○●	オホイナリ(巨○○××× : 観名・僧下75-7) フネ(船○● : 観名・仏下本2-1)
[15] オモヒヅマ(妻)) : ○○●+●○	オモフ(思○○● : 図名238-3) ツマ(妻●○ : 古今410)
[16] ココロダラヒ(心足) : ○○●+●●×	ココロ(心○○● : 図名236-1) タラテノ(足●●×× : 古今・伏片412)
[17] コトダテ(事立) : ○○+○●	コト(事○○ : 高名42ウラ-1) タツ(立○● : 図名122-1)
[18] サギリ(さ霧) : ●+●●	サマヨフ(吟●●×× : 高名62-オモテ5) キリ(霧●● : 観名・法下68-3)
[19] シナザカル(級離) : ●●+●●○	シナ(階●● : 図名201-2) サカル(僻●●○ : 高名10オモテ-6)
[20] シマガクリ(島隠) : ○○+○●	シマ(島○○ : 図名137-2) カクル(没○●× : 図名20-7)

[21] スソビキ(裾引)：●●+●○	スソ(裾)●●：観名・法中138-4	
	ヒク(引)●○：観名・僧中24-5	
[22] タヅクリ(作)：○+○○●	タ(田)○：高名103-オモテ2	
	ツクル(製)○○●：図名336-3	
[23] タドホミ(た遠)：●+●●…	タバカル(憚)●●●○：観名・仏下本40-1	
	トホシ(遠)●●●：観名・仏上58-4	
[24] トノグモリ(曇)：○○+○○●	トノ(殿)○○：観名・僧中65-2	
	クモリ(陰)○○●：図名202-7	
[25] ナミタグマシ(涙含)：○○●+●○	ナミダ(涕涙)○○●：図名37-5	
	クム(汲)●○：図名54-2	
[26] ナラヂ(道)：●○+○	ナラ(奈良)●○：古今・顕府29/○○：古今・訓29	
	アハヂシマ(淡路島)●●○●：日本ア・人紀	
[27] ネジロ(根白)：○+○○	ネ(根)○：観名・仏下本93-3	
	シロシ(素)○○●：図名289-3	
[28] ハマビ(浜辺)：○○+○	ハマ(浜)○○：図名55-4	
	ヘタ(端・浜辺)○○：日本ア・袖中[19]	
[29] ヒグラシ(日暮)：●+●○	ヒ(日)●：高名93-オモテ2	
	クル(陰)●○：図名209-5	
[30] フナビト(船人)：○●+●○	フネ(船)○●：観名・仏下本2-1	
	ヒト(人)●○：高名3-オモテ3	
[31] ハシダテ(橋立)：●○+○●	ハシ(橋)●○：和名・高10-109オモテ	
	タツ(立)○●：図名122-1	
[32] マグハシ(目細)：○+○○●	マナコ(目)○○●：高名81-オモテ2	
	ハシ(細)○○●：図名298-3	
[33] マヨビキ(眉引)：○●+●○	マユ(眉)○●：高名88-オモテ3	
	ヒク(引)●○：観名・僧中24-5	
[34] ミツグリ(三栗)：●○+○	ミツノシナ(三品)●○○×：高名61-ウラ7	
	クリ(子)○○：観名・仏下本107-7	
[35] ミヤマガクリ(御山隠)：○○+○●×	ヤマ(山)○○：観名・法上106-7	
	カクル(没)○●×：図名20-7	
[36] ミヲビキ(水脈引)：●●+●○	ミヲビキノフネ(水)●●●●○：観名・仏下本2-2	
	/ヲ(糸)●：図名287-4	
	ヒク(引)●○：観名・僧中24-5	
[37] メドリ(雌鳥)：○+●●	メ(妻)◐：高名51-ウ1	
	トリ(鳥)●●：観名・僧中110-7	
[38] モミチバ(紅葉葉)：○○●+●	モミツ(黄草)○○●：観名・僧上1-8	
	ハ(葉)●：観名・僧上46-1	
	cf) モミヂバ(黄葉)○○○○：観名・僧上46-1	
[39] モモヅタフ(伝)：○●+●●	モモ(百)●○：高名41-ウラ7	
	ツタフ(伝)●●○：高名14-ウラ2	
[40] ヤマダ(山田)：○○+○	ヤマ(山)○○：観名・法上106-7	
	タ(田)○：高名103-オモテ2	
[41] ヤマダカミ(山高)：○○+○○	ヤマ(山)○○：観名・法上106-7	
	タカシ(崖)○○●：図名138-7	
[42] ヤマヂ(道)：○○+○	ヤマ(山)○○：観名・法上106-7	
	アハヂシマ(淡路島)●●○●：日本ア・人紀	
[43] ヤマビ(山辺)：○○+○	ヤマ(山)○○：観名・法上106-7	
	ヘタ(端・浜辺)○○：日本ア・袖中	

[44] ユキガヘリ(行帰)：●○+○○●	ユク(行●○：高名23-ウラ6)	
	カヘル(帰○○●：観名・僧下113-5)	
[45] ユフギリ(夕霧)：○●+●●	ユフヘ(旰○○●：高名96-オモテ2)	
	キリ(霧●●：観名・法下68-3)	
[46] ワスレガヒ(忘れ貝)：●●○+○○	ワスル(諼●●○：図名97-2)	
	カヒ(貝○○：観名・仏下本13-6)	
[47] キガラシ(枯)：●+●○×	ヲリ(坐●○：図名229-4)	
	カル(枯○●：観名・仏下本103-5)	
[48] ヲドコ(小床)：●●○+●●	ヲブネ(艇●●○：観名・仏下本1-6)	
	トコ(牀●●：観名・仏下本125-1)	
[49] ヲバナ(尾花)：○+○○	ヲ(尾○：観名・法下87-8)	
	ハナ(花○○：観名・僧上5-1)	
[50] アマハセヅカヒ(使)：○●+●●○[20]	ハス(駅●●：観名・僧中99-5)	
	ツカフ(使●●○：高名17-ウラ3)	
B 결합부분의 악센트 높이가 다른 경우(17)		
[1] アシガモ(葦鴨)：●●+○○	アシ(葦●●：観名・僧上42-1)	
	カモ(鴨○○：観名・僧中114-2)	
[2] アサギリ(朝霧)：○○+●●	アサヒ(旭○○●：高名94-オモテ5)	
	キリ(霧●●：観名・法下68-3)	
[3] ウラガナシ(うら悲)：○○+●●	ウラ(心○○：日本ア・神中)	
	カナシ(哀●●●：図名340-2)	
[4] オヒダテル(生立)：○●+○●	オフ(生○●：観名・僧下91-3)	
	タツ(立●○：図名122-1)	
[5] オホガシハ(大柏)○○+●●○	オホイナリ(巨○○×××：観名・僧下75-7)	
	カシハ(柏●●○：観名・仏下本112-6)	
[6] カグハシ(香細)：●+○○●	カ(香●：色葉・上100ウラ-5)	
	クハシ(細○○●：図名298-3)	
[7] コトドヒ(言問)：○○+●○	コト(言○○：図名70-2)	
	トフ(訊●○：図名85-5)	
[8] トガリ(鳥狩)：●+○●	トリ(鳥●●：観名・僧中110-7)	
	カリ(狩○●：観名・仏下本129-5)	
[9] ニコグサ(和草)：●●+○○	ニコ(和●●：高名73-ウラ5)	
	クサ(草○○：観名・僧上1-2)	
[10] ニヒバリ(新治)：●●+○●	ニヒ(新●●：観名・僧中33-8)	
	ハル(治○●：観名・法上32-2)	
[11] ハグクミ(羽裏)：●●+○○○	ハネ(羽●●：観名・僧上95-6)	
	ククム(　○○○：高名75-オモテ5)	
[12] ハリブクロ(針袋)：○●+○○○	ハリ(針○●：観名・僧上122-1)	
	フクロ(袋○○○：図名341-7)	
[13] マツバラ(松原)：○●+○○	マツ(松○●：観名・仏下本86-7)	
	ハラ(原○○：観名・法下109-5)	
[14] モモチダル(百千足)：…○+●…	チヂ(千○○：高名44ウラ-2)	
	タラテソ(足●●××：古今・伏片412)	
[15] ヤマビコ(山彦)：○○+●○	ヤマ(山○○：観名・法上106-7)	
	ヒコ(孫●○：観名・法下140-1)	
	cf) ヒコボシ(牽牛●●○○：観名・仏下末1-4)	
[16] キグヒ(井杙)：○+●○	イ(井○：観名・僧下81-8)	
	クヒ(杙●○：観名・仏下本94-5)	

[17] ヲブネ(小船) : ●+○●	ヲ(小)=コ(子●● : 観名・法下137-2)	
	フネ(船)○● : 観名・仏下本2-1)	
	cf) ヲブネ(艇●●○ : 観名・仏下本1-6)	
C 판단불가(2)		
[1] シタビ(下樋) : ●○/●●+○●/●	シタ(下)●○ : 観名・仏上74-5)/シタモ(下●●○:図名 335-7)	
	ヒ(槭楡)○● : 和名10-6-44オ/ヒ(樋)●: 日本ア・巫私13ウ 4)[21]	
[2] ヤヘガキ(八重垣) : ●○/? ●+●○	ヤヘ(八重●○ : 日本ア・書紀16-88)/	
	ヒトヘノ衣(襲衣一重○○●○× : 図名332-2)	
	カキ(垣)●○ : 図名217-6)	

<표 4>에서 상대 문헌에서 탁음전용가나로 표기된 연탁 복합어를 중심으로 결합부분의 악센트를 살펴보았다. 그 결과 결합부분의 악센트 높이가 같은 경우가 50용례, 결합부분의 악센트 높이가 다른 경우가 17용례였으며 자료상에 두 가지 악센트가 존재하여 판단을 보류하거나 판단자체가 불가능한 경우가 2용례 확인되었다. 용례판정에 따라 약간의 가감이 있을 수 있으며 단정을 내리기엔 충분하지는 않지만, 결합부분의 악센트 높이가 같은 경우와 악센트 높이가 다른 경우가 약 3 : 1의 비율로 나타나 두 단어의 접합부분의 악센트 높이가 같을 때 연탁하는 경향이 있다고 판단할 수 있을 것이다.

또한 결합부분의 악센트가 확인되는 총 68용례 중에서 단 7용례만이 복합이 이루어졌을 때 중저형[-●○●-] 악센트를 형성하고 있음을 알 수 있다(A에서 2용례, B에서 5용례).

(13) A [12] ウタダノシ(歌楽) ●○+○○● → *●○○○●

---

19 「ヒ(辺)」와 어원이 같은 「ヘ(辺)」는 [○] [●] 두 형태가 나타나지만 단독으로 쓰인 경우가 없고 모두 복합어의 후항요소인 경우만 자료에 보인다(モトヘ(辺●:日上・書紀・前11-43) / スヱヘ(辺○:日上・書紀・前11-43, 17-97)). 따라서 「ヘタ(端・浜辺)」와 같이 어원이 같은 단어를 참고하여 저평조[○]로 보기로 한다.
20 「アマ(天)ハセヅカヒ(使)」의 경우, 「ハセ」를 「馳セ」로 볼 수 있다면 접합부분의 악센트는 높이가 같은 용례로 간주할 수 있다.
21 『御巫本日本書紀私記』: 4성 체계. 가마쿠라기(鎌倉期).

       [31] ハシダテ(橋立) ●○+○● → *●○○●
B [4] オヒダテル(生立) ○●+○● → *○●○●
   [8] トガリ(鳥狩) ●+○● → *●○●
   [10] ニヒバリ(新治) ●●+○● → *●●○●
   [11] ハグクミ(羽裘) ●+○○● → *●○○●
   [17] ヲブネ(小船) ●+○● → *●○●

　그 이외의 용례들에서는 모두 [⋯○●○⋯]형을 이루게 된다. 유독 B에서 중저형이 많이 나타나는 것은 악센트의 높낮이가 서로 다른 단어끼리 연접하는 경우에 필연적으로 발생할 수 있는 상황이기 때문일 것이다. 여하튼 연탁형의 대부분은 악센트 면에서도 한 단위임이 표시되며 복합에 의해 높은 음절이 두 군데로 갈라지는 경우는 드물다는 것을 확인할 수 있다.
　여기에서 연탁이 일어나는 복합어에서 나타나는 이러한 경향에 대하여 앞에서 제시한 모음탈락과 모음융합에서 보이는 악센트와의 상관성에 대한 고찰 내용과 비교해 보면 (12)에서 말하는 내용과 연탁이 일어나는 복합어에서 나타나는 경향과 매우 흡사하다는 것을 알 수 있다. 비록 모음탈락이나 모음융합보다 결합부분의 악센트 높이가 서로 다른 경우의 예가 상대적으로 많아 모음탈락이나 음절탈락, 모음융합에서 보이는 경향이 현저하게 나타난다고는 말할 수 없지만 경향적으로는 동일하다고 보아도 무방한 상황이라 할 것이다[22]. 다시 말하면 상대 일본어에서 복합어가 만들어질 때 악센트가 중요한 기능을 담당하고 있음을 뜻한다.
　한편, 권(權, 1999)에서는 ①선항요소의 말미음절 및 후항요소의 어

22　정확성을 기하기 위해서 연탁현상이 일어나지 않은 용례들에 대해서도 검토가 이루어져야 하겠지만 시간적, 지면적 제약으로 인해 여기에서는 다루지 못하였다.

두음절에서 악센트 높이가 같은 경우, ②복합으로 인하여 높은 음절이 두 군데로 갈라지지 않는 경우에 대해 '모음탈락이 일어나기 쉬운 조건'이라 보고 이것이 의미하는 바를 '원래의 구성성분이 가진 악센트가 손상되는 일 없이 그것에 의해 비탈락형으로의 환원이 보장되었기 때문에 모음탈락의 허용도가 높아졌다'고 해석하고 있는데 반해, 히즈메 슈지(肥爪周二, 2004:pp5-12)는 ①②의 조건이 '모음탈락이 일어난 결과 본래의 요소에 환원되기 어렵게 되는 조건(악센트에 의한 내부구조 표시가 기능하기 어려운 조건)'으로 볼 수 있으며 ①②의 조건을 충족시키는 것만이 비탈락형으로의 회기가 힘들었기 때문에 한 단어로 고착화되거나 비탈락형과 공존하기 쉬웠다고 봐야 되지 않을까 하는 견해를 제시하였다. 즉, ①②의 조건은 내부구조표시가 기능하기 쉬운 조건(權, 1999)으로도, 기능하기 어려운 조건(히즈메(肥爪, 2004))으로도 해석이 가능하다고 보는 것이다. 어느 쪽 견해가 더 타당성이 있을지는 더 많은 자료의 검토와 분석이 뒤따라야 하겠지만 모음탈락 뿐 아니라 모음융합, 연탁현상에서까지 유사한 경향을 확인할 수 있다는 점을 고려할 때 전자의 입장이 더 설득력을 얻지 않나 생각한다. 이에 대한 구체적인 고찰은 다음 과제로 돌리고자 한다.

Ⅳ 맺음말

본고에서는 상대 일본어에서 단어 결합으로 인하여 모음이 탈락 또는 융합하거나 연탁이 일어나더라도 본래의 단어가 가지고 있던 악센트 특성 내지 유형이 그대로 유지되는 경향이 있음을 확인하고 다음과 같은 결론을 얻었다.

첫째, 복합어에서 모음탈락 및 융합 현상은 결합부분 음절의 악센트 높이가 같은 경우에 나타나기 쉽고 높이가 서로 다른 경우에는 나타나기 어렵다. 이것은 복합어 전체의 악센트에 고저 배열이 변화하지 않는 경우에 이들 현상이 일어나기 쉽다는 것을 뜻한다.

둘째, 이들 음운현상이 일어난 복합어의 대부분은 악센트 면에서도 한 단위임이 표시되며 복합에 의해 높은 음절이 두 군데로 갈라지는 경우가 적다.

셋째, 모음탈락이나 모음융합 등에서 보이는 악센트와의 상관성에서 보이는 경향이 연탁 현상에서도 마찬가지로 적용된다.

본 연구를 통해 상대일본어의 복합어 형성에 있어서 악센트가 깊이 관여하고 있으며 악센트 면에서 한 단위로 볼 수 있는 단어들에서 다른 음운현상들도 나타나기 쉽다는 사실도 확인하였다.

모음탈락과 융합, 연탁 등은 고대 일본어의 음소배열법칙에 따른 현상이라 할 수 있는데 이들 음운현상 들은 중고시대에 이르러 쇠퇴하는 경향을 보인다. 중고말기 이후에 복합어에 나타나는 악센트 조정 현상도 관계가 있으리라 짐작이 되나, 이보다 더 중요한 사실은 音便이나 장모음화 등으로 인하여 일본어의 음소배열법칙에 변화가 생긴 것도 연관이 있을 것으로 사료된다.

┃자료

秋永一枝他4名篇(1997)『日本アクセント史総合資料索引篇』東京都出版
宮内庁書陵部(1976)『図書寮本類聚名義抄―本文影印・解説索引』勉誠社
中田祝夫共編(1977)『色葉字類抄研究ならびに総合索引黒川本・影印編』風間書房
正宗敦夫編(1986)『観智院本類聚名義抄』第1巻本文編 風間書房
馬淵和夫(1973)『和名類聚抄古写本声点本本文および索引』風間書房
望月郁子編(1974)『四種声点付和訓集成』笠間索引叢刊44

참고 문헌

권경애(2003)「上代日本語における母音融合 -アクセントとの相關性を中心に-」『일본연구』제23집 한국외국어대학교 일본연구소 pp.407-424

_____(2007)「상대 일본어에 있어서 連濁과 악센트의 상관성에 관한 연구」『일본어문학』36, 일본어문학회, pp.1-22

奥村三雄(1995)『日本語アクセント史研究』風間書房

亀井孝(1962)「「さざれ」「いさご」「おひ(い)し」」『香椎潟』(亀井孝論文集4『日本語のすがたとこころ(2)』吉川弘文館, 1985에 수록)

金田一春彦(1937)「現代諸方言の比較から觀た平安朝アクセント-特に二音節名詞に就て-」『方言』7-6, pp.1-42

_____(1964)『四座講式の研究』三省堂

権景愛(1999)「上代日本語の母音脱落とアクセント-融合標示の手段としての両者の相関性-」『日本語と日本文学』28 筑波大学国語国文学会 pp.35-49

小松英雄(1959, 1960)「平安末期畿内方言の語調体系」『国語学』39, 40, pp.40-55

_____(1977)「アクセント変遷」『岩波講座 日本語5 音韻』岩波書店 pp.324-385

桜井茂治(1994)『日本語音韻・アクセント史論』笠間書院

高山倫明(1981)「原音声調から觀た日本書紀音仮名表記試論」『語文研究』51 九州大学国語国文学会 pp.13-20

肥爪周二(2004)「結合標示と内部構造標示」『音声研究』8-2, pp.5-13

南不二男(1956)「名義抄時代の京都方言に於ける二字四段活用動詞のアクセント」『国語学』27 pp.69-80

森山隆(1971)『上代国語音韻の研究』桜楓社

柳田征司(1994)『室町時代を通して見た日本語音韻史』武蔵野書院

山口佳紀(1974)「古代日本語における語頭子音の脱落」『国語学』98, pp.1-15

일본어학과 일본어교육
日本語学・日本語教育

2 음운・음성(音韻・音声)

일본어학과 일본어교육 2 음운·음성

평판악센트와 언어구조

다나카 신이치 *
고베대학교 교수

I 머리말

본고는 일본어(동경방언)의 평판 악센트의 발생요인으로서 종래에 개별적으로 논의되어 온 언어 조건을 어휘의 언어학적 친밀도(사용빈도)라는 한 가지 요인으로 통합해보고자 하는 시도이다. 빈도를 (i) 음운·형태구조와 (ii) 의미·화용론적 구조의 두 갈래로 하위 분류할 것을 제안하고 이 둘을 통합할 수 있는 원리를 제시하고자 한다. 특히 (i)의 음운·형태구조에 대하여 4모라라는 단어 길이와 연관된 조건을 가장 빈도가 높은 운율구조로 설정함으로써 (ii)의 의미·화용론적 측면과 일관된 설명을 할 것이다. 이와 더불어 악센트 부여에 관하여 4모라 단

* 田中真一 : 神戸大学

어가 다른 길이를 가진 단어와 디폴트 값이 다르다는 점(기본형이 다름)을 지적하겠다. 나아가 악센트 이외에도 운율 면에서의 빈도에 의해 일어나는 음운현상을 소개하고 평판 악센트를 일으키는 요인의 일반성에 대하여 설명하고자 한다. 본고는 다음과 같이 구성되어 있다.

우선 악센트에 대한 일반 언어학적 의미를 확인 한 후에, 일본어에서 평판 악센트가 발생하는 이론적 문제점에 대해 언급하고, 다음 절에서 음운·형태구조(운율조건)로서 일본어 화자에게서 4모라 단위의 사용빈도가 월등히 높다는 사실이 평판 악센트와 어떠한 상관성이 있는지에 대해서 소개하겠다. 이어서 평판 악센트를 발생시키는 의미적 요인이 종래의 분석에서 밝힌 음운·형태구조와 사용빈도라는 키워드로 통일할 수 있다는 사실을 구체적 예를 가지고 소개한다. 마지막으로 음운·형태구조에 대한 빈도의 높음과 연관된 악센트 이외의 현상을 소개하면서 본고를 마무리하겠다.

II 평판 악센트와 그 문제점

1. 두 종류의 악센트

악센트(accent)라는 개념은 일본어학이나 언어학에서 두 가지 다른 의미로 사용된다. 하나는 (1)과 같이 단어가 지닌 고저의 틀이라는 의미이고, 또 다른 하나는 (2)와 같이 단어 내의 음성적 탁립이라는 의미이다(다나카·구보조노(田中·窪薗) 1999, 사이토(斎藤) 1997, 구보조노(Kubozono) 2011). 예를 들면, 「さけ」(鮭, 연어)(酒, 술)라는 단어는 각각의 정의에 따라 다음과 같이 표시된다(’는 직전의 모라(mora)에 악센트 핵이 있는 것을, ^{0}은 악센트 핵이 없는 평판 악센트를 나타낸다).

(1) 악센트 표시(광의)　　　(2) 악센트 표시(협의)
　　a. さけ(が)　[鮭, 연어]　　a. さ'け(が)　[鮭, 연어]
　　b. さけ(が)　[酒, 술]　　　b. さけ⁰(が)　[酒, 술]

(1)의 정의에서는「鮭(연어)」와「酒(술)」가 각각「고저」,「저고」라는 악센트를 지닌 것으로 표현되는데 반해, (2)에서는「鮭(연어)」가 악센트를 (제 1음절에) 지니지만「酒(술)」는 악센트를 지니고 있지 **않다**고 표현된다. (1)은 흔히 광의의 악센트라 하여 일본 국어학이나 방언학에서 사용되는 일이 많지만, (2)는 협의의 악센트로 언어학 분야에서 사용되는 일이 많다. 참고로 평판 악센트라는 용어는 (1b) (2b)의 어느 문맥에서도 사용될 수 있다.

(2)와 같은 협의의 악센트 관점에서 보면 일본어는 피치 악센트언어에 속한다. 그러나 2.1절에서의 논의에서 알 수 있듯이 일본어는 (2b)와 같이 악센트가 없는 단어가 어휘체계의 절반 정도를 차지하고 있는 것도 사실이다. 악센트 언어에서 악센트가 없는 단어가 절반이나 된다는 것은 표면적으로 기묘하다고 할 수 있다.

본고에서는 평판 악센트의 발생조건으로 단어의 언어학적 친밀도(사용빈도)가 연관된다는 점을 지적하고, 일본어가 종래의 지적대로 악센트 언어라는 것을 확인하고자 한다.

2. 악센트의 기능

악센트에는 두 가지 기능이 있다고 알려져 있다(Kager, R(1999), 다나카 신이치·구보조노 하루오(田中真一·窪薗晴夫, 1999)). 하나는 (1)의 짝에서 보듯이 의미변별기능이고, 다른 하나는 정점·경계표시기능이라 불리는 (3)과 같은 단어의 추출과 관련되는 기능이다.[1]

(3) a. も'うしま'した(もうしました) [もう、しました。] (벌써 했습니다.)
    b. もうしま'した(もうしました) [申しました。] (말씀 드렸습니다.)

(3a)에서는 악센트(정점)가 두 곳에 있어서 문장이 음운적으로 두 단어로 이루어진 것을 표시하고 있지만, (3b)에서는 악센트가 한 곳에 있어 문장이 한 단어로 이루어져 있음을 표시하고 있다. 피치에 의한 이러한 정점, 경계 표시로 단어의 추출, 즉, 단어의 인식이 이루어지는 것이다.

본고에서 논의하는 평판 악센트는 정점(악센트)이 소실된 상태로, 악센트가 부여된 단어와 비교해서 발음상 부담이 적다.[2] 반면에, 단어의 추출에는 도움이 못 된다. 그런 의미로 평판 악센트의 존재는 문제가 된다. 그것이 어휘 절반에서 관찰된다는 것과 대조하면, 일본어를 악센트 언어로 분류해도 좋을까라는 의문이 생긴다.

본고에서는 평판 악센트의 발생조건을 제시하고, 그 조건하에서 악센트 이외의 단어 추출이 가능하다는 점을 지적하겠다. 구체적으로는 의미, 화용론, 음운, 형태라는 서로 다른 언어레벨의 친밀도(사용빈도)가 악센트의 소실에 관여하여, 각 레벨에서 가장 빈도가 높은 언어구조를 가졌을 경우에, 그 구조가 악센트를 보완하는 형태로 단어 추출에 도움이 된다는 점을 지적한다. 또한 악센트 본래의 기능인 정점, 경계표시 기능의 소실, 즉 평판 악센트의 발생이 가능하게 된다는 것을 제시하겠다.

---

1 의미변별은 그다지 중요한 역할을 담당하고 있지 않다. 시바타타케시(柴田武, 1994)에서는 (1)과 같이 광의의 악센트에 의해 의미변별이 되는 예는 몇 퍼센트에 지나지 않는다고 보고되어 있다.
2 같은 고 피치라도 악센트 핵을 동반한 고 피치(예를 들면 (2a)의 「さ'け」의 「さ」) 쪽이, 핵을 동반하지 않는 평판의 고 피치((2b)의 「さげ」의 「け」)보다, 음향적으로 훨씬 높게 실현된다(cf. 가와카미신(川上蓁, 1977)). 악센트를 지닌다는 것은 「고」에서 「저」로 피치가 하강할 뿐만 아니라 「고」의 실현자체에 대해서도 에너지를 수반하는 법이다. 그러한 의미에서 평판 악센트는 부담이 적고 발화의 경제성이 높다고 할 수 있다.

III 음운·형태구조에서의 친밀도와 평판 악센트의 발생: 단어 길이에 따른 사용빈도

1. 소속 어휘 수와 평판 비율

이 절에서는 평판 악센트의 발생 메커니즘을, 특히 단어 길이와의 연관성이란 관점에서 고찰하겠다.

『오사카·도쿄 악센트 음성사전(大阪·東京アクセント音声辞典)』(스기토 미요코(杉藤美代子, 1995))에서, 명사 56,812단어의 길이 별 소속 어휘 수를, 순위가 높은 순으로 (4a~f)에 제시한다.

(4) 명사의 모라 수와 소속 어휘 수 및 점유율(스기토(杉藤, 1995)에서 산출)
    a. 4모라 단어 : **39.7% (22574 / 56812)**
    b. 3모라 단어 : 22.1% (12550 / 56812)
    c. 5모라 단어 : 15.9% (9039 / 56812)
    d. 6모라 단어 : 10.8% (6150 / 56812)
    e. 2모라 단어 : 5.3% (3020 / 56812)
    f. 기타 : 6.1% (3479 / 56812)

주목할 부분은 4모라 단어가 가장 수적으로 우세하고 그것만으로 전체 어휘수의 약 40%를 점유하고 있다는 점이다. 여기에 3모라 단어를 합치면 어휘체계의 약 60%이상(**61.8%** : 35124 / 56812)이 되어, 다른 길이의 단어와 크게 격차가 나는 결과를 가져온다.

이후에 설명하듯이 4모라(3모라도 준함)는 일본어에서 가장 안정된 운율단위이지만, 동시에 발생수라는 측면에서도 가장 우세한 비율을 차지하고 있음을 확인할 수 있다.

위와 같은 단어 길이의 발생 빈도와 평판 악센트 발생과의 사이에 우연이라고는 할 수 없는 대응관계가 나타났다.

그림 1은 모라를 기준으로 한 단어 길이당 명사 평판 비율이 높은 순으로 제시한 것이다. 또한 명사 전체로는 49% (27823 / 56812)로 절반 정도가 평판 악센트에 속한다.

흥미롭게도 (4)에서 확인한 단어 길이 별 발생 수 순서와 평판 율과의 사이에, 결코 무시할 수 없는 일치 관계가 나타난다.

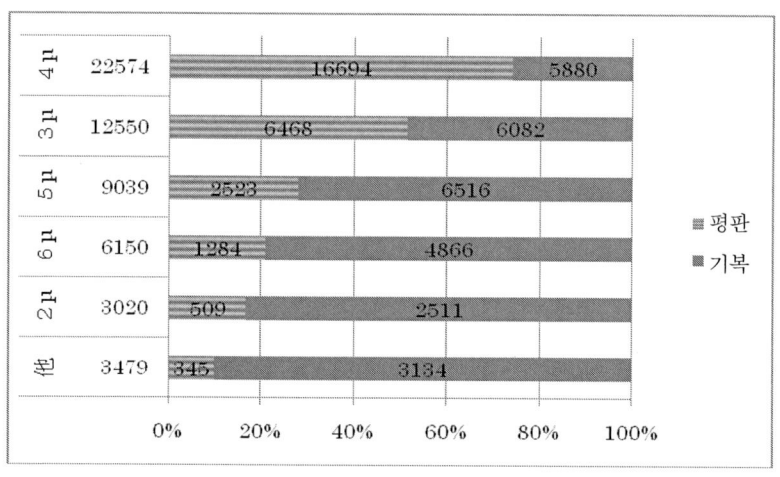

〈그림 1〉 단어 길이와 평판 악센트 발생 수 및 발생률

소속 어휘수의 순위가 그대로 평판 발생률의 순위로 나타난다. 따라서 평판 어휘수도 이 순으로 많다. 특히 4모라 단어의 평판률은 실로 74.0% (16694 / 22574)로, 4단어 중 3단어가 평판구조를 취한다는 계산이 된다.[3] 3모라 단어도 이에 준하여, 52% (6468/12550)의 평판율을

---

3 4모라 단어의 평판 비율은 악센트를 지니기 쉬운 어종인 외래어를 배제하면 76%

보이고 있다. 주 3과 같은 특별한 요인으로 표시되지 않는 한, 4모라 단어의 무표형은 평판이라 할 수 있다. 여기에 4모라 단어 자체의 발생률이 높다는 점도 고려한다면 평판 악센트의 발생은 간단히 예측이 능하고, 일본어 악센트 교육에서도 충분히 응용할 수 있다.

　실제로 (5) (6)과 같이 같은 형태소를 지닌 단어에 대해서도 단어 전체의 길이와 평판 악센트의 발생 사이에 (상관)관계가 나타날 확률이 비교적 높다.

　한 예로 「そ'ば」(메밀)이라는 단어가 전항 (5) 또는 후항 (6)에 있는 복합어를 보자. 전체로 4모라가 되는 (5b), (6b)의 조건하에서는 평판 악센트를 취하기 쉽지만, (5a), (6a)와 같이 그 이외의 단어 길이를 지닌 경우에는 악센트가 부여될 확률이 높다.[4]

(5) #そば━(蕎麦)
　　a. そばま'んじゅう(蕎麦饅頭)、そばど'ころ(蕎麦処)、そばボ'ーロ(蕎麦ボーロ)
　　b. そばめし⁰(蕎麦飯)、そばがら⁰(蕎麦殻)、そばちょこ⁰(蕎麦猪口)、そばかす⁰

(6) ━そば#(蕎麦)

---

[4] (16409/21607)까지 상승하고, 어두에 예외적으로 악센트가 부여되는 「し'ろくろ」(白黒)나 「み'ちひき」(満ち引き)등의 의미적 병렬구조를 배제하면 더욱 상승한다. 종래에 전항·후항 모두 2모라 이하의 짧은 단어에 대해서는 악센트의 예측이 어렵다는 지적이 있다(아키나가가즈에(秋永一枝, 1985, 1998). 또한, 어떠한 전항요소를 동반하더라도 단어 전체를 평판화하는 형태소(色' : 水色、さくら色、緑色⁰)나 반대로 악센트를 부여하는 형태소(あじ(味) : 塩'味、切れ'味、ソース'味)도 존재한다. 하지만 그림 1 이나 (6)에 제시하였듯이 단어 길이에 반응하는 부분이 적지 않게 나타난다는 사실은 명백하다. 악센트가 어떠한 장면에서 후항요소만의 정보로 결정되는지, 어떠한 장면에서 전체 단어 길이의 정보로 결정되는지를 정리하는 것이 앞으로의 과제이다.

a. てんぷらそ'ば(天ぷら蕎麦), たぬきそ'ば(狸蕎麦), ちゅうかそ'ば(中華蕎麦), わんこそ'ば(椀子蕎麦), にはちそ'ば(二八蕎麦), としこしそ'ば(年越し蕎麦)
b. やきそば⁰(焼き蕎麦), かけそば⁰(掛け蕎麦), ざるそば⁰(ざる蕎麦), もりそば⁰(盛り蕎麦), えきそば⁰(駅蕎麦), やぶそば⁰(藪蕎麦)

또한 성명 악센트는 특히 한자권의 인명에서 (7a)와 같이 각자의 악센트를 보존하는 형태가 일반적이라고 알려져 있다(아키나가(秋永 1985, 1998, 등). 그러나 풀 네임으로 4모라의 운율조건을 충족한 경우에는 (7b)와 같이 평판 악센트가 발생하기 쉬워 진다.

(7) a. キ(')ム・デ'ジュン, パ(')ク・ヨ'ンハ, チェ・ジュ'ウ, イ・ミョ'ンバク
    b. キム・ヨナ⁰, ユン・ソナ⁰, モナ・リザ⁰, ジャン・レノ⁰, ロサ・モタ⁰

도쿄 방언은 악센트를 부여할 때 단어 길이에 반응하는데, 특히 4모라 운율조건이 충족되면 악센트를 상실할 확률이 높아진다고 할 수 있다.

이렇게 보면, 4모라와 그 이외의 단어길이는 악센트 유무에 관해 서로 다른 디폴트 값을 가진다는 것을 확인할 수 있다. 즉, 4모라 단어 이외에서는 평판 악센트가 유표(有標, 특수한) 형식이고, 어떤 식으로든 표시가 이루어져야 하지만, 4모라 단어에서는 오히려 평판 악센트가 무표(無標)이며, 악센트가 부여되는 요인 쪽을 표시해야 하는 것이다.

이러한 단어 길이에서 디폴트 값의 차이(무엇을 기본형으로 하고, 무엇을 예외로 하는가 하는 차이)와 메커니즘에 관해서는 3모라 단어를 취급하면서 더불어 추후에 자세히 검토할 필요가 있다. 그러나 악센트 부여에 있어 4모라 단어를 다른 것들과 엄격히 구분할 필요성은 분명히 있다고 할 수 있다.

다음 절에서는 빈도라는 기준을 키워드로 하여, 4모라 운율단위가 다른 것들과 구별되는 메커니즘에 대해 논하겠다.

2. 단어인식을 위한 표식의 소실과 음운·형태조건

이 절에서는 4모라라는 가장 일반적인 단어 길이에서 악센트라는 단어인식을 위한 표식이 소실되는 메커니즘을 제시하고 이와 유사한 악센트 이외의 현상에 대해서도 제시하겠다.

악센트라는 수단 이외에 단어의 존재를 나타내는 표식으로 연탁이라는 현상이 알려져 있다. 연탁이란「やま＋た→やまだ(山田)」와 같이 후항요소의 최초 무성자음이 유성화하는 것을 가리키며, 이러한 조작에 의해 단어 결합이 표시된다. 즉, 연탁도 악센트와 같이 단어(한 단어)의 표시수단인 셈이다.

오노 H(Ohno, h., 2000)는「本」이란 단어를 후항으로 가진 복합어에서의 연탁의 작용 영역에 대해, 전항이 2모라 이하이면 (8a)와 같이 연탁이 발생하지 않지만 3모라 이상이면 (8b)와 같이 일관되게 연탁이 발생한다고 보고하고 있다.

(8) a. 本(ほん)：絵本(えほん), 古本(ふるほん), 赤本(あかほん)
　　 b. 本(ぼん)：漫画本(まんがぼん), 文庫本(ぶんこぼん), 単行本(たんこうぼん)

또한 (8)에 대해서 구보조노(窪薗, 2004)는 전항요소를 포함하여 (8a)가 4모라 이하(즉, 3, 4모라), (8b)가 5모라 이상으로 재해석됨으로써 4모라 이하와 5모라 이상이 되는 단어에서의 음운적 행태 차이를 지적하였다. 단어 전체로 보아 3, 4모라라는 일본어의 일반적 단어 길이면 연탁에 의한 한 단어화의 지표가 불필요하게 된다고 해석할 수 있는 것이다.

위와 같은 연탁 현상은 4모라 단어에서의 악센트 소실과 평행적으로 해석할 수 있다. 연탁이란 분절 레벨 현상과 악센트라는 운율 레벨 현상의 차이를 넘어서 4모라라는 가장 기본적인 단어길이에 의해 단어의 추출이 이루어지고, 그와 동시에 (분절음이나 운율레벨에서의) 결합표시가 면제된다는 공통성이 나타나는 것이다.

Ⅳ 불규칙성의 발생과 단어 인식

1. 평판 악센트와 의미·화용론적 친밀도 : 사용빈도와 전문가 악센트

평판 악센트의 발생요인에 대해 앞 절에서 논의한 음운·형태구조와는 다른 접근법으로 대표적인 것에 단어 친밀도라는 것이 있다.(아키나가(秋永, 1985;1998 등). 자주 사용되는 친밀도가 높은 단어가 악센트를 잃기 쉽다는 것이다. 그 일례로 외래어 악센트의 평판화 현상을 들 수 있다.

외래어에서 평판 악센트가 다른 어종에 비해 극단적으로 적다는 것이 알려져 있지만, 「カステラ」, 「カルタ」, 「ブラジル」등과 같이 오래 전에 유입되어 친밀도가 높은 단어는 평판으로 발음되기 쉽다는 것이 알려져 있다.[5,6]

---

5 시바타(柴田, 1994)에 의하면 평판 비율은 외래어 전체에서 10%정도를 차지하며, 다나카(田中, 2008)도 비슷한 조사결과를 보고하고 있다. 이는, 2.1절에서 확인한 명사 전체의 평판 비율(49% : 27823 / 56812)에 비해서 극단적으로 낮다. 외래어에서 이렇게 평판 비율이 낮은 것은 고유어나 한어와의 음운구조(음절구조)의 차

그와 관련해서 특정 그룹 또는 전문가들 사이에서 빈번히 사용되는 단어가 평판화된다는 지적도 자주 보인다. 예를 들면 음악과 관련된 그룹 내에서 흔히 「テ'ナー」가「テナー°」, 「リハ'ーサル」가「リハーサル°」와 같이, 학자들 사이에서「ジャ'ーナル」가「ジャーナル°」, 「デ'ータ」가「データ°」와 같이 흔히 평판 악센트로 발음된다. 사회 전체(일본어 화자 전체)가 특정 집단 내라던가 하는 레벨 차이는 있어도 화자에게서의 의미·화용론적 친밀도가 평판 악센트 발생에 관련이 있다고 할 수 있다.

이러한 설들은 종래에 2절에서 논의한 음운·형태적 접근법과 대립하는 것으로 이해되어 왔다. 그러나 앞 절에서 분석한 운율구조에 관한 요인을 음운·형태조건(단어의 길이)에 관한 빈도의 높음으로 재해석하면 양자간에 「빈도」라는 기준에서 일관된 설명이 가능하게 된다.

화자의 입장에서 볼 때 자주 사용되는 단어는 악센트라는 수단에 의존하지 않고도 단어 추출이 간단하게 이루어질 가능성이 높고, 동시에 가장 많이 사용되는 길이의 단어는 간단하게 추출이 이루어진다는 일반화가 가능하게 된다.

2. 사용빈도에 따른 불규칙성과 약화(발음의 경제성)의 허용

이 절에서는 사용빈도가 높은 요소가 규칙으로부터 벗어나기 쉽다는 것을 제시하겠다.

어떤 언어에서 빈번히 관찰되는 언어구조가 음운규칙 적용의 예외가 된다는 현상은 많은 장면에서 관찰된다.

한 예로 많은 언어에서 불규칙 활용이 비교적 사용빈도가 높은 단

이로부터 도출된다(다나카(田中, 2008)).
6 물론 위의 예는 동시에 단어 길이로도 설명할 수 있다.

어에 발생한다는 사실을 들 수 있다. 예를 들면 영어의 동사 과거형, 과거분사형을 보면 ~ed라는 접사의 부가규칙에 의한 활용이 있는 한편, go-went-gone, make-made-made, cut-cut-cut 등과 같은 불규칙 변화를 하는 것도 존재한다. 그리고 그 대다수는 비교적 사용빈도가 높은 단어로 알려져 있다. 이 경우 went, made와 같이 특별한 형태를 단어마다 기억해야 하지만 그와 같은 기억적 부담을 가능하게 하는 것이 단어로서의 사용빈도이다. 어휘사용에서의 친밀도가 높은 것이 ~ed의 부가위반을 가능하게 한다고 할 수 있다.

이러한 사실은 언어 내의 어떠한 기준에 있어 빈도가 높은 구조의 경우에 규칙에 의한 문법표시를 면한다는 의미에서 단어 악센트의 소실, 즉 평판 악센트의 발생과 관련이 있다. 또한 그러한 의미로 일본어는 (협의의) 악센트 언어라는 점을 확인할 수 있다.

게다가 위에서 언급한 높은 사용빈도는 발음의 경제성과도 연관된다. 사용빈도가 높은 단어는 그렇지 않은 단어와 비교해서 상대적으로 음성적인 약화(reduction)나 탈락(deletion)을 일으키기 쉽다(바이비(Bybee) 2001, 2010). 약화, 탈락과 더불어 발음을 용이하게 하기 위한 경제성과 연관된 현상인 것이다.[7]

본고에서 논의한 평판 악센트도 악센트의 탈락으로 간주되는데, 이는 주 2에서 확인한 것과 같이 발음의 경제성과 관련된다. 악센트 부여에는 에너지가 필요하기 때문이다.

이와 같이 본다면, 외견상 불규칙하게 보이는 평판 악센트의 발생에 대해서, 단어의 길이나 의미적 사용빈도가 높다는 기준에 의해 일관된

---

7   예를 들면, 영어에서는 사용빈도가 높은 'camera'란 단어가 때때로 'camra'와 같이 모음탈락이 일어난 발음이 된다. 또한 최근의 연구에서는 브라질 포르투갈어에서 원래 비음을 동반하는 이중모음 [ãw]이 사용빈도가 높은 단어에 한해 [a]와 같이 비음성과 이중모음성을 모두 상실한다는 현상이 보고되고 있다 (폰세카 외 (Fonseca et al.) 2012). 이 또한 일종의 탈락현상이라 할 수 있다.

설명이 가능하게 되는 것이다.

Ⅴ 단어 길이 빈도와 음운 현상

1. 복합어에서의 촉음 탈락

이 절에서는 악센트 현상이 아닌 운율조건으로서 4모라 길이를 추구하는 예를 소개하겠다.

ナッツ(nuts)라는 단어는 촉음을 포함한 3모라 단어인데, 결합형에서 빈번히 촉음 탈락이 일어나는 길이의 비대칭이 관찰된다. (9b)와 같이 전항요소가 2모라인 경우에 한해서 「ナッツ」의 촉음이 탈락하여, 전체적으로 4모라 단어가 되지만, (9a)처럼 전항이 그 이외의 모라 수, 즉 촉음의 탈락에 의해서도 전체가 4모라가 되지 않는 경우에, 원래의 입력형인 촉음이 유지된다.

> (9) ナッツ(nuts)를 포함한 복합어의 촉음탈락
> a. カシューナッツ (*カシューナツ)、マカダミアナッツ (*マカダミアナツ)、ヘーゼルナッツ (*ヘーゼルナツ)、ブラジルナッツ(*ブラジルナツ)
> b. ココ#ナツ (~ ココ#ナッツ)、ピー#ナツ(~ ピー#ナッツ)、
> cf. ドー#ナツ (~ ドーナッツ)

중요한 점은 (9b)가 양쪽 어형을 허용하는데 반해, (9a)는 탈락형이 결코 허용되지 않는다는 점을 들 수 있다. 이것은 촉음 탈락에 4모라 운율조건이 관여하는 것을 명확히 표시하고 있다고 볼 수 있다.

2. 오노마토페의 운율조건

오노마토페의 발생에도 4모라 운율조건이 관여하는 현상이 보인다. 「さらさら」「ぴかぴか」등의 4모라 오노마토페는 (10a)와 같이 「と」의 부가가 수의적이지만, 「さらり」나 「ぴかり」등의 3모라 오노마토페는 (10b)와 같이 「と」의 부가가 의무적이다(나스(那須, 1995)).

(10) a. さらさら(と / ф)流れる。　ぴかぴか(と / ф)光る。
b. さらり(と / *ф)流れる。　ぴかり(と / *ф)光る。

(10b)는 적극적으로 4모라 운율조건을 충족하기 위한 수단으로 해석할 수 있고, 이미 그 조건을 충족하고 있는 (10a)는 양쪽 형태가 모두 허용된다고 해석할 수 있다. 악센트 현상과는 다르지만, 이 또한 4모라 운율단위의 일반성을 나타내는 사례라 할 수 있다.

3. 숫자(소수점 이하)의 장음화

앞 절의 「부가」라는 조작 이외에도 「장음화」란 조작에 의해 4모라 운율단위를 채우려는 현상이 있다(다나카(田中, 2008)).

숫자를 열거할 때, 2(に)나 5(ご) 등의 1모라 숫자가 장음화하여 그 이외의 (1(いち)나 3(さん)등의) 2모라 숫자와 길이를 맞추려는 작용은 잘 알려져 있다(포저(Poser, 1990)). 그러나 이러한 1모라 숫자의 장음화에는 길이에 대한 비대칭이 나타난다는 사실이 보고되어 있다(다나카(田中, 2008)). 어말 위치의 1모라 숫자라는 동일 조건하에서도 (11b, d, f)에서는 의무적 장음화가 일어나지만 (11c, e)에서는 수의적 장음화가 일어난다.

(11) a. {に―・てん} ご(―)　　　　　　　　　　　　　[2.5]
　　 b. {に―・てん} {ご―・に―}　　　　　　　　　 [2.52]
　　 * {に―・てん} {ご―・*に}
　　 c. {に―・てん} {ご―・に―} に(―)　　　　　　 [2.522]
　　 d. {に―・てん} {ご―・に―} {に―・ご―}　　　　[2.5225]
　　 * {に―・てん} {ご―・に―} {に―・*ご}
　　 e. {に―・てん} {ご―・に―} {に―・ご―} ご(―)　 [2.52255]
　　 f. {に―・てん} {ご―・に―} {に―・ご―} {ご―・に―} [2.522552]
　　 * {に―・てん} {ご―・に―} {に―・ご―} {ご―・*に}

　어말 모음 장음화의 수의/의무의 비대칭은, 앞 절의 오노마토페「と」부가에서 본 수의/의무적 비대칭과 유사한 관계에 있다. 어말이 (11b, d, f)와 같이 소수점 짝수 위치에 있으면 그 숫자가 장음화함에 따라 4모라를 충족하게 되지만, (13a, c, e)와 같은 홀수 위치에 있으면 어말 숫자는 4모라의 운율단위에서 벗어나게 된다. 전자에서는 4모라 운율조건을 적극적으로 충족하기 위해서 어말 숫자가 의무적으로 장음화되지만, 후자에서는 그 조건에서 벗어나기(장음화로도 그것이 충족될 가능성이 없기)위해, 수의적으로 되는 것이다. 또한 센류(川柳) 등의 정형시에서도, 4모라 운율조건에 맞추어 위와 유사한 조정이 일어난다는 보고가 있다(다나카(田中, 2008)).
　이처럼, 가장 빈도가 높은 운율조건이라는 기준에 따라 개별 현상에 대해 일관된 설명이 가능하게 되는 것이다.

Ⅵ 맺음말

본고에서는 평판 악센트의 발생 요인으로서 개별적으로 논의되어 왔던 음운·형태적 조건과 의미·화용론적 조건을 각각의 구조에서의 「빈도의 높음」이라는 기준으로 일관된 설명을 부여하였다. 특히 4모라라는 운율조건을 일본어에서 가장 빈도가 높은 음운·형태구조로 재해석함으로써, 종래부터 논의되어 왔던 어휘 자체의 사용빈도와 운율조건 사이에 단어의 추출방책에 있어서 일관된 설명을 시도하려 하였다. 또한 음운·형태구조에 있어 빈도가 높은 4모라라는 운율조건과 관련된 여러 음운현상을 소개하였다.

참고 문헌

秋永一枝(1985;1998)『日本語発音アクセント辞典』日本放送協会
川上蓁(1995)『日本語アクセント論集』汲古書院
斎藤純男(1997)『日本語音声学入門』三省堂
柴田武(1994)「外来語におけるアクセント核の位置」『現代語方言の研究』明治書院. pp.338-418
杉藤美代子(1995)『大阪·東京アクセント音声辞典』(CD-ROM版) 丸善
田中真一(2008)『リズム・アクセントの「ゆれ」と音韻・形態構造』くろしお出版
田中真一・窪薗晴夫(1999)『日本語の発音教室 - 理論と練習』くろしお出版
那須昭夫(1995)「オノマトペの形態に要求される韻律条件」『音声学会会報』209, 日本音声学会. pp.9-20
Bybee, J.L.(2001) *Phonology and language use.* Cambridge University Press
Bybee, J.L.(2010) *Language, usage and cognition.* Cambridge University Press
Fonseca, M. et al.(2012) Unstressed [ãw] diphthong reduction in the verbal morphology of Brazilian Portuguese: a usage based approach. A paper presented at the [Phonology Forum 2012. (August 22nd, Tohoku Gakuin University)
Kager, R.(1999) *Optimality Theory,* Cambridge University Press

Kubozono, H.(2011) Japanese pitch accent. *The blackwell companion to phonology*, Blackwell. 2879-2907

Ohno, H.(2000) The lexical nature of Rendaku in Japanese. *Japanese Korean Linguistics* 9, pp.151-164

Poser, W.(1990) Evidence for foot structure in Japanese. *Language* 66, pp.78-105

일본어학과 일본어교육
日本語学·日本語教育

2 음운·음성(音韻·音声)

일본어학과 일본어교육 2 음운·음성

한일 양 언어의 유음의 역할에 관한 공통점과 차이점

다카야마 도모아키 *
가나자와대학교 교수

I 머리말

유음(즉, 'ラra'행 자음)은 일본 고유어의 어두에 오지 않는다. 이러한 분포는 한어 도입 이전의 고대 일본어를 특징짓는 성질 중 하나로 잘 알려져 있다. 그러나 유음이 나타나는 방식에 대해 한층 더 깊게 분석하고 고찰한 연구는 그렇게 많지 않다(주목 할 만한 연구에는 구기누키 토우루(釘貫亨, 1982), Labrune Laurence(1993)가 있다).

그런데 한국어의 경우에도 주지한 바와 같이 고유어의 어두에 유음이 나타나지 않는다(단, 본고에서는 한어의 경우를 직접적인 고찰대상으로 삼지 않는다). 일본어의 유음에 대해 소상히 밝히고자 할 때에도 한국어

* 高山知明 : 金沢大学

와의 대조가 도움이 될 가능성이 있다. 본고는 한국어의 유음과 대조함으로써 일본어 유음의 음 배열과 그 역할을 더욱 명백히 하고자 한다.[1]

결론부터 말하자면, 어두에 나타나지 않는다는 유음의 출현방식에 있어 두 언어간의 차이점이 존재한다는 점을 지적한다. 더욱이 그 차이점이 오히려 양 언어간에 현저한 공통점이 있다는 사실을 반영한다는 점을 밝힌다. 또한 이 논술을 통하여 교착에 관한 개념을 다시 한 번 엄밀화하고자 한다.

Ⅱ 선행연구와 본고의 관련

어두에 오지 않는다는 사실에 그치지 않고 특히 고대어의 유음분포를 재분석한 것으로 구기누키(釘貫 1982)가 있다. 그에 의하면 유음은 '하나의 결합단위 안'에서 원칙적으로 하나밖에 나타나지 않는다는 점, 그 대부분이 '결합단위'의 말미음절임을 지적하였다. 또한 'ラ(라)' 행 자음이 역사적으로 보아 비교적 새롭게 출현한 음운이라고 하는 추측도 제시하고 있다. 본고에서는 이러한 추측에 대한 판단을 보류하지 않을 수 없으나, 적어도 지적되고 있는 분포 중 '결합단위'의 말미음절에 나타난다는 점에 대해서는 이하에서 지적하는 내용과 관계가 없지 않다. 그러나 구기누키(釘貫 1982)와는 다른 각도에서 유음의 분포를 파악하고자 한다.

또한, 유음에 관한 문제를 종합적으로 다룬 선행연구로 Labrune (1993)가 있다. 일본어 유음에 관한 모든 문제를 한국어와 대조하면서 다양한 각도에서 검토하고 있는 내용으로, 특히 주목할 만한 것은 형

---

1 논의를 진행하면서 한국어와의 대조를 위하여 'ラra'행 자음이라고 부르지 않고 '유음'으로 부르기로 한다. 또한 정확히는 유음 음소라고 해야 하지만 생략하도록 한다.

식 연장에 관한 유음의 역할, 제로(zero) 자음과 유음과의 상보분포 등에 착안한 음운론적 분석뿐만 아니라, 유음의 일반적 특성에 관한 논의를 통하여 여타 자음과는 다른 위치에 있는 r 의 모든 특성에 관해 논하고 있다. 본고는 이러한 모든 측면에 하나의 사실을 더 추가한 것이다.

본고에서 제시하는 논의가 구기누키(釘貫, 1982), Labrune(1993)의 내용과 어떠한 관계인지에 대해서는 더욱 상세한 검토를 요하나, 본고에서 허용되는 범위를 초과하게 되므로 이는 추후 과제로 남겨두기로 한다.

III 일본어 조사에서의 유음

유음이 나타나는 방식을 살펴보면, 다음의 (1)에서 (3)과 같은 분포를 지적할 수 있다. 여기서 주목해야 할 것은 (3), 그리고 (1)(2)와 (3)과의 차이이다. 본고에서 지적하는 것은 이러한 형태 면에서의 편중이 보인다는 점이다.

(1) 명사의 내부에 나타난다.
(2) 용언 복합체의 내부에 나타난다.
(3) 명사에 후속하는 조사(격조사, 부조사)의 앞부분에 나타나지 않는다.

(1)(2)는 주지한 바와 같이, 어두에 나타나지 않는 분포를 바꾸어 말한 것에 지나지 않는다. 이 중 (2)의 '용언복합체'는 기본적으로 고노로쿠로(河野六郎, 1976 ; 1995)의 개념을 답습하고 있다. 또한 '용언복합체'뿐만 아니라 조사를 포함하여 본고에서 문제로 삼고 있는 형태의

파악방식은 대부분 고노(河野 1976 ; 1995 ; 1996)를 따른 것이다.

이하에서 각각에 대한 구체적인 예를 확인해 보자. 제시된 예들은 현대어를 사용하기 때문에 개별 단어에 있어 고대어와는 약간의 차이가 있으며, 또한 활용체계의 변화에 따라 유음의 출현위치에 차이가 생긴다. 그러나 (1)(2)와 (3)의 차이는 한 일본어의 역사를 통해 변함이 없다고 알려져 있으며 그 점이 주목된다.

먼저 (1)의 구체적인 예를 (4)에서 들어보자. 여기에는 단순어뿐 아니라 'あちら' 'ひとり'와 같이 접사로 분리할 수 있는 요소를 가진 단어도 포함한다(즉, 그 차이를 문제 삼지 않는다). 또한 명사라고 할 수는 없지만 의성어·의태어 종류도 이에 준한다. 의성어·의태어에 있어서는 유음이 여타 자음과는 달리 특별한 위치를 점한다(특히 구개화에 관한 논의에 대해서는 Hamano 1998, Mester & Itô 1989, Labrune1993을 참조).

    (4) 霰arare[2], 色iro, 裏ura, 瓜uri, 頭kasira, 烏karasu, 蔵kura, 栗kuri, 心kokoro, 頃koro, 皿sara, 尻siri, 空sora, 面tura, 虎tora, 所tokoro, 鳥tori, 原hara, 針hari, 春haru, 昼hiru, 縁heri, 希mare, ⋯
    あちらati·ra, 彼らkare·ra, 一人hito·ri, ⋯
    [의성어·의태어] さらさらsara·~, たっぷりtaQpuri, はらりharari, ⋯

'용언 복합체'인 (2)의 구체적인 예는 다음 (5)와 같다. 용언 복합체 내의 다양한 요소가 여기에 속한다. 동사의 어간, 활용어미, 형용사의 어간, 이른바 조동사, 접속조사 등이다.

---

2   구기누키(釘貫, 1982)가 지적한 분포에 관해 말하자면 'あられ'는 '하나의 결합단위'안에 복수로 나타난다는 점에서는 예외적(극히 드물지만)인 단어이다.

(5) (동사어간) 並ぶnarab-u, はらうhara-u, ゆるすjurus-u; 枯れるkare-ru, kurabe-ru… ; ラ행 5단활용: 切るkir-u, 去るsar-u, 勝る masar-u, …

(동사 활용어미) 1단활용: 着るki-ru, 暮れるkure-ru, 過ぎるsugi-ru, … ; 力행・サ행변격활용: 来るk-uru, 爲る s-uru, …

(형용사어간) 辛 kara, つらいtura, 広 hiro, 古huru, …

(형용사 활용어미) kere

(조동사) (r)areru, (r)eru³, rasii, …

(동사 가정형 어미) (r)e-ba

(동사 종지형 어미) (r)u

(접속조사) nara, tara

이에 비해 (3)에 해당하는 예는 유음으로 시작하는 예가 보이지 않는다. 어두에 오지 않는다는 점에서는 탁음과 촉음도 유음과 마찬가지이나, 대조적으로 이러한 음들은 (6)에 나타나듯이 종종 조사의 앞부분에 나타난다(다카야마 도모아키(高山知明, 1995 ; 2003)참조). 또한 'で<にて' 'って'와 같은 예나 괄호 안에 나타난 변이형의 존재를 보아 알 수 있듯이, 역사적으로 새롭게 그 음들이 조사의 앞부분에서 발생하고 있다는 사실도 명백하다. 이에 비해 유음에서는 그와 같은 예가 보이지 않는다.

(6) が, を, に, へ, と, で, の, か, や, から, より, まで, だけ, ばかり(っぱかり), さえ, くらい(ぐらい, っくらい), ほど, しか, のみ, でも, は, も, こそ, って,

---

3   여기에 가능동사의 활용어미를 추가한다. '読める' '乗れる'등 (5단 동사의 경우)과 이른바 'ラra음 생략현상(ら抜き)' 표현의 '見れる' '逃げれる'등(1단, 力ka행의 경우)을 아울러 하나의 형태소로 본다.

이러한 편중을 우연한 결과로 보는 견해도 가능성 중 하나로서 완전히 배제하는 것은 원리적으로는 불가능하다. 그러나 이하에서 서술하는 바와 같이 그 배경에 어떠한 이유가 없는가를 찾아보면, 일본어의 형태론 전체를 보았을 때 이 위치에서 유음의 출현이 억제되는 조건이 존재한다고 생각할 수 있을 것이다. 다시 말하자면, 역사적으로도 조사의 형성에 있어 그 억제가 반영되고 있을 것으로 짐작된다.

그런데 상대어에서는 다음과 같은 의심스러운 예가 없는 것은 아니다. 다만 그 성질로 보아 (6)과 같은 조사로 인정하기는 어렵다는 것이다.

    (7) ろ (乙類)-かも (상대어) : 이하의 예로부터 판단하자면 체언, 형용사 연체형에 접속하는 것으로 보인다. 단, '子ろ' '緒ろ'등의 'ろ (乙類)'와 어떠한 관계에 있는지는 명확하지 않다. 또한 '子ろ' 등의 'ろ' 는 명사(체언)의 내부 요소이며, 여기에 다시 조사가 접속할 수 있다.
      예1 …木幡(こはた)の道に逢はししをとめ宇斯呂傳波袁陀弖呂迦母(後姿は小楯ろかも)…(『古事記』応神天皇歌)
      예2 …白たへに衣取り着て常なりしゑまひふるまひいや日けに更経見者悲呂可聞(かはらふみればかなしきろかも)(『万葉集』巻三. 478. 安積皇子薨之時内舎人大伴宿禰家持作歌)

그런데 (4)((1)의 예)에서 든 바와 같이, '彼ら' '彼女ら' 등의 'ら ra'나 'ひとり' 'ふたり'의 'り ri'와 같은 접미 요소는 명사의 모양을 만드는 내부적인 구성요소이며, 명사 뒤에 오는 조사와는 성격이 다르다. 상대어 '大命良麻'등의 'らま'도 이와 마찬가지다. 즉, (6)에 속하는 것은 체언의 바깥쪽에 다시 후치하는 문법적인 요소에 한정된다. 그 차이가 r 로 시작되는 형식의 유무에 대응한다.

Ⅳ 한국어 조사에서의 유음

한국어의 경우, 유음이 어두에 오지 않는다는 점은 일본어와 다르지 않으며, 앞 절에서의 (1)(2)가 마찬가지로 들어맞는다. 그러나 (3)에 대해서는 양상을 달리한다. 다음의 (8)과 같이, 한국어에서는 명사 뒤에 오며 유음으로 시작하는 형태가 기본적으로 조사에 존재한다. 하지만 바로 앞의 명사가 자음으로 끝나는 경우에는 모음이 삽입되기 때문에 이것을 단순히 어두 부분으로 볼 수 없다는 점에 유의할 필요가 있다.

(8) 를(을), 로(으로)

현대어 형태로 나타냈으나 모두 중세어까지 거슬러 올라간다(중세어에서는 다음에서 서술하는 바와 같이 선행하는 단어와 모음조화를 발생시킨다. 또한 전자에 있어 중세어에서는 '르'이 나타나고, '를'은 이것이 변한 형태이다. 이기문(1972a) 참조). 또한 '로서(으로서)' '로써(으로써)'가 이에 추가된다.

한국어의 조사는 대부분이 음절말 자음을 연음화한 형식이며, 전체적으로 보아 모음으로 시작하는 형식이 많아 현저한 편중을 보인다는 점도 특징적이다.[4] (8)의 조사도 각각 연음화한 구조를 내장하고 있다. 위에서 기술한 '를(을)' '로(으로)'는 양쪽 모두 선행어의 말미가 자음인지 모음인지에 따라 형태를 바꾸지만, 현대어에서는 각각 그 변화 방식이 다르며 복잡하다. 즉, 자음으로 끝나는 경우에 '를(을)'에서는 최초의 r 을 탈락시키는데 비해, '로(으로)'에서는 r 앞에 모음을 삽입시킨다. 중세어에서는 어느 경우에도 모음을 삽입시켰다. 이러한 형태

---

4 그러나 '와/과'는 선행 단어가 모음으로 끝나는(오래 전에는 r 로 끝나는 경우도 포함) 경우에는 전자가, 자음으로 끝나는 경우에는 후자가 나타난다는 점에서 연음에 있어 예외적이다.

법의 변화는 r 의 성질을 생각할 때 매우 흥미로운 면을 가지고 있다.

이외에 '명사+이(지정사 어간)+ㄹ+(…)'의 연속에 있어서 명사가 모음으로 끝날 때에는 일상회화에서는 '이'(지정사 어간)의 탈락이 일어나고, 명사에 직접 'ㄹ'로 시작하는 형식이 접속하는 경우가 적지 않다. 이 때문에 결과적으로 명사에 접속하는 '랑(이랑)'처럼 r/Vr의 교체를 발생시키는 조사에 해당하는 단어도 있다.

V 일본어 명사와 용언 복합체

예를 들어 (9)의 점선부분과 이중선 부분은 일본어학의 개설서 등에서는 '교착어적 성격'의 특징으로 종종 언급된다. 즉, 명사와 조사의 연속, 용언도 모두 교착어 출현으로서 같은 방식으로 다루어지는 경우를 종종 볼 수 있다.

(9) トリ(鳥)・ガ　キ(木)・ニ　<u>トマッ・テ・ナカッ・タ・ラシク・テ</u>,
　　 tori　 ga　 ki　 ni　 tomat te nakat ta rasiku te

그러나 양쪽의 차이를 무시할 수는 없다. 또한 개설서 등에서는 아직 고립어, 굴절어, 교착어와 같은 언어 분류가 사용되고 있는데 물론 이것도 오늘날 언어 유형의 분류로 통용되는 것은 아니다.

고노(河野, 1976 ; 1995 ; 1996)는 언어유형의 하나로서 통어, 형태 구조 면에서의 공통성에 착안하여 '알타이 형 언어'라는 타입을 제창하였다. 모든 알타이어가 이 유형의 전형적인 예라는 사실에 기초한 명제인데, 계통상의 함의는 없다. 일본어와 한국어 모두 이 유형에 속한다. 알타이 형 언어를 특징짓는 중요한 점은 술어구조이며, 그것을 '용언 복합체'라는 개념으로 파악하고 있다. 그 특징은 (10)과 같다.

(10) 용언 복합체: 어기에 접사 혹은 조사가 차례로 접합하여 구성체를 만든다. 어기는 단독으로는 추려낼 수 없다. 소위 교착적(agglutinative)으로 만들어지며 '용언 복합체'자체는 서로서로 범례(paradigm)를 성립하지 않는다.

일본어도 용언 복합체를 가지지만 명사와 조사의 연속에 관해서는 (11)과 같은 특징을 갖는다고 한다.

(11) 명사: 명사는 독립적(isolating)이다. 즉, 원형 상태로 독립할 수 있다. 조사는 앞에 접속하는 명사의 구성부분이 될 수 없는 반독립적 단어이다.

이 둘의 차이를 더욱 명확히 하기 위하여 '교착(적)'이라고 하는 내용의 세부 내용을 계속해서 살펴보기로 한다. 고노(河野)의 논의는 '교착'을 보다 엄밀히 규정하고 있기 때문에, 여기에서는 그것을 기초로 문제를 정리하는 편이 도움이 된다. 또한 지면 사정상 교착에 관한 설명의 인용은 본론의 취지와 관계 있는 범위로 한정한다.

(12) 교착(교착성)
    a. 어간(어기)에 첨가되는 접사는 독립성이 강하다. 어간과 접사의 접속 경계가 명확하고, 어기 및 그에 차례로 접합하는 접사는 각각이 의미(기능)를 담당하고 있으며 의미와 형식과의 대응관계가 투명하다.
    b. 한편, '각 활용형은 일종의 융합을 이루고 있어서 어디까지가 어

간이며 어디까지가 어기 형성 접사인지 분명하지 않다'(언어학대사전 제6권 술어 편 '범례' pp.1096-1097)

(12)의 a와 b를 종합해 보면 교착에 의한 연접은 의미와 형태의 대응관계는 투명하나 활용의 모든 형식의 구성에 있어서는 종종 경계위치를 하나로 정하지 않는다(혹은 정하기 어렵다)는 것이 특징이라고 바꾸어 말할 수 있다고 여겨진다. 예를 들어 다음 (13)의 '切られる'를 보면, 이 용언 복합체는 동사 어간에 수동접사, 거기에다 중지 접사가 차례로 부가되었으며 전체적으로 이 세 요소로 이루어진다. 한편, 요소 간의 경계가 어디인지(혹은 kir 뒤에 오는 a의 위치에 대해) 반드시 한 기준으로 분석할 수 있는 것이 아니다.

(13) (실, 끈 등이) 切ラレル ▲ ▲▲
　　　　　　　　　　　 kirareru

즉, (▲으로 나타낸 바와 같이) 각 요소의 존재는 명백하지만 그것을 어떻게 분해할 것인가에 대해서는 여러 가지 해석이 가능하다. 실제로, 형태 분석에 있어 해석의 비 유일성이 불가피한 경우가 적지 않다(이러한 성질에 의해 생기는 언어 현상에 대해서는 뒤에서 서술하기로 한다). 이렇게 (굴절에 비하여) 구성요소에는 독립성이 있고 연접이 명백하게 이루어지고 있지만 엄밀히 어디가 경계인지는 반드시 명확한 것은 아니다. 예를 들어 서로를 이어주는 풀칠부분에 해당하는 부분(바꾸어 말하면 서로 겹치는 접합부)이 존재한다. 이에 비해, 일본어에서는 명사와 조사의 경계는 언제나 명료하다.

Ⅵ 풀칠부분(のりしろ)의 존재와 유음

고노(河野, 1976)는 한국어에도 (11)의 특징이 인정된다고 한다. 그러나 설령 그렇다고 치더라도 명사와 뒤에 접속하는 조사와의 형태론적 관계에 있어서는 일본어와의 차이를 발견할 수 있다.

한국어에 있어서도 명사와 조사의 접합은 용언 복합체 내의 접합에 비하면 단위의 분할이 용이하다. 그러나 제Ⅳ절에서 언급한 바와 같이, 폐음절을 허용하는 음절구조인 탓에 선행어의 말미가 자음인지 모음인지에 따라 형태적 교체가 일어나며, '로(으로)'나 중세어 'ㄹ'처럼 모음을 삽입하기도 하고, 또는 현대어의 '를(을)'과 같이 r 을 삽입하기도 한다. 이렇게 어떠한 수단으로든 '풀칠 부분'이 존재한다. 그만큼 명사와 후속하는 조사와의 형태 사이에 긴밀도가 높다. 또한 그만큼 이러한 연결부분을 어떻게 위치시킬 것인지에 따라 경계를 인정하는 방법도 바뀔 수 있다. 이렇게 현상적인 면에서 보자면 '조사'의 독립적인 성격이 일본어의 조사보다 약하다. 바꾸어 말하면 보다 교착적이라고 할 수 있다. 유음은 분명 이러한 종류의 접합에서도 나타나고 있다.

일본어에서는 (3)(예시(6))에서 본 것과 같이 명사에 붙은 조사에서 유음으로 시작하는 예가 없다. 이러한 사실은 상술한 바와 같이 일본어의 조사에서는 '풀칠부분'이 없다는 형태상의 성질과 부합한다. 이에 비해 같은 일본어라고 해도 용언 복합체의 구성요소에서는 수동 (r)areru, 가능(r)eru[5], 가정(r)eba, 종지(r)u 와 같은 예가 쉽게 발견된다. 상대어의 동사·조동사에 붙는 접미사(r)aku 도 이에 추가할 수 있을 것이다. 이들은 모두 형태교체를 일으키고, '풀칠부분'을 갖는다는 점에서 대조적이다. 그러한 형태교체에서는 r 이 중요한 역할을 맡고 있으며, 선행동사 등의 활용 종류에 의해 r 의 유무가 결정된다. 흡사 현대

---

5 각주 3 참조.

한국어의 조사 '를(을)' '(r)ɯr'과 같은 교체이다. 구체적으로 말하자면 어간 끝이 모음인 경우에 r 이 삽입되고, 자음인 경우에 r 이 탈락한다는 분석이 가능하다(고전어의 활용에 관해서는 어간의 취급을 보다 엄밀화하여 분석 할 필요가 있으나 생략하기로 한다). 이들에 있어서도 역시 형태 연결의 긴밀도가 높고 경계가 어디에 있는가는 명료하다고 할 수 없다. 상술한 내용 이외에 용언 복합체에서 나타날 수 있는 요소로서는 현대어의 'らしい', 고전어의 'らむ' 'らし'(현대어의 'らしい'와 역사적인 연결관계는 고려하기 힘들다고 한다)가 있으며, 선행요소와의 경계가 비교적 명료한 r 을 앞 부분에 두는 형식이 없는 것은 아니다. 그러나 지금 보여준 수동, 가능, 가정, 종지형 등의 존재는 무시할 수 없다.

형태 경계에 대해서도 좀 더 설명을 덧붙이고자 한다. 종지를 나타내는 (r)u는 'ラ(라)'행 5단 동사의 경우, '取る'를 예로 들면, 어간을 tor로 하며 이에 u(즉, r 을 삽입하지 않은 형태)가 접합한 것으로 분석 할 수 있다. 그러나 그 반면에 기본형을 'ル(루)'형이라고 부르는 것처럼 언어 직감에 있어서는 +ru 로 하는 분석 방법을 취한다.

  (14) サボ+ル, メモ+ル, 事故+ル, …
    sabo+ru memo+ru ziko+ru

실제 언어현상에도 이러한 사실은 반영되어 있으며, (14)와 같은 조어법이 존재한다는 점에서 후자의 분석 방법도 효력을 갖는다. 즉, 해석을 일률적으로 정하기에는 어려움이 있으며 양자의 구분법이 동시적으로 성립한다. 형태의 경계가 명료하지 않다는 점에서 생긴 결과라고 사료된다.

그런데 규범적 관점에서의 인지도는 아직 높지 않으나[6], 가능에서는

5단 동사에서 더욱 새로워진 형태 '書ける' '行ける' '(皮などが) むける' 등의 'れる'형)가 발생하고 있으며, 이를 1단 동사인 '逃げれる' '見れる'와 아우르면 그 접사는 (e)reru와 같이 분석된다. 한국어 조사로 말하자면 '로(으로)'나 중세어 'ㄹ'과 같이 모음삽입의 유무에 의한 교체이다. 다시 말해서 r 삽입에서 모음삽입으로 형태법이 이동하고 있으며, 이러한 변화가 일어나는 것도 원래 명료하지 않은 경계로부터 기인한 탓일 것이다. 이처럼 다른 분석이 발생하기 쉽다는 점도 r의 성질을 생각함에 있어 주의를 기울일 필요가 있다.

이상, 본 절의 고찰에서 전체적으로 다음과 같은 경향을 발견할 수 있다. 즉, 형태 면에서의 유음 배열에 관한 양 언어의 차이점은 다음과 같다.

(15)　　　(명사와 조사의 연속)　　　(용언 복합체의 구성요소 간)
　　한국어　풀칠부분이 존재　　　　　풀칠부분이 존재
　　일본어　풀칠부분이 존재하지 않음　풀칠부분이 존재

유음이 어두에 나타나지 않는 것은 일본어의 <명사와 조사의 연속> '풀칠부분'이 존재하지 않는 경우에 있어서이다. 유음이 나타나는 위치는 선행성분으로부터의 연속성이 보다 강한 부분으로, 그 역할은 (16)과 같이 선행 모음과 아우른 배열에 의해 이루어진다고 생각할 수 있다.

(16) Vr

6　요컨대 'ラra음 생략현상(ら抜き)'와 같이 일반화자의 주의대상이 되는 단계에도 이르지 않았다. 'ラra음 생략현상'는 그것이 규범에 반하는 것이라는 사실을 의식하고 있다는 의미에서 존재가 화자에 의해 인지되었다고 할 수 있다.

본 절에서 주로 다룬 모든 형식 이외의 부분에서는 r 은 용언 복합체 구성요소의 어두부분 이외(예를 들어 (2)에서 든 예 중, 형용사의 활용어미 kere, 동사어간 narab-u, hara-u 등등)[7] 및 (1) '명사 내부'에서 다수 나타난다. 이 사실도 다시 생각해 보면 전체적으로 말할 수 있는 사실은, r 의 형태론상의 성질은 역시 선행모음으로부터의 연속성이라고 하는 (16)에서 나타낸 배열이 상징하는 것이라고 할 수 있다. 그렇기 때문에 유음은 언뜻 보아 그 앞에 형태의 경계가 있을 법한 곳에 관해서도 그 경계의 존재가 두드러지지 않게끔 하는 부분, 즉 접합의 정도가 높은 위치를 중심으로 분포하고 있다고 할 수 있다. 어두에 오지 않는 분포는 이러한 기능이 구체적으로 실현된 것일 것이다. 그러한 점에서는 일본어와 한국어가 공통된다.

VII 모음조화

형태의 접합에 관한 문제를 생각할 때 무시할 수 없는 현상에 모음조화가 있다. 한국어와 일본어의 차이점으로 주목해 둘 필요가 있다. 즉, 중세 한국어에 있어서는 명사와 조사 사이에서도 모음조화가 일어났다. 앞에 오는 명사의 모음이 양모음인가 음모음인가에 따라 삽입모음이 조화를 이룬다. (8)의 '를', 중세어 '르(을)', '로(으로)'에 있어서도 그 삽입모음은 ㅡ와 · 사이에서 교체된다(이기문(1972a, b) 참조). 이러한 사실로부터도 일본어와는 달리 한국어는 형태론적으로 보아 명

---

7 앞에서 든 분류 '(2)용언 복합체의 내부에 나타난다'를 엄밀히 따지면 둘로 나눌 수 있다. 즉, 용언 복합체의 구성 요소의 앞부분 (혹은 앞부분이라고 생각되는 부분)에 r 이 나타날 수 있는 경우와, 그 구성요소의 내부에 r 을 갖는 경우로 나눌 수 있다. 여기에서는 그 중 후자에 해당한다. 본 절에서는 이를 둘로 나누어 논의하고 있다.

사와의 연속성이 형식상으로도 반영되어 있으며, 보다 긴밀한 관계를 이루고 있다.

　일본어에서도 다음과 같이 조사 'の no'의 교체형으로 여겨지는 형태가 없는 것은 아니나, 이것이 모음조화의 흔적이라고 해도 상대어에 있어서 이미 어휘화 한 형태로밖에 확인되지 않는다.

　　(17) 'ま-な-かひ' 'み-な-と'등에서의 'な na'

　즉, 중세 한국어와 같은 현상은, 일본어의 경우에서는 역사적으로 거슬러 올라가도 명사와 조사의 연속에 있어 명확하게는 인정되지 않는다. 한편, 접사에서는 -ラカ raka ~ -ロカ roka와 같이 앞 요소인 모음의 영향을 받는 것으로 보여지는 교체가 있다는 사실은 주목할 만하다.

Ⅷ 맺음말

　이상과 같이 한국어와의 대조를 통하여 일본어 유음의 역할을 명확히 하였다. 그와 함께 일본어에 있어 명사 뒤에 놓이는 조사가 어떠한 성질을 가지고 있는지에 관해서도 살펴보았다. 이에 대해서는 이미 제Ⅵ절에서 서술하였기 때문에 여기에서 반복하는 것은 피하기로 한다. 그런데 후자의 경우에는 일본어사에서 조사가 어떻게 발생하였는지와도 크게 관계가 있다고 예상된다. 또한 한국어 조사에 대해서도 일본어와의 역사적인 과정이 다르다고 한다면 더욱 흥미로운 문제이다. 조사의 사적 문제에 대해서는 다시금 논할 필요성이 있으며 따로 다루어야 할 문제이지만, 적어도 본고에서 다룬 것은 그 문제를 생각한 이후의 참고재료가 될 것이라고 생각된다.

IX 한국어와의 의외의 공통성

지금까지는 양 언어의 차이점에 주목하였는데, 마지막으로 한국어와 일본어와의 공통점에 대하여 다시 지적하고자 한다.

양 언어를 계속 비교하여 명사와 조사의 형태 및 조사 위치에서의 유음 발생 방식에 주목하고, 형태의 접합과 유음의 실현방식과의 관련성을 중심으로 살펴보았다. 그 과정에서 양 언어의 차이를 명확히 하였다. 그러나 애초에 이러한 관계성이 성립할 수 있었던 것은 양 언어 간에 다름 아닌 유음 역할의 공통점이 있었기 때문이었다. 바꾸어 말하면 그 전제가 없었다면 이러한 대조작업은 무의미하게 된다.

양 언어의 공통점으로는 (16)에서 든 배열 Vr 에 의해 유음의 형태론상의 역할이 결정된다는 점이다. 이것은 일본어에서만 해당되는 것은 아니다. 양 언어 모두 어두를 고집하지 않는 형태로서 운용된다는 것을 의미한다. 요컨대, 유음 음소의 기본적 전략은 두 언어 모두에서 공통되고 있으나 구체적으로 그 방책을 어디에서 발휘할 것인가 하는 적용 장소에서 두 언어간에 차이가 발생하고 있다고 이해할 수 있을 것이다.

다른 언어 사이에서 이러한 공통점이 발견될 필연성이 물론 일반적인 것은 아니다. 그럼에도 불구하고 이러한 공통점이 보인다는 사실은 매우 흥미롭다. 유음이 갖는 일반적인 성질 및 그것과 형태 음운론과의 관계에 대한 부분은 더욱 더 연구할 가치가 있다고 여겨진다. 물론 그 이외 언어에서 어떻게 실현되고 있는지 양상을 살필 필요성도 있다.

X 남겨진 과제

일본어 조사에서 생기는 역사적 변화를 바라보면 'ハ'행 자음의 접근음화(11세기경)에 생각이 미친다. 이것이 조사 'は' 'ヘ'에서도 생겼기 때문이다. 이 변화는 'かは(川)' 'いヘ(家)' 'いきほひ(勢)' 'くふ(食ふ)' 'まふ(舞ふ)'와 같이 동일어(단순어) 안에서의 모음 사이 라는 조건하에서 생긴 현상인데, 조사 'は' 'ヘ'의 앞부분 ハ 행 자음도 그 대상이 된다. 즉, 조사가 선행명사와 연결된 단위라고 하는 사실이 변화의 결과에 반영되어 있기 때문에, 형태가 분리되고 이어짐에 있어 앞서 본 유음으로부터 얻은 결론과는 다르다. 이러한 차이를 어떻게 파악해야 할 것인가에 대해서는 다시금 생각해볼 필요가 있다. 고려해 볼 수 있는 차이점으로서는 유음이 (16)Vr 의 배열에 기초한 역할을 갖는 것에 비하여, 변화의 결과로 얻어진 어두자음 w 는 어두에서 매우 흔히 나타난다. 이 점을 무시할 수 없을 것이다.

일본 고유어의 어두에서 나타나지 않는다는 점에서는 탁음도 유음도 마찬가지이나 이는 연탁(連濁)과의 관련을 고려할 필요가 있으며, 마찬가지로 비(非)어두 배열이라고 해도 형태론 내지는 형태 음운론에 관하여 양상과 성격이 상당히 다르지 않을까 하고 전망하고 있다.

또한 본론에서 살펴본 특징에 관해서는 일본어의 모든 방언에 있어서도 다시금 검증할 필요가 있다.

마지막으로, 한국어 및 한국어사에 관한 문제에 관해서는 이해의 부족으로부터 부지중 오류를 범하고 있는 것은 아닌가 하는 걱정이 든다. 많은 분들의 비평을 부탁 드리고 싶다.

참고 문헌

李基文(1972a.)『國語史槪說 改訂版』塔出版社. 서울. (藤本幸夫(訳) 1975.『韓国語の歴史』大修館書店)
_____(1972b(再版1977))『國語音韻史硏究』塔出版社. 서울

釘貫亨(1982)「上代日本語ラ行音考」『富山大学人文学部紀要』6, pp.192-206
河野六郎(1976)「朝鮮語の膠着性について」『河野六郎著作集』 第1巻 (1979, 平凡社) 所収
＿＿＿＿＿(1995)『言語学大辞典』第2巻世界言語編,「日本語」の項, pp.1577-1588
＿＿＿＿＿(1996)『言語学大辞典』第6巻術語編,「アルタイ型」「言語類型論」「膠着」「範例」「用言複合体」の各項目
高山知明(1995)「促音による複合と卓立」『国語学』182, 国語学会(現 日本語学会), pp.15-27
＿＿＿＿＿(2003)「現代日本語の音韻とその機能」『朝倉日本語講座3音声・音韻』第2章, 朝倉書店, pp.22-42
Hamano, Shoko.(1998) *The sound-symbolic system of Japanese. Studies in Japanese Linguistics vol.10.* CSLI publication, Stanford and Kurosio, Tokyo
Mester, R. Armin. and Junko Itô.(1989) Feature predictability and underspecification: Palatal prosody in Japanese mimetics. *Language* 65. pp.258-293
Labrune, Laurence(1993) *Le statut phonologique de /r/ en japonais et en coréen. histoire, typologie, structure interne des segments*, thèse de doctorat, Université Paris 7, UFR de Sciences du Language

부기 : 본 내용은 한국일본학연합회 제8회국제학술대회「한일관계 100년, 과거・현재・미래」심포지엄에서의 발표「유음음소의 음 배열과『교착성』―한일 양 언어의 차이점과 공통점―」(2010년 7월3일, 남서울대학교), 및 제6회 음운론 페스타(Festa)에서의 발표「일본어 유음 음소의 음 배열과 그 역할―한국어와의 대조로부터 깨달은 것―」(2011년 2월17일, 오츠시)의 내용을 재점검하고 많이 개정 한 것이다. 두 발표를 통하여 많은 분들로부터 귀중한 가르침 및 의견을 받을 수 있었다. 한 분 한 분의 이름을 올리지 못하여 유감스럽지만 이 면을 빌어 감사를 드린다.

일본어학과 일본어교육 2 음운·음성

일본어 음성커뮤니케이션 연구

민 광 준 *
건국대학교 교수

I 머리말

　의사소통의 가장 일반적인 수단으로 이용되는 음성에는 통사정보, 의미정보, 담화정보 등의 언어정보와 발화자의 태도, 의도 등을 나타내는 부차언어정보 및 감정과 개인성 등을 나타내는 비언어정보가 포함되어 있으며, 여기에 비언어행동이 더해져서 자연스러운 커뮤니케이션이 이루어진다. 음성에 포함되는 여러 정보 중에서 부차언어정보는 주로 음성의 운율적 특징에 의해서 전달되는데, 분절음의 지속시간, 억양, 모음의 음질, 발성 양식 등의 다양한 음성 특징이 여기에 관여된다[마에카와 외(前川他, 2002)].

---

* 閔光準 : 建國大學校

종래의 음성에 관한 연구가 언어정보에 편중되어 있었던 것에 비해서 최근에는 부차언어정보와 그것이 대화중에서 맡고 있는 기능에 대한 연구 및 혀 차는 소리, 목가는 소리, 들숨 쉿소리 등의 비언어정보에 대한 연구가 활발하게 이루어지기 시작하는 등 음성 연구의 영역이 확대되어 음성을 이용한 커뮤니케이션(이하, 음성커뮤니케이션)의 메커니즘을 해명하기 위한 시도가 적극적으로 이루어지고 있다. 구체적으로는 언어의 구조적인 측면과는 무관하면서도 자연스러운 음성커뮤니케이션에서 화자의 감정의 전달과 이해, 화자의 성격인상의 전달과 이해 등에 있어서 매우 중요한 역할을 하고 있는 부차언어정보와 비언어정보에 관한 연구가 활발하게 이루어지기 시작했다((마에카와(前川, 2006), 에릭슨(2005), 우치다(內田, 2009)).

한편, 일본어를 외국어로서 학습하고 있는 사람들의 대부분은 학습목표언어인 일본어의 음성커뮤니케이션 능력의 습득을 지향하고 있으며, 따라서 일본어 모어화자가 사용하는 다양한 음성커뮤니케이션 전략을 체계적으로 연구하고 그 결과를 실러버스화하여 일본어 교육 현장에 도입할 필요가 있다(사다노부 토시유키(定延利之, 2004)).

이 글에서는 일본어 음성커뮤니케이션의 실태를 객관적으로 밝히고 음성커뮤니케이션의 메커니즘을 규명하기 위해서 이루어지고 있는 연구 중에서, 한국어와 일본어의 개별 언어 연구, 한일 양 언어의 대조연구, 한국인일본어학습자(이하, 한국인학습자)와 일본인한국어학습자(이하, 일본인학습자)를 위한 일본어와 한국어 음성커뮤니케이션 교육에 참고할 가치가 크다고 판단되는 연구 결과를 소개하기로 한다. 구체적으로는 일본어 억양에 관한 연구 중에서 지금까지 그 실태에 대해서 적극적인 분석이 이루어지지 않은 발화스타일에 관한 연구(고리 시로(郡史郎, 2006))와 풍요로운 음성커뮤니케이션의 하나의 요소로서 기능하고 있음에도 불구하고 학계의 주목을 받지 못한 호흡음의 일종인 들숨 쉿소리의 사용 실태와 그 의미 기능에 관한 연구(사다노부 2007, 민광준 2012)를 소개하기로 한다[1].

II 발화 스타일

일본어의 억양을 규정하는 요인을 밝히기 위해서는 하나의 발화에 대해서 그 내부 구조는 어떠한가, 담화 내에서의 역할은 어떤 것인가, 발화자는 어떤 사람이고 누구에게 어떤 상황에서 말하고 있나 등의 관점에서 분석할 필요가 있다. 고리(2006)은 이와 같은 관점에서 일본어 억양을 규정하는 요인을 ①발화의 구조·의미와 담화 내에서의 역할, ②발화자의 심리적 상태, 신체적 상태, 사회적 속성, ③발화자와 청자의 사회적·심리적 관계, ④발화 환경, ⑤특정 장면에 정해져 있는 말투의 유형, 개인성, 시대성의 5종류로 분류하고 있다. 이들 요인 중에서 ①에 대해서는 연구가 활발하게 진행되어 괄목할만한 성과를 거두었으며, ②에 대해서도 상당 부분 연구 성과를 올리고 있다. 그에 비해서 ③과 ⑤에 관한 연구는 질과 양 모두 미미한 수준에 머물러 있다고 할 수 있는데, 이 글에서는 ⑤의 말투의 유형, 즉 발화스타일에 관한 연구 결과에 대해서 개관하기로 한다.

고리(2006)은 일본어의 발화스타일 일반에 관한 연구의 시도로서 일본어 발화스타일의 종류와 그 구조를 밝히기 위해서 인터넷 검색 엔진을 이용한 조사를 실시하였다. 그는 웹페이지 상에서 '～口調'(～말투)[2]라고 하는 문자언어에 의한 표현을 수집하여 일정 빈도 이상의 것

---

1 이 글은 고리(2006), 사다노부(2007), 민광준(2012)를 요약하고 필자의 견해를 덧붙인 것임.
2 일본어 '口調'의 번역어로 '말투'(단정적인 말투), '말씨'(상냥한 말씨), '어조'(성난 어조), '어투'(친근한 어투), '…조'(명령조), '…투'(명령투) 등을 들 수 있으나,

을 대상으로 음성표현으로서 중요한 말투로 판단되는 것을 추출하고, 주요 말투의 내부구조를 억양 규정 요인의 관점에서 검토하고 있다. 그 구체적인 방법은 다음과 같다.

먼저, 인터넷 검색 엔진 Google을 이용해서 일본어 웹페이지에서 '말투의 내용을 설명하는 '수식표현+"口調(말투)"'의 형식을 가진 표현(예를 들면, 強い口調(강한 말투), 冷静な口調(냉정한 말투) 등)을 수집하였다.[3] 이때, 말투의 종류를 가능한 한 많이 수집하기 위해서 검색어로 '口調' 뿐만 아니라, '～な口調' '～い口調' '～ような口調' '～ぽい口調' '～る口調' '～た口調' 등을 채택하였다. 검색 결과 중에서 '수식표현 + '口調'의 형식으로 되어있지 않은 표현과 '口調'의 내용을 설명하지 않은 표현, 특정 화자가 어떤 상황 하에서 사용한 임시적인 말투를 설명하고 있을 가능성이 있는 표현, 동일 내용으로 여겨지는 페이지의 중복 검색 결과, 인용에 의한 중복 검색 결과, 복수 페이지에 걸친 게시판 등의 제목에 포함됨으로써 생기는 중복 표현을 제외하고 총 7,897개의 말투 표현을 선정하여 이를 기초자료로 하였다. 이 기초자료에 대해서 동음이표기(예를 들면, 'やさしい'와 '優しい' 등)를 정리한 결과 동음이표기를 포함해서 2회 이상 출현한 표현의 총 수는 3,998개로 별개 표현수는 503종류로 나타났다. 기초자료에 2회 이상 출현한 말투 표현 중에서 '怒り口調' '怒った口調' '怒ってる口調'와 같이 의미가 같고 형태상으로도 공통 요소를 갖고 있어서 표현 변종으로 간주할 수 있는 것을 모두 정리한 결과 396종류의 표현(이하, 주요 말투 후보)이 정해졌다.[4]

다음에, 주요 말투 후보 396종류의 각각에 대해서 두 개의 인터넷 검색 엔진(Google과 Yahoo!)을 이용하여 출현 빈도를 조사하였다.[5] 약

   이 글에서는 '말투'로 통일하여 사용하기로 함.
3 이 조사는 2005년 12월에 이루어졌음.
4 396종류의 말투에 대해서는 고리(2006)을 참조.

1년의 간격을 두고 2회 실시된 Google의 검색 결과와 Yahoo!의 검색 결과를 비교하여 안정적으로 다수의 검색 결과를 얻은 표현을 추출하였다. 그 결과, Google에 의한 약 1년의 간격을 둔 2회에 걸친 조사와 Yahoo!의 1회 조사를 모두 합한 검색 결과 중에서 출현빈도수에 안정적인 대응관계가 보이고 출현빈도가 높은 표현 16개가 추출되었다. <표 1>에 제시한 이 16개의 표현은 전체 396종류의 검색 건수 전체의 66%를 차지한다.

고리(2006)은 이상과 같은 방법으로 선정된 16종류의 말투를 상대방에 대한 태도의 '강압성'과 발화자 자신의 심리적인 '흥분성'의 유무라고 하는 관점에서 관찰하여 <표 2>와 같이 분류하고 있다. 전체 16개 말투 중에서 '설명투'(説明口調)를 제외한 15개의 말투는 모두 언어형식의 선택과 발화 내용과 밀접한 관련이 있는데, 예를 들면, '명령투'(命令口調)와 '단정적 말투'(断定口調)로 상대에게 질문하는 것은 생각하기 어렵다. 또한 설명투 이외의 말투는 화자와 청자의 사회적·심리적 관계 또는 화자의 심리적 상태, 신체적 상태, 사회적 속성을 나타내는 것으로 이러한 요인은 음성커뮤니케이션에서 매우 중요한 역할을 수행하는 것으로 이해된다.

---

5   이 조사는 Google을 이용한 1차 조사(2005년 12월) 후 약 1년이 경과한 시점(2006년 11월)에 이루어졌음.

⟨표 1⟩ 출현빈도가 높은 표현의 종류(출현빈도순)[6]

1	強い口調 (강한 말투)	5	厳しい口調 (엄숙한 말투)	9	静かな口調 (조용한 말투)	13	激しい口調 (거친 말투)
2	命令口調 (명령투)	6	穏やかな口調 (온화한 말투)	10	淡々とした口調 (담담한 말투)	14	説明口調 (설명투)
3	優しい口調 (부드러운 말투)	7	怒り口調 (화난 말투)	11	きつい口調 (심한 말투)	15	冷静な口調 (냉정한 말투)
4	丁寧な口調 (공손한 말투)	8	軽い口調 (가벼운 말투)	12	落ち着いた口調 (차분한 말투)	16	断定口調 (단정적 말투)

⟨표 2⟩ 일본어의 주요 16개 말투의 분류

청자에 대한 태도를 나타내는 말투	강압적 태도	強い口調(강한 말투), 命令口調(명령투), 厳しい口調(엄숙한 말투), きつい口調(심한 말투)
	비강압적 태도	優しい口調(부드러운 말투), 丁寧な口調(공손한 말투)
화자의 심리상태를 나타내는 말투	흥분상태	怒り口調(화난 말투), 激しい口調(거친 말투), 断定口調(단정적 말투)
	비흥분상태	穏やかな口調(온화한 말투), 軽い口調(가벼운 말투), 静かな口調(조용한 말투), 淡々とした口調(담담한 말투), 落ち着いた口調(차분한 말투), 冷静な口調(냉정한 말투)
기타		説明口調(설명투)

---

6 ⟨표 1⟩에 제시한 일본어 표현에 대한 한국어 대역어를 선정하기 위해서 각 표현에 대한 대역어 후보(예를 들면, '丁寧な口調'의 경우는 '공손한, 정중한, 예의바른' 등의 수식 표현에 '말투, 어투, 어조'를 결합한 표현(예를 들면, 공손한 말투, 공손한 어투, 공손한 어조)군을 포털 사이트(Daum)의 카페 글을 대상으로 출현빈도를 검색(2012년 7월 25일)하여 가장 빈도수가 높은 표현을 대역어로 선정하였음. 예를 들면, '丁寧な口調'는 '공손한 말투'(9,730건), '정중한 말투'(2,990건), '예의바른 말투'(1,020건) 중에서 '공손한 말투'를, '落ち着いた口調'는 '차분한 말투'(6,520건, '차분한 어조'(7,220건), 침착한 어조'(3,490건) 등의 후보 중에서 '차분한 말투'를 번역어로 채택함. '落ち着いた口調'의 경우는 '차분한 말투'보다 '차분한 어조'의 출현빈도가 높게 나타났으나, 말투를 수식하는 표현의 형태가 동일함으로 '차분한 말투'를 대역어로 선정하였음. 단, 일본어의 주요 표현 16개의 빈도순과 한국어 대역어의 빈도순이 일치하는 것은 아니라는 점에 유의할 필요가 있음.

다음으로, 고리(2006)은 <표 1>에 제시한 16개의 말투가 어떤 음성적 특징을 갖고 있는지를 조사하기 위해서, 일본어 모어화자(20대 대학생과 대학원생 15명)에게 5단계 척도(매우 비슷함, 어느 쪽이냐 하면 비슷함, 어느 쪽이라고 말 못함, 어느 쪽이냐 하면 다름, 전혀 다름)로 평가시킨 결과를 토대로 16종류의 말투 상호간의 이미지 상의 유사도를 개인차 유클리드 거리모델에 의한 다차원척도법을 이용하여 분석하였다. 그 결과는 <그림 1>과 같다.

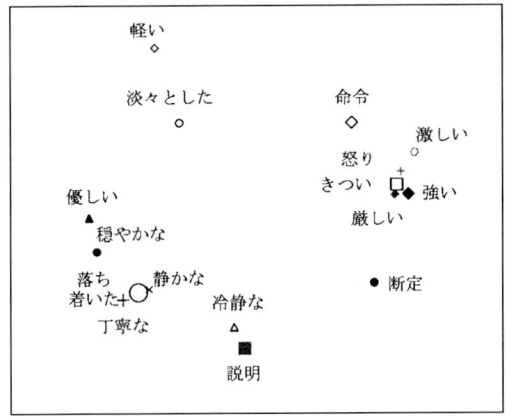

〈그림 1〉 16종류의 주요 말투의 이미지 상의 유사도[7]

<그림 1>에 따르면 16종류의 주요 말투에 대한 일본어 모어화자의 이미지는 크게 3그룹으로 나누어짐을 알 수 있다. <그림 1>에서 강압적 태도 및 흥분상태를 나타내는 대부분의 말투는 그림의 오른쪽에 자리하고 있는데 비해서, 비강압적 태도와 비흥분 상태를 나타내는 말투는 그림의 왼쪽 아래쪽에 자리하고 있다. 그러나 같은 위치에 자리한 그룹이라 하더라도 예를 들면 '優しい(부드러운)·穏やかな(온화한)'와

---

7 일본어 단어의 한국어 대역어는 <표 2>를 참조

'冷静な(냉정한)·説明(설명)'는 위아래로 거리가 떨어져 있어 이들 말투 사이에는 이미지 상의 커다란 차이가 있음을 알 수 있다.

<그림 1>과 <표 2>를 비교하면 <표 2>에서 강압적 태도로 분류된 4개의 말투 중 '엄한 말투' '심한 말투' '강한 말투'는 음성적 특징에 대한 이미지도 가까우므로 이들을 하나의 그룹으로 묶을 수 있고, 흥분상태로 분류된 3개의 말투 중 '화난 말투'와 '거친 말투', 그리고 비흥분상태로 분류된 6개의 말투 중에서 '조용한 말투'와 '차분한 말투'도 각각 하나의 그룹으로 묶을 수 있다. 고리(2006)은 앞에 든 16개의 말투를 최종적으로는 다음과 같이 12개의 그룹으로 정리하고 있다.

①명령투, ②엄한·심한·강한 말투, ③화난·거친 말투, ④단정적인 말투, ⑤설명투, ⑥냉정한 말투, ⑦조용한·차분한 말투, ⑧정중한 말투, ⑨부드러운 말투, ⑩온화한 말투, ⑪담담한 말투, ⑫가벼운 말투(그림 1의 오른 쪽 위부터 시계 방향으로)

한편, 396개의 주요 말투 후보 중에서 장면한정적인 표현은 27개로 나타났다. 그 중에서 '일기투'(日記口調)와 같이 문장언어로서의 스타일과 언어형식에 의해서만 그 특징이 나타나는 문자언어의 특징을 주로 나타낸다고 판단되는 것을 제외하고 장면한정적인 발화스타일로서 다음의 15종류를 들고 있다.

'重々しい口調'(무게있는 말투) '宝塚口調'(다카라즈카 말투) '講義口調'(강의 말투) 'アナウンサー口調'(아나운서 말투) '歌舞伎口調'(가부키 말투) '狂言口調'(교겐 말투) '電話口調'(전화 말투) 'ナレーター口調'(나레이터 말투) '読み口調'(읽는 말투) '厳粛な口調'(엄숙한 말투) 'バスガイド口調'(버스가이드 말투) 'ロック口調'(록 말투) 'ニュースキャスター口調'(뉴스캐스터 말투) 'エレベーターガールのような口調'(엘리베이터걸 같은 말투) '車内放送口調'(차내방송 말투)['口調'는 '말투'로 통일하였음]

이상으로 소개한 고리(2006)의 연구 성과를 요약하면 다음과 같다. 먼저 그는 일본어 억양의 규정 요인이라는 관점에서 본 넓은 의미의 억양 연구의 현대적 과제로서 현재 갖고 있는 지견을 실제 구두언어에서 확인하는 작업, 담화표식과 간투사, 인사 등 구두언어 특유의 형식에 대한 연구, 화자와 청자의 사회적·심리적 관계에 대한 연구, 장면 한정적인 발화스타일의 연구 필요성에 대해서 기술하였다.

이어서 발화스타일 일반에 대한 연구의 시도로서 일본어의 발화스타일의 종류와 그 대표적인 유형을 인터넷 웹페이지를 대상으로 한 '口調'(말투)의 용례 검색을 통해서 조사하였다. 인터넷 상에서 일정 수준 이상의 사용빈도가 있는 396개의 말투표현을 선정하여 그 내용을 분석한 결과, '화자의 심리적 상태, 신체적 상태, 사회적 속성'과 '화자와 청자의 사회적·심리적 관계'를 나타내는 것이 많고, 이어서 '특정 장면에 정해진 형식'이 많이 나타났다.

이 396개의 말투표현 중에서 안정적으로 출현 빈도가 높은 표현으로서 16개의 주요 말투 표현이 추출되었으며, 이들 표현은 '단기적·임시적 대인태도'를 나타내거나 화자의 심리 상태를 나타내는 것이 대부분이었다. 단, 전자의 '단기적·임시적 대인태도'를 나타내는 표현의 출현 빈도가 후자보다 상위를 차지하고 있다는 것은 대인태도가 음성커뮤니케이션의 현상을 크게 좌우할 가능성이 있음을 시사하는 것이다.

다음으로 다차원척도법을 이용하여 16개의 주요 말투 상호간의 이미지상의 유사도를 검토한 결과, 크게 3개의 그룹으로 분류되었다. 그 결과와 앞에서 언급한 이론적 분류를 적용하여 주요 말투를 최종적으로 12종류로 정리하였다.

Ⅲ 들숨 쉿소리

음성커뮤니케이션은 일반적으로 날숨을 이용해서 이루어지는데, 들숨 쉿소리(air-supping, ingressive hiss)[8]는 숨을 들이쉼으로써 이와 윗잇몸 또는 그 뒷부분에 마찰이 일어나 만들어지는 소리로, 현대 한국어와 일본어뿐만 아니라 영어, 중국어 등 많은 언어에서 관찰되는 성인의 발화 양식을 특징짓는 현상이며, 일상적인 음성커뮤니케이션에서 의미를 가진 의사소통 행동이라고 할 수 있다.[9]

사다노부(2007)은 현대 일본어 사회에서 많이 관찰되는 성인의 발화 양식은 음의 높이 조절과 같은 언어정보를 이용하는 경우보다 오히려 넓은 의미의 '목가는 소리'나 '들숨 쉿소리' 등과 같은 '숨쉬는 모양'에서 그 특징을 발견할 수 있다고 주장하고, 들숨 쉿소리도 일상적인 음성커뮤니케이션에서 의미를 가진 의사소통 행동이라고 지적하였다. 그는 일본어의 들숨 쉿소리의 의미를 '공적 회화의 장에서 사적 영역(자신의 마음 속·몸 속)으로의 퇴거'라 정의하고, 들숨 쉿소리를 '간투사적 들숨 쉿소리' '정중도 표시자적 들숨 쉿소리' '국면회피적 들숨 쉿소리'의 3종류로 분류하였다. 이하에서는 사다노부(2007)과 민광준(2012)를 토대로 한·일 양언어 들숨 쉿소리의 의미와 기능에 대해서 소개하기로 한다.

첫째, 간투사적 들숨 쉿소리는 「あれはたしか、スー、どうだったかね」((그것은 틀림없이, 스-, 어땠었지)와 같이 생각을 정리하기 위해서 회화보다 마음 속에서의 생각(기억, 계산 등)에 집중할 때 쓰이며,

---

8 일본어 '空気すすり'에 대응되는 한국어 용어로서 '들숨 쉿소리'를 사용함(민광준 2012).
9 들숨 쉿소리의 기호화에 대해서는 앞으로 본격적인 연구를 토대로 검토할 예정이며, 본고에서는 한일 양 언어 모두 협모음이 후속된 무성마찰음을 나타내는 문자(한국어 : [스-], 일본어 : [スー])로 표기하기로 함.

전형적으로는 시선 피하기, 눈살 찌푸리기, 고개 갸웃거리기 등 마음속의 생각과 연관된 행동과 겹치는 형태로 나타난다. 이러한 점에서는 간투사 'ん―' 'え―と' 등과 유사하다. 이와 같은 간투사적 들숨 쉿소리는 한국어에서도 많이 사용된다(민광준, 2012).

예문(1)은 여학생이 사용한 간투사적 들숨 쉿소리의 예이다. 이 대화에서는 고베대학(神戸大学)의 남학생 C가 '긴키지방 출신이 아닌 내가 아르바이트를 하고 있는 학원에서 학생들에게, 사람들에게 오사카 사람으로 오해받았다'고 하는 개인적인 체험담을 피로한 다음, '그건 역시 고베대학 학생 대부분이 오사카 사람이라서 그럴까?' 하고 마찬가지로 긴키지방 출신이 아닌 고베대학 여학생 D에게 질문하는 장면이다.

 (1) a 남학생 C : やっぱ神大に来るのが大阪の人が多いからかな。
    여학생 D : [ス―] そーなんかなーでも、なんか、大阪弁と神戸弁、
       の、ち、ねーなんか…　　<사다노부(2007), p.132>
   b 남학생 C : 역시 고베대학에 오는 것이 오사카 사람이 많아서일까.
    여학생 D : [스―] 그럴까 하지만 뭐랄까 오사카 사투리와 고베 사투리의 차이, 네 뭔가...

남학생의 질문에 사용된 '역시'(やっぱ(やはり))라는 어구와 그 어조로부터 여기서 C는 자신이 D에게 묻고 있는 문제 '자신이 오사카 사람으로 오해받은 것은 많은 고베대학생이 오사카 사람이라서일까?'에 대한 답을 몰라서 그저 순수하게 질문하고 있다고 하기보다는 오히려 '자신이 오사카 사람으로 오해받은 것은 많은 고베대학생이 오사카 사람이기 때문일 것이다'라는 예상 하에 '역시 고베대학에 오는 것은 오사카 사람이 많아'(やっぱ神大に来るのは大阪の人が多いわ)라는 감회를 피력하려고 하는 것으로 여겨진다.

그런데 이에 대한 여학생 D의 반응은 모두에서 'スー'하고 들숨 쉿소리를 낸 다음 '그럴까'(そーなんかなー)라고 긍정도 부정도 아닌 대답을 한 후에 '오사카 사투리와 고베 사투리는 식별 곤란'(大阪弁と神戸弁の違いは識別困難)이라는, 관련이 있기는 하지만 혀 차는 소리를 내면서 다른 화제를 꺼내는 모르는 체하는 태도를 취한다. 그리고 남학생 C도 결국은 이 새로운 화제에 반응하게 된다. 이 대화에서 나타난 여학생 D의 들숨 쉿소리 역시 다른 행동과의 중복 출현을 관찰할 수 있으나, 예문(1)의 경우와는 부분적으로 다르게 나타난다. 오른쪽 앞에 있는 남학생 C에게서 질문을 받자 여학생 D는 순간적으로 눈을 감고 자신의 앞쪽 정면으로 시선을 돌린 다음 그때까지 웃고 있던 얼굴에서 진지한 얼굴로 바꾸고 눈썹은 찌푸리지 않고 그 대신 고개를 갸웃한다. 즉 들숨 쉿소리를 내기 시작함과 동시에 오른쪽 앞에 있는 남학생 C와는 거의 반대편에 해당하는 왼쪽 방향으로 고개를 갸웃하기 시작하고 그 움직임에 이끌려서 의자에 앉아있던 여학생 D의 상체도 가볍게 왼쪽으로 기울어진다.

예문(2)는 경산시장 후보 토론회에서 사회자가 후보자에게 답변을 요구하자, 후보자가 일단 '예'라고 대답한 다음 바로 들숨 쉿소리를 내고 있는데, 이는 직후에 자신이 발언할 내용을 생각하는 의미로 사용된 것으로, 발언할 내용이 메모된 테이블 위의 자료로 시선을 둔 상태에서 들숨 쉿소리를 사용하고 나서 발언을 시작하고 있다.

(2) 사회자 : ○○당 ○○○ 후보부터 답변해 주십시오.
    후보자 : 예, [스−]저는 지하철 시대가 열리면서 어− 경산이 아마 교통이 원활해지고 또 어− 경산에서 하양까지 지하철이 연장이 되고 또 지하철 1호선은 또 하양까지 연장되고 이렇게 순환되면 어− 경산이 큰 발전을 이루리라고 생각합니다.

<민광준(2012), p.126 : KBS1TV "경산시장후보토론회", 2010.5.28>

 한편, 일본어에서는 보고되지 않은 '비난, 책망, 경고, 위협 등'의 공격적인 의미를 가진 간투사적 들숨 쉿소리가 한국어에서는 자주 사용된다. 한국어 사회에서는 음식점에서 큰 소리로 떠들며 돌아다니는 아이들에게 그러지 말라는 의미로 주위 사람이 들숨 쉿소리를 사용하는 것은 자연스러운 장면이며, 이때 눈살 찌푸리기 등의 행동이 동반된다.
 예문(3)에서는 사회적으로 크게 성공한 사람이 평온한 마을에 갑자기 나타나 친아버지를 찾는 과정에서 그 사람의 모친과 마을 남성들이 관련되었을 가능성에 대한 소문 등으로 마을 전체가 뒤숭숭한 상황에서, 아내가 남편을 상대로 시아버지의 관련 가능성을 의심하는 발언을 하고, 이에 발끈한 남편이 아내에게 경고의 의미로 들숨 쉿소리를 세 번이나 사용한다. 이때 남편은 눈을 크게 부릅뜬 채 눈썹을 치켜 올리고 몸을 아내 쪽으로 기울이며 아내의 발언에 대해 '그럴 리 가 없다. 그런 소리 하지 마라' 등의 강한 부정, 경고, 위협의 의미로 들숨 쉿소리를 사용한다. 한편, 아내가 사용한 들숨 쉿소리는 남편의 거듭되는 부정과 경고에도 불구하고 시아버지의 관련 가능성에 대한 생각에 골몰해 있음을 나타낸다.

   (3) 아내 : 이장님이 확실한거야?
      남편 : 응? 이이 그건 모르지 무슨 얘기가 오고갔는지 음―
      아내 : 꼭 이장님이라는 증거는 없잖아. 대흥리 사람들이라면 누구나 다 그 광시장에 드나들었을텐데.
      남편 : <웃음>참 이장님이 젊었을 때 쫌 한 때 쫌 날리셨잖아.
      아내 : 아버님은?
      남편 : 으? 우 우리 아버지?

아내 : 아버님 사진 보니까 인물이 훤하신던데 뭐. 젊으셨을 때 어머
님 속 꽤나 썩이셨다면서?
남편 : 아이 음 누 누가 그래?
아내 : 혹시 우리 아버님 아니신가?
남편 : [스-]이 사람이 진짜
아내 : 아버님두 대홍리 남잔데 그렇다면 뭐 1프로의 가능성두 배제
할 수 없는거 아니겠어?
남편 : [스-]아 당신 정말 우리 집안 어떻게 보고 그러는거야?
아내 : 아이 누가 뭐 집안보고 그런다는 거야? 남자 속은 모른다는
거지.
[스-]가만있어봐. 이거 어떻게 밝혀내지?
남편 : [스-]어 점점
<민광준(2012), p.127 : KBS1TV 드라마 "산 넘어 남촌에는", 2012.1.29.>

둘째, 정중도 표시자적 들숨 쉿소리는 사다노부(2007)에 따르면 심리적인 긴장·위축·송구함에 의해서 회화의 장으로부터 개인의 장으로 퇴각할 때 사용되는 들숨 쉿소리로, 결과적으로 화자의 발화는 더 정중하게 들린다. 예를 들어, 텔레비전에서 소개된 정치가 오카다 가쓰야(岡田克也) 씨의 기자회견에서 지금부터 정당의 대표가 되는 것에 대한 코멘트를 요구받은 오카다 씨가 긴장한 낯으로 대답하는 장면에서 들숨 쉿소리를 사용하고 있다.

(4) a まったくその可能性はないものだと、いうふうに理解しておりましたが[スー]、いつのまにか、こういうことになりました。[スー]
<사다노부(2007), p.137 : 関西テレビ『報道2001』, 2004.5.30.>

b 전혀 그 가능성은 없는 것이라고, 하는 식으로 이해하고 있었습니
　　다만[스-], 어느새, 이렇게 되었습니다.[스-]

　예문(4)에서는 전체 7초 정도의 발언 중에서 들숨 쉿소리를 두 번 사용하고 있다. 이와 같이 정중도 표시자적 들숨 쉿소리는 같은 발언 내에서 출현 빈도가 높다는 특징이 있으며, 극단적인 경우는 억양구 말미마다 끊임없이 나타난다.

　한편 예문(4)에서 들숨 쉿소리가 사용될 때는 화자의 신체는 시선이 약간 내려가는 정도로 큰 변화는 없다. 즉 간투사적 들숨 쉿소리와 달리 정중도 표시자적 들숨 쉿소리에는 시선 돌리기, 눈살 찌푸리기, 고개 갸웃거리기 등과의 중복은 관찰되지 않는다.

　　(5) 아녜요. 뭐 항상 축구선수들은 항상 이런 것들을 안고가야 되는 게 운명인 것 같아요. 사실 [스-] 항상 승패도 경험을 해야 하고, 또 [스-] 본인이 예기치 않게 [스-] 전화 들어보니까 이렇게 걷어낼려고 했는데 {아 통화하셨어요?} 통화는 했어요. 걷어낼려고 했는데 예기치 않게 또 그런 일이 벌어지더라구요. 근데 그런 것에 있어서 이제 뭐 좀 유연해지려고 하구요. [스-] 또 좋은 공도 많이 줬어요. 많이 막았어요, 또.
　　　　　　　<민광준(2012), p.129 : KBS1TV 아침마당, 2010.06.23.>

　예문 (5)는 축구 월드컵 대회에 출전한 국가대표 선수의 아내가 특집 방송에 나와서 남편의 경기 모습에 대한 이야기를 하고 있다. 수비 보강을 위해서 긴급 투입된 남편이 페널티 지역에서 무리하게 상태를 마크하다 상대팀에게 페널티킥을 허용하여 실점하게 된 사실에 대해서 국내 축구 팬들의 비난이 거세게 일었는데, 다행히 경기가 2대2 무

승부로 끝나 16강에 진출하였다. 16강 진출이 결정되고 난 후에 마련된 방송 프로그램에서 아내가 그 당시의 남편의 플레이에 대한 발언을 하면서 팬들에 대한 미안함, 죄책감 등의 감정으로 들숨 쉿소리를 사용한 것으로 판단되며, 약 30초에 걸쳐 이어진 발언에서 들숨 쉿소리를 4회 사용하고 있다.

셋째, 국면회피적 들숨 쉿소리는 예를 들면 '뭐, 악센트에만 악전고투하기도 하구요(웃음)'(ま、アクセントだけに、悪戦苦闘(あくせんくとう)したりしてね(笑)、スー)[10]와 같은 썰렁한 농담 직후의 들숨 쉿소리처럼 화자가 '이상한 말을 하고 말았을지도 모른다' '너무 강하게 말해버렸는지도 모른다'는 기분으로 자신이 방금 한 발언으로부터 자신을 격리하려고 할 때의 들숨 쉿소리이다(사다노부, 2007).

(6) a どこで線を切っていくか、ていうな問題と、裏腹の関係にありますので、そう簡単には言えないかと思います。[スー] えー、で4章……

<사다노부(2007), p.138 : 中日理論言語学研究会 第7回研究会, 2006.7.16.>

　　　b 어디서 선을 긋고 갈까, 와 같은 문제와, 정반대의 경우에 있으므로, 그렇게 간단하게는 말할 수 없다고 생각합니다. [스-] 에-, 제4장……

예문(6)의 '~긋고 갈까, 와 같은 문제~'(~切っていくか、ていうな問題~)는 본래라면 '~切っていくか、ていうような問題'라고 발음되어야 하는데 이와 같이 발음을 빼먹거나 틀리는 것은 현실적으로는 정정되지 않고 그대로 지나가는 경우가 적지않다.

이 예에서는 화자(발표자)가 '일본어는 형용사가 적은가'라는 문제에 대해서 '이 문제는 원래 어디까지를 형용사로서 인정할 것인가 라

10　'アクセント'(악센트)와 '悪戦苦闘(あくせんくとう)'(악전고투)의 발음이 유사한 것을 이용한 농담임.

고 하는 경계선 설정의 문제와 연동하므로 그렇게 간단하게는 말할 수 없다(즉 단순하게 '형용사가 적다'고 결론짓는 것은 부당하다)'고 다른 학설에 대한 부정적인 결론을 내리고 그 직후에 'ス―'하고 들숨 쉿소리를 내고 있다. 또 그 즉시 '에―, 제 4장……'(え―、で第4章……)라고 말하며 다음 화제로 옮겨가는 것을 보면 결론을 내린 부분은(결론의 내용보다도 본래 연구회와 같은 공적 장면에서 다른 학설에 부정적인 결론을 단정적으로 내린다는 것 자체가) 화자에게 있어서 가능하면 서둘러서 지나가고 싶은 잠재적인 나름대로 대담한 발언일 것이라고 해석한다. 그러나 들숨 쉿소리를 내면서 왼쪽 앞쪽에 놓인 시계에 손을 뻗어서 시간을 쳐다보는 화자의 행동에는 시선 돌리기, 눈썹 찌푸리기, 고개 갸웃거리기의 중복 사용이 관찰되지 않을 뿐만 아니라 정중도 표시자적 들숨 쉿소리에서 나타나는 긴장·위축·송구함의 모습은 특히 관찰되지 않는다. 이와 같이 잠재적인 문제 발언 직후에 사용되는 국면 회피적 들숨 쉿소리에는 종종 그 직후에 화제 전환 표현이 나타나는데, 특히 긴장·위축·송구함은 느껴지지 않는다.

한편, 한국어의 경우에도 자신이 발언을 행한 직후에 그 발언 내용이 부적절하거나 쓸데없는 발언을 했다고 판단되는 경우에 그 국면에서 벗어나기 위해서 사용되는 들숨 쉿소리가 관찰된다.

(7) 전 우산 네 개 갖구 다니는데요. <웃음> 여름철에는 집에 하나 있구 차에 있구 가방에 있구 회사에 있구. [스―] 그래서 인제 사실 제가 기상청 예보관인데 제가 좀 비 맞으면 부끄럽잖아요. <웃음> 근데 비 맞아요. 왜냐하면 인제 아까 ○○○ 씨 말씀하셨지만 저희는 그레이더나 이런 거 보구 아 30분만 있으면 비 그친다. 와 이렇게 해서 딱 보구 나가거든요. 근데 안 맞는 거죠. 제가 <웃음> 그리구 비 쫄딱 맞구 아 기상청 쪽으로 안 돌아가구 뭐 딴 쪽으로 가구 뭐. 저희

기상청 앞에 동작소방서라고 있거든요. <웃음> 근데 택시타면 '아 동작소방서요.' <웃음> 기상청 얘기 잘 안하죠. [스ㅡ]

<민광준(2012), p.130 : KBS1TV 아침마당, 2011.3.21.>

　위의 한국어 예에서는 텔레비전에 출연한 기상청 예보관이 자신의 난처했던 경험을 소개하고 있다. 외부에 나왔다가 택시를 타고 근무처인 기상청으로 돌아갈 때 운전기사에게 행선지를 '기상청'이라 말하지 않고 '동작 소방서'라고 말했다는 사실을 밝혔는데, 이것은 기상청 예보관으로서 일기 예보가 빗나가는 것에 대한 일반 시민의 따가운 시선을 피하기 위해서 주변에 있는 '동작 소방서'를 행선지로 말했다는 사실을 공개적으로 밝히고 난 다음, 기상청 예보관으로서 적절하지 못한 발언을 하고 말았다는 사실을 인식하고, 그 난처한 상황을 벗어나고 싶은 생각에 들숨 쉿소리를 사용한 것으로 판단된다. 일본어의 경우와 마찬가지로 긴장·위축·죄송 등의 분위기는 느낄 수 없다.

　이상에서 소개한 일본어와 한국어 들숨 쉿소리의 의미와 기능 및 그 특징을 정리하면 다음과 같다. 첫째, 한·일 양언어의 들숨 쉿소리는 공통적으로 간투사적 들숨 쉿소리, 정중도 표시자적 들숨 쉿소리, 국면 회피적 들숨 쉿소리로 분류할 수 있다. 둘째, 한국어의 간투사적 들숨 쉿소리에는 공격적인 것과 비공격적인 것이 관찰되나, 일본어의 경우는 공격적인 들숨 쉿소리는 관찰되지 않는다. 간투사적 들숨 쉿소리에는 시선 돌리기, 눈살 찌푸리기, 고개 갸웃거리기 등의 행동이 동반되는 경우가 많으며, 이와 같은 특징은 한·일 양 언어에서 공통적으로 관찰된다. 셋째, 정중도 표시자적 들숨 쉿소리와 국면 회피적 들숨 쉿소리는 한·일 양 언어에 모두 존재하며 그 의미 기능 또한 매우 유사한 특징을 보인다. 또한, 간투사적 들숨 쉿소리와는 달리, 시선 돌리기, 눈살 찌푸리기, 고개 갸웃거리기 등의 행동이 동반되지 않는다.

Ⅳ 맺음말

　이상으로 일본어의 억양에 관한 연구 중에서 발화스타일에 관한 고리(2006)의 연구와 비언어정보에 관한 연구 중에서 사다노부(2007)과 민광준(2012)의 들숨 쉿소리에 관한 연구를 소개하였다. 이 글에서 소개한 두 종류의 연구는 개별 언어의 음성커뮤니케이션의 메커니즘을 객관적으로 파악하는데 매우 중요한 기초적인 연구라 할 수 있으며, 가까운 장래에 이들에 대한 음성적 특징이 상세하게 기술되기를 기대한다.
　개별 언어의 음성커뮤니케이션에 사용되는 구체적인 전략의 음성적 특징을 상세하게 기술하고, 그 결과를 토대로 언어간(문화간) 대조 연구를 통해서 음성커뮤니케이션의 메커니즘을 규명하는 것은 언어 교육적으로 뿐만 아니라 산업적으로도 매우 중요한 과제이다.
　이 글에서 소개한 발화스타일과 들숨 쉿소리에 관해서는 한국어에 대한 연구가 전무하거나 매우 미미하며 일본어를 제외하면 영어, 중국어 등에 관한 연구도 매우 초보적인 단계에 불과한 것으로 판단된다. 앞으로 한국어 발화스타일과 들숨 쉿소리의 유형과 의미 기능 및 그 음성적 특징이 상세하게 기술되어 한국어 음성커뮤니케이션 전략의 메커니즘이 규명되고, 그 결과를 일본어와의 대조 연구 및 한국어와 일본어교육에 활용할 수 있게 되기를 기대한다.

참고 문헌

민광준(2012)「한·일 양 언어 들숨 쉿소리의 의미와 기능」『일본어학연구』35, pp.121-135

郡史郎(2006)「日本語の「口調」にはどんな種類があるか」『音声研究』10(3), pp.52-68

前川喜久雄(2006)「パラ言語情報と音声の生成・知覚」『韻律と音声言語情報処理：アクセント・イントネーション・リズムの科学』(広瀬啓吉編著) 丸善株式会社, pp.24-34

前川喜久雄・北川智利(2002)「音声はパラ言語情報をいかに伝えるか」『認知科学』9(1), pp.46-66

定延利之(2004)「音声コミュニケーション教育の必要性と障害」『日本語教育』123, pp.129-147

_____(2007)「日本人が空気をすするとき」『シリーズ言語対照Ⅰ 音声文法の対照』くろしお出版, pp.129-147

ドナ・エリクソン(2005)「表現豊かな音声：その生成・知覚と音声合成への応用」『日本音響学会誌』61(6), pp.346-351

ドナ・エリクソン・昇地崇明(2006)「性差および母語が感情音声の知覚に与える影響；日本語, 韓国語, 英語母語話者を対象として」『文法と音声』Ⅴ, くろしお出版, pp.31-46

内田照久(2009)「音声の韻律的情報と話者のパーソナリティー印象の関係性」『音声研究』13(1), pp.17-28

일본어학과 일본어교육 2 음운·음성

韓国語母語話者의 음성에 대한 縱斷的研究

사카이 마유미 *
덕성여자대학교 교수

I 머리말

　언어지식중심의 외국어교육이 재검토되어 커뮤니케이션 능력이 중시되어감에 따라, 음성교육의 필요성이 높아지고 있다. 최근에는 시판되고 있는 대부분의 교재에 CD나 mp3등이 포함되어 있어 일본 드라마나 영화도 볼 수 있게 되어, 학습자가 실제 일본인의 음성에 접할 기회가 증가함에 따라 학습자의 발음·청취 능력의 향상에 대한 관심도 높아지고 있다.
　그러나, 한국 일본어 교육의 현실을 보면, 음성에 관해서는 처음 히라가나를 학습할 때에 설명하는 정도로, 나머지는 회화 시간에 틈틈

---

* 酒井真弓 : 德成女子大學校

이 발음 지도를 행하고 있는 경우가 대부분이라고 말해도 과언은 아닙니다. 효과적인 음성 교육을 행하기 위해서는 학습자의 음성의 특징이나 학습에 의한 습득 난이도에 대해서 알 필요가 있다. 따라서 본고에서는 지금까지 필자가 행한 縱斷的調査의 결과를 바탕으로, 한국인 학습자의 발음 및 청취에 있어서의 문제점을 밝히고, 한국인 학습자를 위한 음성 교육용 교재작성 및 교수방법의 기초가 되는 자료가 되었으면 한다.

Ⅱ 分節音

1. 미니멀 페어에 의한 조사

초급 일본어 합숙 과정에서, 약 400시간의 수업을 받고 초급 과정을 거의 끝낸 26세부터 38세까지의 일본어 학습자(남성) 54명을 대상으로 하여, 오용 조사를 행했다[1]. 발음조사는 각자에게 171가지의 일본어의 미니멀 페어가 인쇄된 프린트를 건네주고, 카세트 테이프에 녹음한 후 다음 날 제출하도록 하였다. 또, 청취조사는 한 단어를 들려주고 그것과 같은 발음을 그 다음에 들려주는 세 개의 예 중에서 선택하게 하는 방법으로, 300문항을 이틀에 걸쳐서 실시했다. 피험자는 1991년 1월9일~4월6일과 4월29일~8월2일의 14주간 일본어 합숙 교육을 받은 연수생이며, 조사는 향상도를 측정하기 위해, 제1주째와 제13주째에 같은 형식으로 진행했다. 피험자는 초급 레벨이긴 하지만, 제 1회째의 조사 전에 4시간의 발음 교육을 받았고 시청각교재를 많이 사용한 수

---

[1] 본 조사는, 酒井真弓(1992)「聴取・発音における難易度および向上度の測定とその分析」碩士学位論文, 韓国外国語大学校 의 일부 자료를 바탕으로 표・그래프 등을 가필 수정하여 다시 정리한 것이다.

업을 네이티브·스피커 교사 4명으로부터 받는 등 일본어 음성에 대한 관심 및 이해도는 높다고 말할 수 있다. 또 미니멀 페어는 한일 양국어의 음운 체계의 비교를 근거로 오용을 예측하여 작성했다.

조사 결과, 청취에서는 16,200의 회답을 얻었고 그 중 오답 수는 3,131으로, 오답률은 19%였다. 또, 발음에서는 8,550의 회답 가운데, 오답 수는 2,071으로, 오답률은 24%였다. 한국인 학습자에게 있어서, 무엇이 어려운지, 또 음성 교육을 실행함으로써 향상도가 높은 것은 무엇인지 밝히기 위해서, 조사의 결과로부터 난이도와 향상도를 편의상, ABCDE 5 단계로 순위를 매겨 보았다. A는 40%이상으로 「매우 어렵다」B는 30~39%로 「비교적 어렵다」C는 20~29%로 「보통」D는 10~19%로 「별로 어렵지 않다」E는 10%이하로 「전혀 어렵지 않다」로 정하였다.

난이도는 제 1회 조사의 오답률의 결과에 따라 그룹을 나누었다. 또, 향상도는 난이도가 높은 편이 제 1회 조사와 제 2회조사의 차이가 커지는 경향이 있으므로, 오답률의 감소치를 오답률로 나누고 오답의 감소율을 산출하여, 이것으로 그룹을 나누었다.

이것을 표로 하면 아래의 <표 1>과 같다.

〈표 1〉 미니멀 페어에 의한 조사에 있어서의 발음 오답률

正答	誤答	聽取				發音			
		誤答率(%)		難易度	向上度	誤答率(%)		難易度	向上度
		第一回	第二回			第一回	第二回		
母音	半母音	72	55	A	D	41	24	A	A
短母音	長母音	18	14	D	D	27	13	C	A
長母音	短母音	7	7	E	E	9	4	E	A
半母音	母音	80	48	A	A	12	7	D	A
語頭의無聲音	有聲音	53	34	A	B	30	15	B	A

正答	誤答	聴取 誤答率(%)		難易度	向上度	発音 誤答率(%)		難易度	向上度
		第一回	第二回			第一回	第二回		
語頭의有声音	無声音	55	31	A	A	40	26	A	B
語中의無声音	有声音	19	13	D	B	25	19	C	D
語中의有声音	無声音	17	11	D	B	19	5	D	A
[ts]	[tʃ]	53	28	A	A	95	38	A	A
[tʃ]	[ts]	32	6	B	A	15	7	D	A
[ts]	[s]	33	9	B	A	17	4	D	A
[s]	[ts]	34	29	B	D	4	0	E	A
[dz]	[dʒ]	69	55	A	C	65	46	A	D
[dʒ]	[dz]	75	53	A	D	24	19	C	D
/h/	/h/의脱落	30	9	B	A	25	12	C	A
/hi/	/si/	52	32	A	B	11	14	D	E
/s/	/sj/	19	9	D	A	14	2	D	A
/sj/	/s/	24	12	C	A	6	3	E	A
/-ij/(直音)	/-j/(拗音)	11	3	D	A	31	21	B	C
/-j/	/-ij/	32	8	B	A	3	4	E	E
撥音+/r,n,d/	다른音	50	20	A	A	26	17	C	A
撥音	脱落	16	8	D	A	4	0	E	A
撥音+母音・半母音	[ɲ]	55	25	A	A	66	51	A	D
撥音+母音・半母音	[ŋ]	29	12	C	A	53	41	A	D
促音	非促音	26	5	C	A	9	4	E	A
非促音	促音	29	10	C	A	38	16	B	A

 청취에서, 「매우 어렵다」의 A그룹은, 母音과 半母音 (예. キョウ→キオウ, 72%), 語頭의 有・無声音(예. グチ→クチ, ゲンコウ→ケンコ

ウ、55%、53%)、ツ・チュわ ザ行・ジャ行(例. ツウカ→チュウカ、ズカン⟵→ジュカン、53%、69・72%)ヒわ   シ(例.   ヒソウ→シソウ、52%)、撥音+/r,n,d/(例.   カンラン→カンダン、50%)、撥音+母音・半母音(例. コンニャク→コンヤク、55%)이었다.

한편, 오답률이 높을 것으로 예상된 長音과 短音(例. オバアサン→オバサン、7%)、語中의 有・無声音(例. セイガク⟵→セイカク,19%,17%), 直音과 拗音(例. キヤク→キャク、11%)、撥音의 脱落(例. カンガイ→カガイ、16%)는 모두 D・E로 오답률이 낮았다. 또, 促音과 非促音(例. イッケン⟵→イケン、29%、26%)도 C였다.

발음으로 오답률이 가장 높았던 것은 ツ로, チュ와의 미니멀 페어(例. ムツウ→ムチュウ、95%)는, 대부분의 피험자가 올바르게 발음할 수 없었다. 그러나, 같은 ツ라도, ス와의 미니멀 페어의 경우 (例. ツウガク→スウガク、17%)는 D로 낮았다. 또 ツ와 같이 한국어에 없는 소리인 ザ行・ジャ行 (例. ザセツ→ジャセツ、65%)도 오답률이 높았다. 이것 외의 난이도 A는, 모음・반모음(72%, 80%), 어두의 유성음(40%), 발음+모음・반모음(55%)이었다.

청취에서도, 長音・撥音・促音과 같은 mora音(モーラ音)이 탈락되는 오답 (例. セイカイ→セカイ、9%, カンダイ→カダイ、4%, ハッケン→ハケン、9%)은, 모두 E였다. 다만, 非促音의促音化의誤用 (例. イチ→イッチ、38%)은 B였다. 有声音과 無声音은, 語頭의 有声音을 無声音으로서 발음하고 있는 오답 (例. ガイトウ→カイトウ、40%)이 A, 語頭의 無声音 (例. タイキン→ダイキン、30%)이 B, 오용이 예측된 語中의 無声音 (例. ゴウトウ→ゴウドウ、25%)은 C로 예상외로 낮았다. 특히 문제가 없다고 예측되었던 語中의 有声音 (例. ゴウドウ→ゴウトウ、19%)의 오용도 보였다. 이 외에 , /-j/(拗音)을 2 음절에 발음하고 있는 오용(例. ジュウ→ジユウ、31%)이 B, 語中의/h/의 脱落 (例. シハイ→

シアイ, 25%)은 C였다.

향상도에 대해서 보면, 청취에서는 母音→半母音、短母音←→長母音、ス→ツ、ジャ行→ザ行, 발음에서는 語中의無声音→有声音、ザ行←→ジャ行、ヒ→シ、拗音→直音、撥音＋母音・半母音이 모두 D・E로 향상도가 낮았다. 청취에서는 母音과半母音、ザ行과ジャ行, 발음에서는 ザ行과ジャ行、撥音＋母音・半母音은 난이도가 높고 향상도가 낮기 때문에, 학습자에게 있어서 습득하기 어려운 음이라고 말할 수 있다.

발음에 대한 조사 결과를 학습 항목별로 그래프로 나타내면, 다음과 같다.

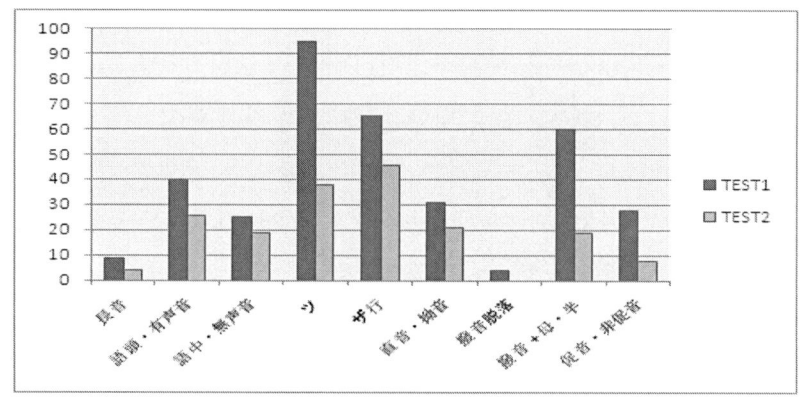

〈그래프 1〉 학습항목별 발음의 오용률

2. 有・無声音에 관한 조사

미니멀 페어에 의한 발음 조사에서는, 無声音에 대한 오용 중에 有声音이 되는 오용 이외에, 硬音이나 激音으로 발음되는 오용도 볼 수 있었다. 또, 오용률이 낮다고 예측되고 있던 語頭의 無声音이나 語

中의 有声音에 있어서도 많은 오용사례를 볼 수 있었다. 따라서, 有声音과 無声音의 발음에 관한 오용 조사를 실시했다[2].

조사 대상자는, 덕성여자대학교 일어일문학과 3 학년 학생이고, 간단한 청취 조사를 하여, 有声音과 無声音을 올바르게 구별할 수 있는 학습자 20명을 대상자로서 선택했다. 발음 조사는 1993년 5월 10일과 30일 2회로 나누어 행하여, 有声音과 無声音의 미니멀 페어 127문을 작성하고, 문장 레벨 및 단어 레벨에 대해 조사하였다. 조사 결과는 다음과 같다.

〈표 2〉 有声音과 無声音의 발음 오답률(誤用調査 II)

	文章 레벨			単語 레벨		
	回答数	誤答数	誤答率(%)	回答数	誤答数	誤答率(%)
語頭의 無声音	1,400	199	14	1,400	218	16
語中의 無声音	1,140	150	13	1,140	153	13
語頭의 有声音	1,400	249	18	1,400	273	18
語中의 有声音	1,140	90	8	1,140	91	8

오답률이 높았던 순서대로 나열하면, 語頭의 有声音, 語頭의 無声音, 語中의 無声音、語中의 有声音으로, 이 순서는 문장 레벨에서도 단어 레벨에서도 변하지 않았다. 또, 예상과 달리, 오답률은 문장 레벨과 단어 레벨에서 거의 같았고, 語頭의 無声音에서는 단어 레벨 쪽이 약간 높았다. 語頭의 無声音인 경우, 일본어에서는 긴장된 약한 有気音이 되지만, 한국어에서는 이완된 無気音이기 때문에, 일본인에게는 같은 이완음(弛緩音)으로 無気音의 有声音으로 들리는 경우가 있다. 語中

---

2 본고의 조사는, 酒井真弓(1993)「日本語の有声音と無声音に関する発音上の問題点と誤謬の傾向」晩光朴熙泰教授停年退任記念論叢 p.437-474 을 바탕으로 일부 수정·정리한 것이다.

의 無声音의 오용률은 모두 13%였다. 다만, 오용이 나타나는 경향에는 차이가 있었다. 無声音의 오용에는, 有声音化, 硬音化, 激音化 세 개의 경우가 보여지므로, 이것을 그래프로 나타내 보았다.

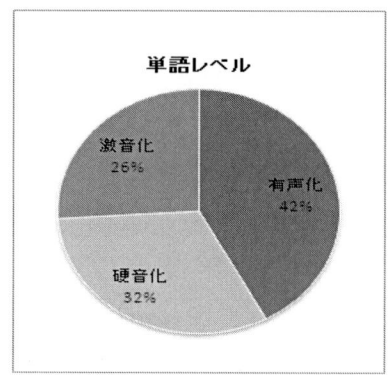 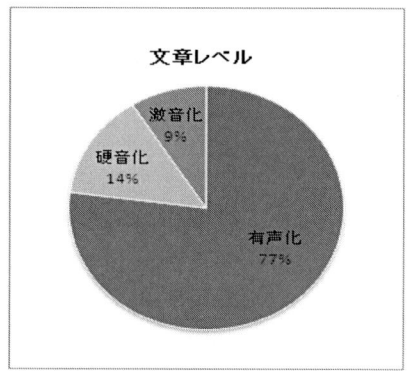

〈그래프 2〉 語中의 無声音 오용의 경향

語中의 無声音의 오용은, 문장 레벨·단어 레벨 모두 有声音化가 가장 많아, 각각 77%와 42%이고, 그 다음 硬音化의 오용이 14%와 32%, 激音化의 오용이 9%와 26% 순 이였다. 단어 레벨에서는 有声音化의 오용이 77%로 높아지고 있는데 비해, 문장 레벨에서는 有声音化의 오용이 가장 높기는 했지만, 42%에 머무르고 있어 硬音化·激音化의 오용의 비율이 문장 레벨에 비해 높아지고 있었다.
　이것은 단어 레벨에서는, 학습자가 신경써서 발음하기 때문에, 語中의 無声音이 有声音化하는 것을 피하려고 의도적으로 硬音 또는 激音으로 발음한 것이라고 생각할 수 있다. 즉, 오용의 패턴이 有声音化로부터, 硬音化·激音化로 이행했다고 볼 수 있겠다. 이것은 既習者에게도 자주 볼 수 있는 현상이다. 語中의 無声音을 硬音으로 발음하면, 폐쇄 시간이 길어지기 때문에, 촉음이 삽입되어 있듯이 들린다.

3. 스피치에 의한 발음조사

미니멀 페어에 의한 조사에서는, 두 개의 단어의 차이에 신경쓰면서 하나하나 읽어 내는 것이 가능하다. 여기서 문장 안, 그것도 보다 자연스러운 회화에 가까운 형태로 발음했을 경우에는, 또 다른 결과가 나오는 것은 아닐까 생각하여 스피치에 의한 조사를 실시했다[3].

조사 대상자는 덕성여자대학교 일어일문학과 4학년 15명으로, 1995년 5월 30일과 31일 이틀에 걸쳐서 발표한 스피치를 카세트 테이프에 녹음해, 이것을 재생해 오용을 추출했다. 스피치는 3분 이내의 자유로운 테마로 하고, 자연스러운 속도와 올바른 발음에 유의하도록 지시했다. 이 조사의 목적은 오답률의 측정이 아니라 자연스러운 發話에 있어서의 오용의 경향을 조사하는 것에 있다. 따라서, 오용을 추출할 때, 의미의 弁別이라고 하는 점에서는 문제가 없어도, 정확한 일본어의 발음이 아니라고 생각되는 것은 모두 추출했다.

일본어의 음절로서 인정되고 있는 103개의 음절 가운데, 조사 자료의 스피치에 나타나지 않아 조사할 수 없었던 음절은 12개[4]로, 모두「子音＋半母音＋母音」으로부터 나는 음이었다. 이것들은 모두 주로 외래어나 의성어·의태어에 나타나는 음절로, 출현 빈도도 낮기 때문에 문제 삼지 않았다. 스피치에 나타난 오용의 수와 출현율은 다음의 표 3과 같다[5].

---

3 본고의 조사는, 酒井真弓(2006)「韓国人学習者の日本語音声に関する研究」博士論文 韓国外国語大学校, pp.29-35를 바탕으로 일부 가필·수정한 것이다.
4 조사자료에 나타나지 않은 음절은 다음의 12음이다.
  「ぎゃ、にゅ、にょ、ひゅ、ぴゃ、ぴゅ、ぴょ、びゃ、びゅ、みゃ、みょ、りゃ」
5 출현율은 400자 원고용지에 나타난 오용의 수를 말한다. 스피치의 총 음절수 17172음절을 400자로 나누면 원고용지 42.93장이 된다. 따라서, 출현율은 오용 수를 이것으로 나누어 산출했다.

〈표 3〉 스피치에 나타난 오용의 수와 출현율

	誤用의數	出現率		誤用의數	出現率
語頭의[k,t,tʃ,p]	65	1.51	/h/	60	1.40
語中의[k,t,tʃ,p]	519	12.07	子音+[j]	62	1.44
語頭의[g,d,dʒ,b]	66	1.53	/n/	50	1.16
語中의[g,d,dʒ,b]	22	0.51	/m/	29	0.67
促音/Q/	125	2.90	/r/	24	0.56
長音/R/	71	1.65	/s/	60	1.40
短音의長音化	88	2.05	半母音/j,w/	14	0.32
撥音/N/	88	2.05	母音	157	3.65
[dz]	35	0.81	子音+[i]	124	2.89
[ts]	49	1.14	誤用總數	1,708	9.94

語頭의 [k,t,tʃ,p]는 語頭의 無声音에 대한 오용으로, 気音이 없어 有声音인지 無声音인지 애매하게 들린 것(例-友達、国際、血)이 47개, 11개가激音, 7개가硬音이었다. 語中의 [k,t,tʃ,p]는 語中의 無声音에 대한 오용으로, 이 중 259개는 有声化(例-韓国人→かんごくじん、女性たち→女性だち), 10개는 激音化(例-痛い、生活、その時)였다. 또 250개는 無声音을 硬音으로 발음했기 때문에, 促音이 삽입되어 있는 것처럼 들린 경우(例-かくす→かっくす、事件→じっけん)이다. 語頭의 [g,d,dʒ,b]가 無声化돼 버린 오용(例-大胆→たいたん、学生→かくせい)이 66개, 語中의 [g,d,dʒ,b]는 有声化가 약하고 애매하게 들린 것(例-我が国→わかくに、制度→せいと)이 22개 있었다.

促音·長音·撥音의 오용은, 각각 促音(例-気づかなかった、夫、実習)이 125개, 長音(例-高校生、交通、病院)이 71개, 撥音(例-四年生、伝統的、日本人)이 88개로, 이것은 脱落하고 있거나 또는 지속 시간이 짧아서 리듬이 흐트러져 있는 것처럼 들린 것이다. 短音의 長音化는 88개로, 모음의 지속 시간이 길게 長音처럼 들렸을 경우(例-女性→じょ

うせい、種類→しゅうるい)이다.

[dz][ts]는 ザ行과 ツ의 오용으로 ザ行이 ジャ行으로 들리는 오용(例-雜誌→じゃっし、自然→しじぇん)이 35개, ツ가 チュ 또는 トゥ와 같이 발음되고 있는 오용(例-真実、突然)이 49개 있었다.

/h/는 語中에서 약화되기 때문에 母音과 같이 들리는 오용(例-日本、おはよう)과 /hi,hu/를 [çi,ɸɯ]가 아닌 [hi,hu]라고 발음하고 있는 경우(例-人、増えて、ひかれます)가 60개였다.

子音+/j/는 拗音으로, 이것과 半母音 /j,w/의 오용은 /j,w/를 [i.u]+母音과 같이 발음하고 있기 때문에, 1モーラ보다 길어지고 있는 경우(例-曲、授業、今日は)가 각각 62개, 14개였다.

/n//m/는 破裂音化해서 /d//b/와 같이 들리는 경우(例-涙、まだ、内容)로 각각 50개와 29개. /r/는 巻き舌가 되어 있는 경우(例-心、暮らし、適齢期)로 24개 볼 수 있었다.

/s/는 [ʃi]가 [si]로 되는 것 (例-心配、多いし)이 전체의 62%에 해당하는 37개였고, 22개가 [ʃi]에서 마찰음이 약화되는 것(例-走る、話)이었다. 일본어에서는 /hi/가 [çi]로 /si/가 [ʃi]로 발음되어 子音+[i]의 /ki, zi, ci/도 硬口蓋化하지만, 軟口蓋音으로서 발음되어 부자연스러운 경우 (例-適当、日本人)가 124개 있었고, 특히 母音의 無声化가 일어나는 환경에서 나타났다.

母音의 오용은, /ei/ /ou/와 같은 母音의 연속을 [e :][o :]라고 장음으로서 발음하지 않고, 그대로 [ei] [ou]라고 발음하는 오용(例-人生、きれい、拘束)이, 각각 71개와 38개 있었다. 그 밖의 母音의 연속 /aa/ /ii/ /uu/ /ee/ /oo/가 장음으로서 발음되지 않은 오용(例-いい、おおきい、空気)이 6개 있었다. 따라서, 母音単音의 오용은 42개로, 그 내역은 [ɛ]을 [e]라고 발음하는 오용(例-あえて、季節)이 17개, [u]와[o]를 각각 円唇化하고 있는 오용이 13개·3개있었다.

조사 결과를 학습 항목별로 정리하고, 2시간씩 7회에 걸쳐서, 分節音의 해설 및 연습을 한 후에 행한 오용 조사[6] 결과와 함께 그래프로 나타내면, 다음의 그래프 3와 같다.

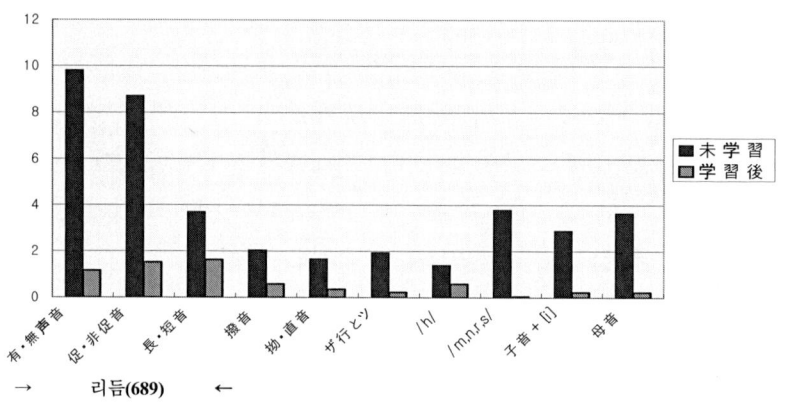

〈그래프 3〉 학습항목별 미학습자와 학습자의 오용 출현율

미학습자의 학습 항목별 오용 조사의 결과를 보면, 特殊拍(促音·撥音·長音)과 直音·拗音의 오용, 즉 리듬에 관한 오용을 합하면 689개가 되어, 전체 오용의 40%를 차지하고 있다. 또, 스피치를 400자 원고용지로 환산하면, 1페이지 당 16군데, 1행에 1.5군데에 이른다. 이것이 2.1의 미니멀 페어에 의한 조사와는 크게 다른 점이다. 즉, 리듬에 관한 것은 미니멀 페어만으로는 습득할 수 없다라는 것이다. 학습 후의 오용 조사에서는, 대부분의 항목에서 오용이 크게 줄어 학습 효과가

---

6 이 조사는 2007년 12월 20일~2008년 2월 25일에 발음향상프로젝트의 일환으로 실시한 조사이고 피험자는 덕성여자대학교 일어일문학과 학생 12명이다. 두 개의 조사는 동일한 피험자가 아니기 때문에 종단적 조사라고는 할 수 없지만, 피험자의 학습환경이나 조건 등, 유사점이 많다는 점에서 비교할 가치가 있다고 생각된다.

크다는 것을 나타내고 있지만, 리듬에 관한 오용은 아직 남아 있다. 이것으로 리듬을 습득하는 것이 어렵다는 것을 알 수 있다.

다음의 그래프는 학습 전과 학습 후의 無声音의 지속 시간에 대한 변화를 나타낸 것이다.

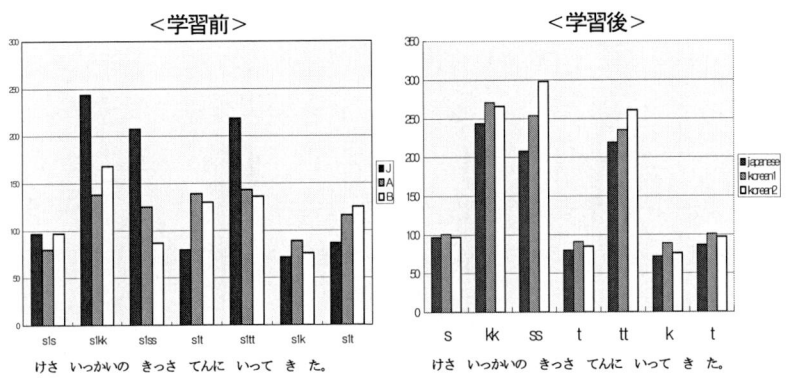

〈그래프 4〉 促音과 非促音의 学習前과 学習後의 持続時間

왼쪽이 일본인, 한가운데와 오른쪽이 한국인 학습자의 無声音 지속 시간이다. 학습전은, 無声音 즉 非促音의 지속 시간이 한국인 학습자 쪽이 일본인보다 길다. 이것은 子音의 폐쇄 시간이 길어지고 있기 때문이라고 생각할 수 있고 促音으로 들릴 가능성이 높다. 반대로 促音의 지속 시간은 일본인보다 훨씬 짧기 때문에, 非促音으로 들릴 가능성이 있다. 학습 후의 그래프를 보면, 한국인 학습자의 非促音의 지속 시간은 짧아지고, 促音의 지속 시간은 길어져, 일본인과 거의 같거나 오히려 약간 길다. 長音·促音·撥音과 같은 mora音(モーラ音)은 소리의 길이를 조심하는 것보다도, 단어나 문장 단위로 리듬에 주의해서 발음하는 연습이 효과적이다.

Ⅲ 악센트와 인터네이션(intonation)

1. 악센트 조사

　악센트의 종단적 조사는, 2007년 8월 9일~10월 27일에 실시한 음성 교육 프로젝트의 일환으로서 이루어졌다. 기간 중에 120분 12회의 음성 지도를 실시하고, 악센트의 청취와 발음의 습득을 조사하기 위해서 청취·발음 조사를 각각 6회 실시했다. 피험자는, 21세부터 27세까지의 서울(경기도를 포함)方言話者 14명(남자 3명, 여자 11명)으로, 초급 학습자 2명, 중급 학습자가 5명, 상급 학습자가 7명이다. 또, 조사 전에 앙케이트를 실시한 결과 피험자 모두가 일본어 악센트에 대한 지식이 거의 없었다.
　조사어는 매회 다른 것으로 했으며, 2음절에서 5음절까지, 0·1·2·3·4형의 악센트를 가지는 말을 선정했다. 학습 이전의 発話 조사에서는 단어에 악센트 기호를 붙이지 않았지만, 2회째 이후의 조사에서는 단어에 악센트 기호를 붙여 두었다. 학습자에게는 프린트를 건네주고, 10분 정도 시간을 주어 연습을 시키고 나서 녹음했다[7].
　정답률(%)을 그래프로 하면 다음과 같다[8].

7　녹음은 ZOOM 사의 H4 Handy Recorder를 사용하고, 평가는 음성편집 소프트 Cool Edit Pro로 재생한 것을 필자가 귀로 듣고 실시하였다. 평가할 때에는 고저의 폭이 작은 경우와 어미가 약간 올라가는 등 부자연스러운 점이 있는 것도 오답으로 처리하였다.
8　李敬淑·酒井真弓(2008)「韓国語母語話者による日本語アクセントの生成及び知覚に関する縦断的研究」『2008年日本語教育国際研究大会予稿集』

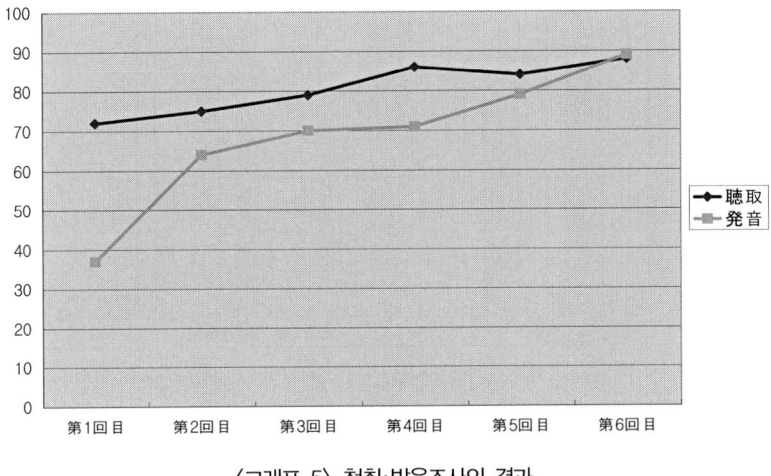

〈그래프 5〉 청취·발음조사의 결과

　청취 조사·발음 조사 모두 향상한 것을 알 수 있다. 청취 조사의 제1회째 정답률은 72%였지만, 제6회째에는 88%로 16% 향상했다. 제1회째 정답률이 72%로 의외로 높았던 것은, 악센트 기호를 붙이는 방법을 학습하는 단계에서, 이미 악센트 청취를 어느 정도 할 수 있게 되었다는 것을 나타낸다. 이것으로부터, 악센트 청취는 연습을 통해 쉽게 습득할 수 있다는 것을 알 수 있다.

　또 발음 조사의 제1회째 정답률은 37%였지만, 제6회째에는 89%로 52% 향상했다. 다만, 발음 조사의 제1회째는 악센트 기호가 붙어 있지 않은 단어를 발음한 것이며, 제2회째 이후는 악센트 기호를 붙여 이것을 올바르게 발음할 수 있는지를 본 것이다. 덧붙여서 제2회째의 정답률은 64%로, 제2회째와 비교해도 25% 향상하였다.

　다음의 그래프는 초급·중급·상급별로, 1회째, 2회째, 6회째의 조사 결과를 비교한 것이다.

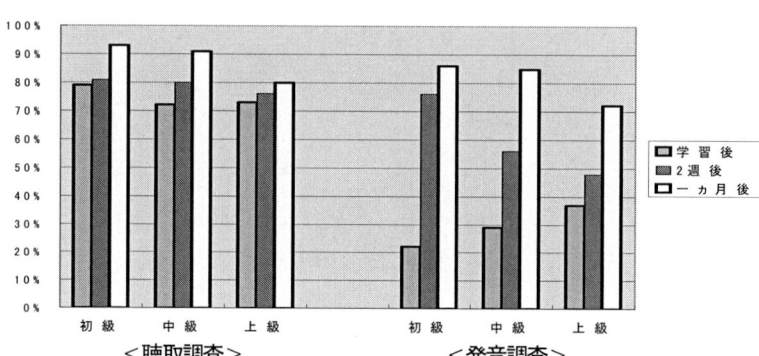

〈그래프 6〉 일본어능력별로 본 악센트의 발음조사결과

　　악센트의 습득에는 개인차가 보였지만, 그래프 6을 보면 알 수 있듯이 악센트를 학습하기 전에는 상급자 쪽이 정답률이 높았다. 학습한 후에는 초급·중급자 쪽이 정답률이 높았고, 특히 초급자의 향상도가 높은 것이 밝혀졌다. 또, 악센트의 습득이 어렵지 않다는 것이 밝혀졌지만, 단어를 외울 때에 항상 악센트를 듣고 기억하는 습관을 몸에 익히는 것이 무엇보다도 중요할 것이다. 악센트 교육은 초급의 빠른 단계에서 시작하지 않으면 안 된다고 말할 수 있겠다. 발음 조사에서 알 수 있었던 한국인 학습자의 악센트 특징은 다음과 같다.

한국인 학습자의 악센트의 특징

① 高低의 差가 매우 작다.
② 音節語의 頭音이 母音·鼻音·流音의 경우, 제 1음이 낮게 발음된다.
　　例. 水、明日、恋愛、命、みかん、ラーメン、頭、あたたかい
　　頭音이 破裂音·破擦音에서는 불균일하다는 것을 알 수 있었다.
③ LHLL 또는 HHLL과 같이, 두 번째 박자에 악센트의 核이 있는 경우가 많다.
④ 첫 번째 박자와 두 번째 박자에 같은 높이로 발음되는 경우가 있다.
　　例. たかい(高い)→HHL
⑤ 特殊拍을 포함한 단어에서는, 特殊拍에 악센트의 核이 있는 경우가 많다.
　　(일본어에서는 特殊拍이 핵이 되는 경우는 없다)
　　例. けんり(権利)→HHL、きゅうきゅうしゃ(救急車)→LHHHL

⑥ 마지막 拍内에서 높이가 변화하는 경우가 있다.
⑦ 拍数가 많은 단어나 복합어에서는, 내림세가 두 개 있거나 한 번 내려갔다가 다시 올라가는 경우가 있다.
  例　ひらがな→LHL다시L、あたたかい→LHLHH

또, 악센트 습득 과정에서는, 다음과 같은 문제점을 볼 수 있었다.
⑧ 頭高型에서는 첫번째 박자를 부자연스럽게 높게 발음해 버리는 경우가 있다.
⑨ 平板型에서는 마지막 拍内에서 상승하는 경우가 있다.
⑩ ⑦과 같은 발음이 약간 증가했다.

2. 악센트와 인터네이션

한국인 학습자의 인터네이션에 대해서는, 높낮이가 없고 평탄하게 발음되는 경향이나 文末의 인터네이션의 오르내림이 없는 것 등이 자주 지적된다. 여기에서는, 악센트를 학습함으로써, 피험자의 平叙文의 인터네이션이 어떻게 변화했는지, 피험자의 피치(pitch) 곡선을 무작위로 추출해 조사해 보았다.

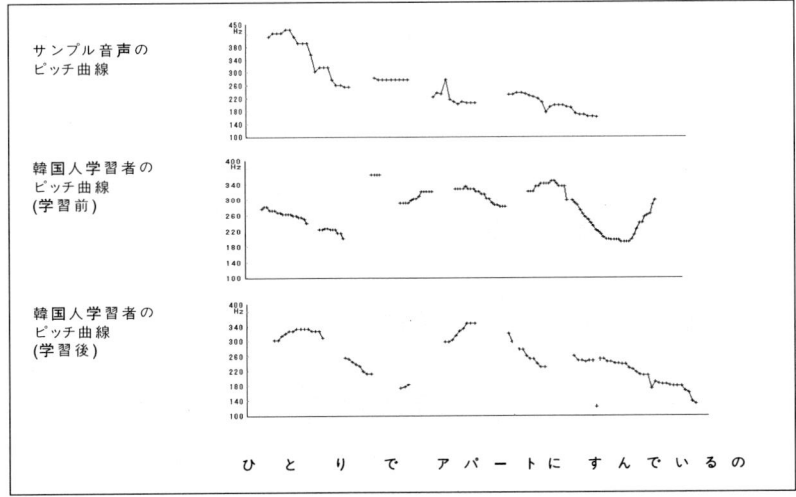

〈그림 1〉 平叙文의 인토네이션

학습 후, 악센트는 개선이 되었지만, 일본어 인터네이션의 특징인
「〳」字型 인터네이션이 아니기 때문에「아파트에」가 강조된 것처럼
들린다.
　「〳」字型 인터네이션을 학습한 후, 다음과 같이 변화했다.

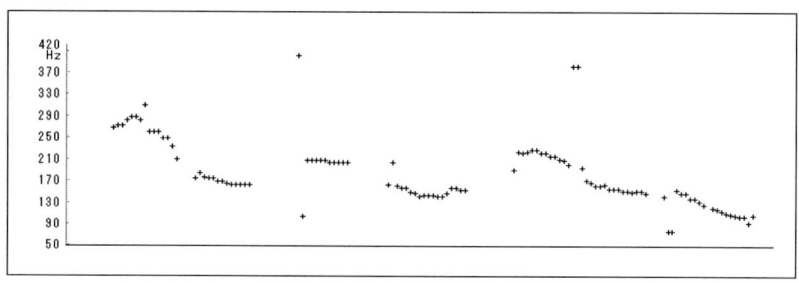

〈그림 2〉「〳」**字型** 인터네이션 학습후

따라서, 악센트 학습은「〳」字型 인터네이션과 동시에 행해지는 것
이 바람직하다고 말할 수 있다.

Ⅳ 맺음말

　본고는 필자가 지금까지 행한 오용 조사의 결과를 정리해, 한국인
일본어 학습자의 청취・발음에 있어서의 문제점을 명백히 함과 동시에,
종단적 조사를 실시해 학습자의 습득 과정에 대해서도 분명히 하려는
것이다.
　종단 조사를 실시할 경우, 피험자에게 어떠한 교육을 하느냐에 따
라, 그 결과가 바뀌게 된다. 필자가 시험적으로 행한 음성 교육 프로젝
트에서는, 120분×12회에 걸쳐 소인원수 클래스에서 음성 교육을 실시

했다. 그 결과는 본고에서도 언급한 바와 같이, 상당한 성과를 볼 수 있었다고 말할 수 있다. 즉, 본고에서 가장 말하고 싶었던 것은 음성 교육의 가능성과 필요성이라고 할 수 있다.

또, 본고의 목적은 효율적인 음성 교육의 방법과 교재작성의 기초를 확립하는 것이며, 교육방법과 교재작성에 대해서는 향후의 과제로 삼고 싶다.

참고 문헌

鮎沢孝子(1999)「中間言語研究-日本語学習者の音声」音声研究 第3巻 第3号, p.4-12
梅田博之(1983)『韓国語の音声学的研究』蛍雪出版社
河野俊之他(2004)『一日10分の発音練習』くろしお出版
酒井真弓(1992)「聴解・発音における難易度および向上度の測定とその分析」碩士学位論文 韓国外国語大学校教育大学院
_____(1993)「日本語の有声音と無声音に関する発音上の問題点と誤謬の傾向」『晩光朴熙泰教授停年退任記念論叢』, pp.437-474
_____(1995)「日本語のモーラ音と発音上の問題点」『日教展望第1号』韓国外国語大学校 教育大学院, pp.29-45
_____(2006)「韓国人学習者の日本語音声に関する研究」博士論文 韓国外国語大学校大学院
_____(2007)「発音指導法としてのシャドーイングの効果に関する一考察」『日語日文学研究第61輯1巻』, p.159-176
_____(2008)「韓国語母語話者のための音声教育シラバスに関する一考察」『日本文化研究27호』동아시아일본학회, p.93-119
戸田貴子(2003)「外国人学習者の日本語特殊拍の習得」『音声研究』第7巻 第2号, pp.70-83
戸田貴子(2004)『일본어 발음 레슨』도서출판 넥서스
中川千恵子(2000)「上級学習者を対象としたプロソディー教育の実践」『日本語教育と音声』, pp.14-18
_____(2001)「『へ』の字型イントネーションに注目したプロソディ指導の試み」

「日本語教育110」, pp.140-149
松崎寛(1999)「韓国語話者の日本語音声-音声教育の観点から」『音声研究第 3巻 第 3号』日本語音声学会明治書院, pp.303-331
_____(2004)「音声・音韻の対照言語研究の成果の活用」『文化庁日本語教育大会第 二分科会』, 2004
閔光準(1987)「韓国人の日本語の促音の知覚について」日本語教育62号, pp.179-193
_____(1989)「韓国語話者の日本語音声における韻律的特徴とその日本語話者による評価」『日本語教育68号』日本語教育学会, pp.175-188
_____(2000)「韓国人学習者の日本語の発音に見られる非促音の促音化について」『日本文化学報 第9輯』, pp.63-80
水谷修 他(1990)『日本語音声学』くろしお出版
李敬淑・酒井真弓(2008)「韓国語母語話者による日本語アクセントの生成及び知覚に関する縦断的研究」『2008年日本語教育国際研究大会予稿集』
이재강(1998) "한국어와 일본어의 모음에 관한 실험음성적 대조 분석" 서울대학교대학원 언어학과 문학박사학위논문
_____(1999) "파열음 계열의 일본어 촉음에 관한 한국인과 일본인의 지속시간 연구" 언어연구 19권, pp.99-106
민광준(2000) "일본어 음성교육 연구의 현황과 과제;분절음을 중심으로" 日本語学시리즈 1-日本語学 現況과 課題, pp.7-48
朴熙泰(1985) "日本語音의音響音声学的実験에 의한一考察"「日本文化研究」創刊号
_____(1987) "韓日両国語音의動態口蓋図에 의한 一考察" 日本文化研究会 韓国外国語大校, pp.37-65
_____(1993) "韓日両国語의 音韻 및 音声学的対照考察" 韓国外国語大学校論文集 第26輯

일본어학과 일본어교육 2 음운·음성

최적성이론으로 본 일본어의 음운
- 어종에 따른 소리분포의 비대칭성 -

손 범 기*
한국외국어대학교 강사

I 머리말

음운론은 말소리의 체계적인 조직을 연구하는 학문이다. 구조주의 언어학의 음운론은 특정 언어의 음소 체계의 연구에 중점을 둔 것에 반해, 노엄 촘스키와 모리스 할레(N. Chomsky and M. Halle, 1968)에서 출발한 생성음운론(Generative Phonology)은 음절, 모라, 변별자질 등의 언어 단위를 바탕으로 여러 언어에서 관찰되는 음운현상을 설명하여 언어의 보편성과 특수성을 논하였다. 이러한 생성음운론의 성과는 1993년에 알란 프린스(Alan Prince)와 폴 스몰렌스키(Paul Smolensky)에 의해 제창되고, 이후 1995년 1999년에 존 매카시(John McCarthy)와

---
* 孫範基 : 韓國外國語大学校

프린스(Prince)의 연구로 보다 발전된 최적성이론(Optimality Theory; 이하, OT)에도 계승되었다. 물론 OT는 생성음운론의 한계를 극복하기 위하여 제창된 이론으로 생성음운론과는 다른 방식으로 말소리를 분석함으로써 여러 언어의 보편성과 특수성을 보다 명확히 할 수 있었다. 이는 OT의 가장 큰 특징인 기저의 풍요성(Richness of the Base; 이하, ROTB)에 기반한 입력형의 설정과 개별언어의 입력에 대한 출력의 사상(mapping)을 보편제약의 집합의 우선순위가 개별언어마다 다르다는 것에 바탕을 두기 때문이다.

본고는 이러한 OT의 특징을 바탕으로 일본어의 어종에 따른 소리 분포의 비대칭성을 설명하고자 한다. 일본어의 소리의 분포의 설명에 있어 중요한 요소인 음소는 전통적으로 학자간의 이견이 있고, 제임스 매컬레이(James McCawley, 1968)나 로랑스 라브류느(Laurance Labrune, 2012) 등의 서구 언어학자들은 일본어는 어종에 따라 음소의 분포가 다르다고 논하고 있어 일본어의 음소의 체계가 명확히 확립되어 있지 않다고 할 수 있다. 하지만 OT는 ROTB에 기반을 두기 때문에 개별언어의 분석에 있어서 유의미한 소리인 음소를 설정할 필요 없이 제약의 상호작용만으로 표면에 나타나는 소리의 분포를 설명할 수 있다. 본고는 일본어의 어종에 따른 夕행과 관련된 음의 분포에 주목하여 OT의 제약으로 설명하겠다. 이러한 OT의 설명방식은 개별음의 분포에만 적용되는 것이 아니다. 일본어는 어종에 따른 소리의 배열이 다름을 볼 수 있는데, 이러한 개별언어의 유의미한 음의 연쇄는 종래에는 음소배열규칙(phonotactics) 또는 형태소구조제약(Morpheme Structure Constraint) 등에 의한 것으로 설명되지만, OT에서는 이러한 음배열도 별도의 기저에 대한 제약이 없이 표면지향적인 제약간의 상호작용만으로 설명이 된다. 본고는 OT에 기반을 둔 이토 준코와 아민 메스터(Junko Ito and Armin Mester, 1995 ; 1999 ; 2008)의 논의를 바탕으로 어종에 따른 소리분포의 비대칭성을 설명하겠다.

본고의 구성은 다음과 같다. 2장에서는 OT에 대한 간략한 개설을 하겠다. 3장에서는 일본어의 어종에 따른 소리분포의 비대칭성을 제시하겠다. 4장에서는 OT의 틀에서 일본어의 소리분포의 비대칭성을 분석하겠다. 그리고 5장을 마무리를 하겠다.

II 최적성이론

OT는 프린스와 스몰렌스키(Prince and Smolensky, 1993/2004)가 제창한 문법모델로서,[1] 음운론뿐만 아니라 형태론, 통사론, 의미론, 화용론, 사회언어학, 역사언어학 등의 다양한 연구에 적용되고 있다. OT는 언어의 보편성과 경험적으로 나타나는 언어유형들을 형식적으로 다룬다는 면에서는 생성문법의 성과를 계승, 발전시켰다고 할 수 있다. 하지만, 개별언어에 특화된 변형규칙들을 직렬로 배열하여 기저형(Underlying Representation)에서 표면형(Surface Representation)으로의 도출을 설명하는 기존의 생성음운론과 달리, OT는 인지과학의 연결주의(Connectionism)의 영향을 받아 기존의 변형을 파기하고 입력형(input)과 출력형(output)의 연결망을 보편적 제약의 우선순위(ranking)만으로 논의한다는 점에서 근본적인 차이를 보이고 있다. 이하에서는 OT의 구조에 관해서 간략하게 개관하겠다.

OT는 다음과 같은 3가지 부문으로 구성되어 있다. 첫 번째는 임의의 입력형로부터 가능한 출력형(후보)의 무한집합을 생성하는 생성부문(Gen(erator)), 두 번째는 언어형식에 부과되는 보편제약(con(straint))

---

1 여기에서 말하는 문법은 광의의 개념으로 자연언어에 내재되어 있는 규칙성 또는 체계의 총체를 뜻한다.

의 유한집합을 구성하는 제약부문(Con(straint)), 세 번째는 그 제약집합을 사용하여 출력형의 무한집합을 평가(제약에 위반하는 것을 배제)하면서 최적의 출력형(output$_{opt(imal)}$)을 선택하는 평가부문(Eval(uator))이다. 단, 평가에 사용되는 제약의 집합은 개별언어 별로 정해진 우선순위로 서열화되어 있어, 여기에서 개별언어의 다양성이 나타나게 된다. 다나카 신이치(田中伸一, 2011)는 OT의 구조와 실제언어분석에 쓰이는 형식을 <표 1>과 같이 정리하고 있다.

〈표 1〉 OT의 구조와 언어분석

보편문법	생성부(Gen) /input/ → {out$_1$, out$_2$, out$_3$, ⋯ out$_\infty$}	제약부(Con) {con$_1$, con$_2$, ⋯ con$_{n-1}$, con$_n$}		평가부(Eval) {out$_1$, out$_2$, out$_3$, ⋯ out$_\infty$} → [out$_{opt}$]	
개별문법		서열화 con$_1$ >> con$_2$ >>⋯>> con$_n$			
언어형식의 평가	평가표의 스키마: /input$_1$/ → {out$_1$, out$_2$, out$_3$, ... out$_\infty$} → [out$_1$] (= [out$_{opt}$])				
	/input$_1$/	con$_1$	con$_2$	⋯	con$_{n-1}$	con$_n$
	☞ out$_1$		*	*		*
	out$_2$	*!			*	
	out$_3$		**!	*		*
	⋮		*	**!		
	out$_n$		*	*	*!	

개별언어의 분석은 위와 같은 평가표(tableau)를 사용한다. 위의 평가표의 스키마는 대상언어에 보편적 제약이 서열화된 con$_1$ >> con$_2$ >>⋯>> con$_n$을 바탕으로 입력형 input$_1$로부터 생성된 {out$_1$, out$_2$, out$_3$, ... out$_\infty$}가 어떻게 평가되어 후보 out$_1$이 최적의 출력형(out$_{opt}$)으로 선택(☞) 되었는지 표시되어 있다. >>의 왼쪽에 위치한 제약은 오른쪽에 위치한 제약보다 우선순위가 높아서 해당제약을 위반(*)하는 출력형은 그 시점에서 치명적(!)이 되어 이후의 제약에서는 음영( )으로 나타낸

것처럼 평가에서 배제된다. 그리고 평가는 다른 출력후보와 비교에 의해 상대적인 우열이 정해지므로 위반의 개수도 중요하다.

제약부문의 보편제약은 기본적으로 출력형에 대해 위반을 부여하며 크게 유표성제약(markedness constraint; M)과 충실성제약(faithfulness constraint; F)으로 나뉜다. 유표성제약은 출력형식의 유표적인 구조나 배열 또는 유표적인 음을 배제하는 기능을 지니고, 충실성제약은 입력형을 충실하게 출력형에 반영시키기 위해 입력형과 출력형의 대응이 동일형식으로 행해지는 것을 요구하는 기능을 지닌다. 다나카 신이치(田中伸一, 2009: 145-146)는 이 두 제약의 성질을 <표 2>와 같이 정리하고 있다. 유표성제약은 특수한 발음을 피하고, 가능한 편하게 발음할 수 있도록 구조를 조정하는 것으로, 크게 화자지향의 제약이라고 할 수 있다. 이에 비해 충실성제약은 언어가 본래 지닌 다양한 음에 의한 변별능력을 발휘시켜, 발음된 음을 듣고 확실히 구별하여 이해할 수 있게 하는 것으로 청자지향의 제약이라 할 수 있다. 이는 언어학이 목표로 하는 본질적인 요소인 '보편성과 다양성', '구조와 기능', '생성과 지각', '화자와 청자'가 두 종류의 제약에 담겨져 있다는 것을 의미한다.

<표 2> 제약의 성질

유표성제약	충실성제약
유표성의 배제	변별성의 확보
언어형식의 일양성	언어형식의 다양성
언어구조와 관련	언어기능과 관련
조음노력의 최소화	변별능력의 최대화
생성과 관련	지각과 관련
화자지향	청자지향

이러한 두 종류의 제약은 개별언어의 평가부문에서의 지배관계에 의해 음운현상의 적용 및 저지가 설명된다. 유표성제약이 충실성제약

을 지배할 경우(M >> F), 유표성제약이 금지하는 구조를 회피하기 위한 음운현상이 적용된 출력형이 최적의 출력형으로 선택이 된다. 반대로 충실성제약이 유표성제약을 지배할 경우(F >> M), 유표적인 구조를 회피하기 위한 음운현상이 적용된 출력후보대신 입력형과 동일한 출력후보가 최적의 출력형으로 선택되어 결과적으로 음운현상의 저지가 설명되는 것이다.

또한 OT에서는 기존의 생성음운론에 쓰이던 기저형과 표면형대신 입력형과 출력형이란 이란 용어가 쓰이고 있는데, 이러한 용어의 차이는 OT의 입력형과 기저형이란 개념에 중요한 차이가 있기 때문이다. 기존 이론에 있어 기저형에 올 수 있는 요소는 음소나 형태소 등 개별언어에 있어서 유의미한 요소뿐이었다. 이는 자연언어에 존재하는 모든 언어적 요소에서 개별언어 특유의 규칙이나 제약(형태소구조제약)이라는 여과기에 의해 선별되었기 때문이다. 하지만 이러한 기저형에 대한 여과기는 종종 도출과정의 규칙과 중복이 되는 등의 문제가 있었다.[2] 하지만 니시무라 코헤이(西村康平, 2007)에서 보다 명확히 논의되었듯이, OT에서는 (1)과 같은 기저의 풍요성이란 원리로 인해 입력형에 이러한 규칙이나 제약이 허용되지 않고, 모든 자연언어에 존재하는 가능한 입력의 집합이 동일한 것으로 다루어진다. 즉, OT는 이전의 음운이론이 지니고 있는 개별언어에 존재 가능한 입력형(기저형)과 불가능한 입력형을 구별하는 형태소구조제약과 같은 시스템이 없는 것이다.

(1) 기저의 풍요성(Richness of the Base): 기저형의 단계에서는 어떠한 제약도 존재하지 않는다.

---

[2] 손범기(孫範基, 2009)는 일본어의 라이먼의 법칙의 예로 이 문제를 간략히 설명하고 있다.

OT는 자연언어에 있어 가능한 입력형의 집합안의 모든 요소와 개별언어의 가능한 출력형과의 관계는 개별언어에 따른 제약의 우선순위에 의해 결정되는 것으로 <그림 1>과 같이 나타난다. 여기에서 개별언어의 출력의 집합은 보편적인 입력형의 집합의 부분집합이 되는 것을 알 수 있다.

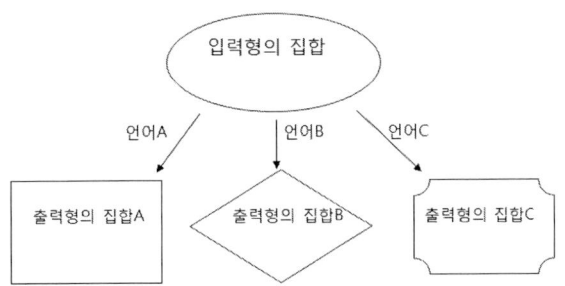

〈그림 1〉 공통의 입력형의 집합과 개별언어의 출력형의 관계

위와 같은 입력형과 출력형의 관계는 여러 언어 사이에서뿐만 한 언어 안에서도 나타날 수 있는데, 이는 앞으로 다루어질 일본어의 어종에 따른 소리의 분포에 대한 설명에서 명확해진다.

III 어종에 따른 소리의 분포

일본어의 어종에 따라서 음의 분포와 배열이 일정하지 않다. 즉, 일본어의 어휘구조에 있어 중핵을 이룬다고 할 수 있는 고유어는 음의 분포 및 배열이 보다 제한적이고 주변부에 위치한 외래어는 보다 다양한 음과 음의 배열이 허용된다는 것이다. 이러한 어종에 따른 음의 불균등성은 80년대 이래로 언어학의 주된 연구주제의 하나인 비대칭성

(asymmetry)의 전형적인 예라고 할 수 있다. 이 장에서는 夕행과 관련된 음을 중심으로 일본어의 어종에 따른 자음 분포와 음배열의 비대칭성을 보겠다.

일본어의 자음에 관한 논의로는 핫토리 시로(服部四郎, 1960, 1979)와 긴다이치 하루히코(金田一春彦, 1967)를 대표로 하는 자음소의 설정 연구가 잘 알려져 있는데, 비슷한 시기에 미국의 매컬레이(McCawley, 1968)는 생성음운론을 바탕으로 어종에 따른 소리의 분포가 다르다는 것에 대해서 논의하고 있다. 라브륜느(Labrune, 2012)는 일본어의 전체적인 자음음소를 <표 3>와 같이 제시하고 있다. 표에서 소괄호 안의 음소는 학자 간에 이견이 있다는 것을 나타내고, 중괄호 안의 음소는 최근의 외래어에만 존재한다는 것을 나타낸다.

〈표 3〉 일본어의 자음음소[3]

	양순음	치경음	경구개음	연구개음	성문음
파열음	p b	t d		k g	
마찰음	{ɸ β}	s z	(ʃ ʒ)		h
파찰음		{ʦ}	(ʧ)		
비음	m	n		(ŋ)	
반모음			j	w	
유음		r			

여기서 비탁음음소(연구개비음)를 제외한 나머지 괄호로 묶여 있는 음소들은 일본어의 어종과 관련이 있다. 매컬레이(McCawley, 1968: 62-93)는 일본어의 어종에 따른 음소의 분포를 본격적으로 논의하였는

---

3 라브륜느는 경구개마찰음과 경구개파찰음의 음성기호를 각각 정밀표기인 /ɕ, ʑ/, /tɕ/로 나타내고 있으나, 본고는 편의상 관용적으로 쓰이는 /ʃ, ʒ/, /ʧ/을 사용하겠다.

데, (2)와 같은 어종에 따른 음소의 분포를 정리하고 있다[4]. 일본어의 고유어는 (2a)와 같이 2차적 조음(secondary articulation)을 포함한 구개음과 단자음의 /p/가 음소로 분포하지 않는다. 그리고 한어는 (2b)와 같이 고유어의 자음목록에 구개음이 음소로 추가된다. 한어는 구개음과 비구개음으로 인해 의미의 변별이 이루어지므로 이러한 논의는 타당하다고 할 수 있다(예: [ho：] (法) vs. [ço：] (表), [bo：] (棒) vs. [bʲo：] (秒), [to：] (東) vs. [tʃo：] (蝶), [so：] (層) vs. [ʃo：] (賞), [do：] (同), [zo：] (象) vs. [dʒo：] (情), [mo：] (網) vs. [mʲo：] (妙), [no：] (脳) vs. [ɲo：] (尿), [ro：] (老) vs. [rʲo：] (寮)). 마지막으로 외래어에는 고유어와 한어에 나타난 자음 외에도 /p/, /ts/, /ɸ/가 음소로 추가된다(例: [piano] (ピアノ < piano)', [mo：tsaruto] (モーツァルト < Mozart)', [bene:tsia] (ベネーツィア < Venezia), [pitsa] (ピッツァ < pizza), [kɑntzo:ne] (カンツォーネ < Canzone), [ɸirumu] (フィルム < film)).

위와 같은 어종에 따른 자음음소의 분포를 집합관계로 나타내면 <그림 2>와 같이 나타낼 수 있는데, 여기서 고유어의 음소목록은 한어 음소목록의 진부분집합이고, 한어의 음소목록도 외래어 음소목록의 진부분집합을 이루고 있음을 알 수 있다. 당연히 고유어의 음소목록도 외래어 음소목록의 진부분집합을 이루고 있다.

---

4 매컬레이는 고유어, 한어, 외래어 이외에도 의성·의태어도 다루고 있지만 본고에서는 음성상징어(sound symbolism)이라는 특수성으로 인해 이를 제외하였다. 그리고 매컬레이는 무성성문파열음 /ʔ/을 음소에 넣거나, ハ행자음의 기본음소를 /p/로 보고 있지만, 본고는 이를 /ʔ/는 음소에서 배제하고 ハ행자음의 기본음소를 /h/로 설정한다.

(2) 어종에 따른 자음음소분포
    a. 고유어 :   /h, b, t, d, k, g, s, z, m, n, r, w, j/
    b. 한어 :   고유어 음소 + /ç, bʲ, tʃ, ʤ, kʲ, gʲ, ʃ, mʲ, ɲ, rʲ/
    c. 외래어 :   한어 음소 + /p, pʲ, ts, ɸ/

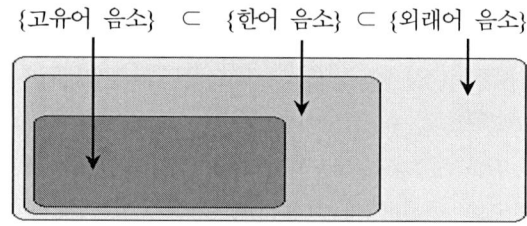

〈그림 2〉 어종에 따른 자음음소의 집합관계

물론 핫토리(服部, 1960, 1979)에서 언급한 [ottotsaN] (お父さん), [aitsa：] (あいつは), [gottso：] (ご馳走), [katso：] (鰹), [tʃitʃai] (小さい) 등과 같은 タ행음과 관련된 고유어의 존재는 매컬레이가 논의한 어종에 따른 자음음소분포의 반례가 될 수 있다. 하지만, 핫토리가 언급한 예는 속어적 의미가 부가되었거나 방언적인 요소가 포함된 단어 또는 문절(단어 + 조사)로 주변적인 요소이므로 어종에 따른 음소분포의 결정적인 반례라고는 할 수 없다. 또한, 고유어에 있어서 /i/, /u/의 앞에 분포하는 [tʃ], [ts]는 개별적인 음소라고 하기 보다는 고유어 음소 /t/의 이음으로 분석하는 것이 합리적이겠지만, 위에서 언급한 한어나 외래어의 비고모음 /a, e, o/ 앞에 분포하는 [tʃ]와 [ts]는 의미의 변별을 가져오므로 독립적인 음소라고 할 수 있겠다. 이는 어종에 따른 サ행음의 분포와 음소설정에도 동일하게 설명된다. 즉, <표 3>의 치경음과 경구개음과 관련된 괄호로 묶인 음소들은 다음과 같은 어종에 따른 음소설정과 이음분포로서 설명이 되는 것이다.

최적성이론으로 본 일본어의 음운 159

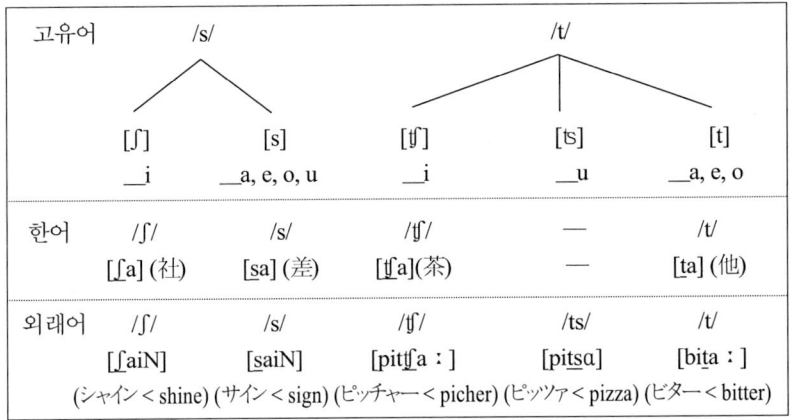

〈그림 3〉 어종에 따른 치경음, 경구개음과 관련된 음소와 이음

위와 같은 어종에 따른 음소와 이음의 설정은 '立つ'와 같은 자음어간동사의 활용과 관련된 음소설정의 문제를 피할 수 있다. 핫토리(服部, 1979)는 위와 같이 어종에 따른 음소의 구분을 두지 않는 입장에서 夕행의 자음음소로 /t/와 /c/ (본고의 /ts/)를 설정하고 있는데, '立つ'의 동사활용에서 어간말 자음음소로 /t/와 /c/을 바탕으로 /c/는 /i/나 /j/ 앞에서 이음 [tʃ]로 바뀐다는 규칙을 설정하여 /tat-anai, tac-imasu, tac-u, tat-eba, tat-ou/ (立)라는 체계를 제시하였지만, 하나의 동사에 두 가지 음소가 쓰인다는 것은 의미변별의 측면에서 받아들이기 힘들다. <그림 3>과 같이 [tʃ], [ts]를 동일 음소 /t/의 이음으로 설정하여 /tat-anai, tat-imasu, tat-u, tat-eba, tat-ou/ (立)과 같은 체계를 설정하는 것이 보다 자연스럽다고 할 수 있다.

이상은 일본어의 음소는 어종에 따라서 비대칭적으로 분포하여, 고유어에서는 음소의 설정이 매우 제한적인데 비해, 외래어는 비교적 음소설정이 자연스럽다는 것을 보여준다. 이는 일본어 어휘의 중심부에 위치한 고유어에서 오랜 세월에 걸쳐 차용된 한어와 비교적 최근에 차용된 외래어와 같이 주변적인 어휘로 갈수록 보다 다양한 음이 출현한 다는 것을 의미한다. 하지만 결국 음소라는 것도 표면의 소리의 분포를 바탕으로 설정된 것이기 때문에, 어종에 따라서 음소의 설정의 다르다는 것은 또 다른 설명의 부담이 될 것이다. 이에 비해 OT에서는 ROTB에 의해 한 언어 안의 어종에 따른 음소의 분포제약을 설정하는 장치없이, 오로지 보편적 제약의 지배라는 상호작용을 통해 음소가 아닌 표면의 음성의 분포를 다룰 수 있으므로 이러한 부담이 없다.

어종에 따른 소리분포의 비대칭성은 개별음(음소 또는 단음)에만 국한된 것은 아니다. 음의 연쇄에서도 어종에 따른 분포의 차이가 나타난다. 이토와 메스터(Ito and Mester, 1999, 2008)는 몇 가지 척도를 바탕으로 어종에 따른 분포의 비대칭성을 논하고 있다. (3)에서 그중 몇 가지를 발췌, 제시한다. 구체적으로 보면 (a) 발음(비음)과 청음(음성학적으로는 무성저해음)의 연쇄의 분포가능성, (b) 라이먼의 법칙으로 대표되는 단일형태소 내부의 복수의 탁음(유성저해음)의 분포가능성, (c) 촉음 + 탁음(음성학적으로는 유성저해음의 중자음(geminate))의 연쇄의 분포가능성, (d) 촉음을 동반하지 않은 [p] (즉, 단자음의 [p])의 분포가능성이 주요 척도이다.

   (3) 어종에 따른 음연쇄의 비대칭성
     a. 발음 + 청음(무성저해음)의 분포
       고유어: トン<u>ボ</u>(とんぼ, *トン<u>ポ</u>), カン<u>ガ</u>エ(考え, *カン<u>カ</u>エ),
            /sin/ (死, 동사어간) + /ta/ (과거형어미) → ʃin<u>da</u>, *ʃin<u>ta</u>
       한어: ゲン<u>パ</u>ツ(原発, *ゲン<u>バ</u>ツ), サン<u>カ</u>(参加, *サン<u>ガ</u>), サン<u>ポ</u>
          (散歩, *サン<u>ボ</u>)
       외래어: プリン<u>ト</u>(< print, *プリン<u>ド</u>), プリン<u>ス</u>(< prince, *プリン
           ズ), パン<u>ク</u>(< puncture, *パン<u>グ</u>)

b. 라이먼의 법칙(단일형태소 내부의 복수의 유성저해음의 분포)
고유어: フタ(蓋), フダ(札), ブタ(豚), (ブダ와 같은 단어는 존재안함)
한어:　 ダク(濁), バツ(罰), (ダグ, バヅ와 같은 단어는 존재안함)
외래어: ハンバーグ(< hamburg), バグ(< bug)

c. 촉음 + 탁음(유성중자음)의 분포
고유어: 존재안함
한어:　 /bet/(別) + /daN/(段) → ベツダン(betsudaN), *ベッダン(*beddaN)
외래어: エッグ(< egg), ベッド(< bed)

d. 단자음 [p]의 분포
고유어: ヤハリ, ヤッパリ(やはり의 강조형, *ヤパリ)
한어:　 ハッケン(発見, *パッケン) cf. シュッパツ(出発)
외래어: パン (< pão), プリンス(< prince), ポテト(< potato)

　(2a)의 발음 + 청음의 분포가능성을 보면 고유어는 이러한 분포가 허용되지 않은 반면에 한어나 외래어는 발음 + 청음의 연쇄가 나타나고 있는 것을 알 수 있다. 또한 한어, 외래어는 발음 + 청음이란 연쇄를 피하기 위해 고유어에 나타나는 청음의 탁음화(/sin + ta/ → ʃinda)와 같은 현상이 일어나고 있지 않는 것을 볼 수 있다. (2b)의 라이먼의 법칙에서도 고유어와 한어는 단일형태소 내부에 두 개의 유성저해음이 나타나지 않지만, 외래어에는 이러한 제한이 없다. (2c)도 마찬가지로 고유어와 한어에는 유성중자음은 나타나고 있지 않는 것을 알 수 있다. 특히 한어는 /t/로 끝나는 어근이 후속 어근과 하나의 단어를 이룰 때에는 일반적으로 촉음화(중자음화)가 일어나기 쉽지만(예: /bet/(別) + /keN/(件) → ベッケン(bekkeN)), 탁음(유성저해음)으로 시작하는 후속 어근이 올 경우 촉음화대신 모음 /u/가 삽입되는 것을 볼 수

있다. (2d)의 단자음 [p]의 분포도 마찬가지이다. 고유어와 한어는 'ヤッパリ'와 シュッパツ(出発)의 예와 같이 [p]는 촉음을 동반한 중자음 [pp]로만 나타날 수 있고, 이러한 환경의 [p]는 촉음이 없을 때에는 [h]로서 나타나게 된다. 이에 비해 외래어에는 촉음을 동반한 [p]와 단자음의 [p]가 자연스럽게 나타나고 있다.

위와 같은 척도는 <표 4>와 같이 각각 음연쇄 또는 단음과 관련된 제약으로 나타날 수 있는데, 여기서는 어종마다 각자의 제약을 지키느냐(✓), 지키지 않느냐(×)도 나타나 있다. <표 4>에는 어두자음군 금지라는 제약도 추가되어 있는데, 일본어는 영어와 달리 어두자음군이 허용되는 언어가 아니므로 모든 어종에서 이 제약을 지키고 있는 것을 알 수 있다.

〈표 4〉 어종에 따른 음(연쇄) 제약의 적용유무

	외래어	한어	고유어
a. 비음 뒤의 무성저해음 금지	×	×	✓
b. 라이먼의 법칙	×	✓	✓
c. 유성중자음금지	×	✓	✓
d. 단자음 [p]금지	×	✓	✓
e. 어두자음군 금지	✓	✓	✓

여기서 흥미로운 점은 고유어는 위의 다섯 가지 제약을 모두 지키고 있기 때문에 결과적으로 소리의 분포가 매우 제한적이라는 것이다. 이에 비해 한어는 (a)의 제약만을 어기고 있어 고유어에 비교해서 소리의 분포가 덜 제한적이고, 외래어는 (a-d)의 제약을 모두 어기고 있어 세 어종 중에서 가장 다양한 음의 연쇄가 나올 수 있는 것을 알 수 있다. 여기에서도 어종에 의한 음연쇄의 비대칭성이 나타나는 것이다.

이상의 논의에서 <표 4>의 내용과 (2)와 <그림 2>에 제시된 음소의 분포는 평행적 관계를 이루고 있는 것을 알 수 있다. 즉, 일본어 어휘의 중심부을 이루는 고유어에서는 개별음의 분포뿐만 아니라 음의 연쇄도 매우 제한적인데 비해, 한어나 외래어라는 어휘의 주변부로 갈수록 더욱더 다양한 개별음과 음의 연쇄가 나타나게 된다는 것이다. 이러한 일본어의 어종에 기반을 둔 어휘구조에 따른 소리 분포의 비대칭성은 언어형식의 일양성과 다양성과 관련된다. 중심부의 어휘에 나타나는 제한적인 소리 분포는 언어형식의 일양성에 가깝다고 할 수 있고, 다양한 소리 분포는 언어형식의 다양성에 가까운 개념이라 할 수 있는데, 이러한 경험적 사실은 OT의 유표성제약과 충실성제약으로 정확히 포착할 수 있다.

Ⅳ 최적성이론의 설명

앞장의 마지막에 일본어의 어종에 따른 소리 분포의 비대칭성은 언어형식의 일양성과 다양성과 관련된다고 하였다. 중심부의 어휘에 나타나는 제한적인 소리 분포는 언어형식의 일양성이 나타나는데, 이는 유표성의 배제에 의한, 음성적으로 조음하기 어려운 발음이 나타나지 않은 결과이다. 그리고 중심부에서 주변부로 갈수록 언어형식의 다양성이 나타나는데, 이는 변별성의 확보되고, 변별능력의 최대화가 일어난 결과로 해석될 수 있다. 이와 같은 내용은 <표 2>에 언급된 유표성제약과 충실성제약에 대응된다. 즉, 언어형식의 일양성, 유표성의 배제, 조음노력의 최소화는 유표성제약이 두드러진 결과이고 언어형식의 다양성, 변별성의 확보, 변별능력의 최대화는 충실성제약이 두드러진 결과인 것이다. 여기서 두드러진다는 표현은 OT에서는 지배란 개념으로 환원된다. 즉, 유표성제약이 두드러진다는 것은 유표성제약이 대립하는 충실성제약을 지배하는 것으로 환원되고(M >> F), 충실성제약이 두드러진다는 것은 유표성제약이 대립하는 충실성제약에 지배되는 것으로 환원되는 것이다(F >> M).

이토와 메스터(Ito and Mester, 1999, 2008)는 OT분석에서 어종에 따른 음(연쇄) 제약의 적용유무를 개개의 어종에 대응하는 충실성제약으로 상대화시켜 복수의 유표성제약의 우선순위 내에 개개의 충실성제약을 배치하는 것으로 (3)과 같은 어종에 따른 음연쇄의 비대칭성을 설명하였다. <표 4>의 (a-e)나타난 음(배열)제약은 (4)와 같이 보편성을 지닌 유표성제약으로 환원되는데, 이 제약들은 *CC >> *p, *DD, OCP(voice) >> *NT와 같은 우선순위로 고정된다. 그리고 각 어종에 특화된 충실성제약은 이 유표성제약의 우선순위에 사이에 위치하게 되어, 고유어에 관한 충실성제약은 낮은 위치에 랭크되고, 그보다 높은 위치에 한어에 관한 충실성제약이, 보다 높은 위치에 외래어에 특화된 충실성제약이 위치하게 되는 것이다. 이러한 어종에 따른 제약의 우선순위는 (5)와 같이 나타난다.

 (4) 유표성제약
  a. *NT: 비음 뒤의 무성저해음의 금지
  b. OCP(voice): 단일형태소 안에 복수의 유성저해음의 금지
  c. *DD: 유성저해음으로 구성된 중자음의 금지
  d. *p: 단자음 [p]의 금지
  e. *CC: 음절내 자음군의 금지
 (5) 어종에 따른 제약의 우선순위
  *CC >> Faith$_{외래어}$ >> *p, *DD, OCP(voi) >> Faith$_{한어}$ >> *NT >> Faith$_{고유어}$

여기서 고유어에 관한 충실성은 결과적으로 모든 유표성제약에 지배되게 되어 모든 유표성제약을 위반하는 고유어의 소리분포는 나타나지 않는 것이 설명된다. 그리고 한어에 관한 충실성제약은 *NT를 제외한 나머지 유표성제약에 지배되어 한어는 해당제약을 위해하지 않는 소리의 분포만이 나타나게 된다. 마지막으로 외래어와 관련된 충실성제약은 *CC를 제외한 나머지 유표성제약을 지배하게 되어, 해당제약을 위반하는 소리의 분포가 설명된다. 물론 위의 우선순위상 *CC를 위반하는 어두자음군을 지닌 외래어가 없다는 것도 알 수 있다.

일본어의 개별음의 분포도 위와 같은 방법으로 설명이 가능하다. OT에서는 어종에 구분 없이 タ행음과 관련된 입력형으로 {/ta/, /tʃa/, /tsa/}의 세 가지를 모두 설정할 수 있다. 단지 (6)에서 나타나듯이 이 세 가지 입력형에 대응하는 출력형은 어종에 따라 비대칭적이다. 이는 구개음을 금지하는 유표성제약 *tʃ와 치경파찰음을 금지하는 유표성제약 *ts이 *ts >> *tʃ와 같은 우선순위로 고정되고, 고유어에 관한 충실성제약은 *tʃ의 아래에, 한어에 관한 충실성제약은 *ts >> *tʃ의 사이에 위치하고, 외래어의 충실성제약은 *ts를 지배하게 되면 어종에 따른 소리의 분포가 설명된다. 물론 /i/나 /u/ 앞에서의 이음분포는 *ti, *tu와 같은 유표성제약이 외래어에 특화된 충실성제약을 지배하는 위치에 오면 된다. 이상을 정리하면 (7)과 같이 되는데, 이러한 제약의 우선순위는 <그림 3>에 나타난 어종에 따른 タ행음의 분포를 설명할 수 있다. 지면이 한정되어 본고에서는 평가표를 사용한 상세한 분석을 생략하도록 하겠다.

(6)　입 력 형　　　　출 력 형

　　　　　　　　고유어　한어　외래어

　　　/ta/　→　　[ta]　　[ta]　　[ta]

　　　/tʃa/　→　　—　　[tʃa]　　[tʃa]

　　　/tsa/　→　　—　　—　　[tsa]

(7) 어종에 따른 제약의 우선순위

　　　*ti, *tu >> Faith외래어 >> *ts >> Faith한어 >> *tʃ >> Faith고유어

Ⅴ 맺음말

본고는 일본어의 어종에 따른 소리 분포의 비대칭성을 OT의 제약의 지배관계를 바탕으로 설명하였다. 음소라는 개념은 개별언어의 분석에 있어서 유의미한 요소라는 것은 부정할 수 없지만, 이 또한 표면의 소리 분포를 규정하기 위해서 설정된 추상적인 요소라는 것 또한 부정할 수 없다. 음운론의 가장 중요한 목표는 표면에 나타나는 소리의 분포를 어떻게 설명하는가인데, OT는 ROTB에 의해 자연언어에 존재하는 모든 가능한 입력의 집합에서 보편적인 제약의 상호작용만으로 개별언어의 유의미한 소리의 분포를 설명, 예측할 수 있다는 점에서 아주 매력적인 이론이라 할 수 있다.

참고 문헌

金田一春彦(1967)『日本語音韻の研究』東京堂出版
孫範基(2009)「4.3.5派生理論から最適性理論へ」日本言語処理学会(編)『言語処理学事典』共立出版, pp.576-577
田中伸一(2009)『日常生活に潜む音法則』開拓社
_____(2011)「最適性理論:そのアキレス腱と原点への回帰」『日本語学』11月臨時増刊号「言語研究の新たな展開」明治書院, pp.10-20
西村康平(2007)「OTにおける基底構造をめぐって:完全指定 vs. 不完全指定」西原哲雄・田中伸一・豊島庸二(編)『現代音韻論の論点』晃学出版, pp.133-148
服部四郎(1960)『言語学の方法』岩波書店
_____(1979)『新版 音韻論と正書法』大修館書店
Chomsky N. and M. Halle(1968) The Sound Pattern of English. Harper and Row
Ito, J. and A. Mester(1995) Japanese Phonology. In John A. Goldsmith(ed.) The Handbook of Phonological Theory. Blackwell, pp.817-838
_____(1999) The Phonological Lexicon. In N. Tsujimura(ed.) The Handbook of Japanese Linguistic. Blackwell, pp.62-100
_____(2008) Lexical Classes in Japanese. In S. Miyagawa and M. Saito (eds.) The Oxford Handbook of Japanese Linguistics, pp.84-106
Labrune, L.(2012) The Phonology of Japanese. Oxford University Press
McCarthy, J. and A. Prince(1995) Faithfulness and Reduplicative Identity. In J. Beckman, L. Walsh Dicky and S. Urbanczk(eds.) UMOP 18: Papers in Optimality Theory. GLSA Publication, pp.294-384
McCarthy, J. and A. Prince(1999) Faithfulness and Identity in Prosodic Morphology. In R. Kager, H. van der Hulst and W. Zonneveld(eds.) The Prosody-Morphology Interface. Cambridge University Press, pp.218-309
McCawley, J.(1968) The Phonological Component of a Grammar of Japanese, Mouton
Prince, A. and P. Smolensky(1993/2004) Optimality Theory: Constraint Interaction in Generative Grammar. [Revision of 1993 technical report, Rutgers University Center for Cognitive Science.] (深澤はるか(訳)(2008)『最適性理論:生成文法における制約相互作用』岩波書店)

일본어학과 일본어교육
日本語学・日本語教育

2 음운・음성(音韻・音声)

分韻表를 활용한 日本漢字音 硏究 方法

이경철*
동국대학교 교수

I 머리말

한국에서의 일본인학습자는 일본어를 공부해 가면서 누구나 한국한 자음의 이런 음은 대개 일본어로 이런 식으로 읽힌다라는 대응관계를 스스로 어느 정도 깨우치게 된다. 그것은 한국한자음과 일본한자음의 주축인 吳音과 漢音이 비슷한 시기의 중국음을 받아들여 정착시켰기 때문일 것이다. 그 母胎는 5세기에서 8세기경에 해당하는 中古音에 해 당하는데, 한국한자음과 일본한자음의 비교 또는 일본한자음을 연구하 기 위해서는 그 당시의 중국음을 토대로 하지 않으면 안 된다. 이로 인해, 일본 내에서도 한국에서도 초기부터 연구의 어려움에 봉착해서

---

* 李京哲 : 東國大學校

이를 연구하려는 연구자가 드물게 되는 요인이 되는 것이다. 따라서 본고에서는 일본한자음을 어떻게 연구할 것인가? 라는 연구방법에서 가장 기본적이면서도 효율적인 하나의 방법을 소개하고자 한다. 그것은 分韻表의 작성과 활용이다.

한자음을 分韻表로 작성하면, 그 分韻表를 통해, 字音의 체계를 밝혀내는 것은 물론, 音韻體系, 音韻變化, 聲調體系, 다른 자료나 타국한자음과의 비교 등 다양한 방면에서의 활용이 가능하다.

Ⅱ 日本漢字音과 中古音

1. 日本漢字音의 제층

일본한자음은 오랜 세월에 걸쳐 중국의 한자음을 점차적으로 받아들였기 때문에 그 母胎가 된 시기와 지역에 따라 古音·吳音·漢音·新漢音·鎌倉宋音·江戸唐音으로 나눌 수 있으며, 그 밖에 慣用音이 있다. 이처럼 일본한자음은 하나의 한자에 吳音·漢音·唐音과 같은 명칭으로 불리는 각각의 다른 字音形이 전승되었으며, 각각의 체계를 가지고 있다.

古音은 중국의 中古音으로 해석할 수 없는, 즉 上古音 계통의 자음이 일본에 전달된 것이다. 萬葉仮名를 3기로 구분할 때 제1기인 推古朝에 해당하는 字音形으로, 한반도인을 통해 일본에 전래되었을 가능성이 크다. 片仮名의 字源이 되는 「州ツ, 止ト」등이 이에 해당하는데, 양적으로 극히 미미하여 체계를 이룰 정도가 안 되며, 吳音의 古層과 중복되는 면이 있다. 단지 記紀万葉의 借字表記字에는 中古音에 근거하면서도 吳音과 다른 층이 존재하고 있어 앞으로의 연구가 필요하다.

吳音은 5세기를 전후해서 중국 남부의 吳地方音이 百濟를 통해 일본에 전래된 음으로, 百濟音, 和音, 對馬音이라고도 한다. 주로 생활에 밀접한 漢語나 佛敎關係用語에 남아 있으며, 현재 일본에서 사용하는 漢字音의 약 20%~25% 정도를 차지하고 있다. 吳音은 5세기 중국 六朝期 남부의 吳地方音을 이식한 것이라고 하는 설이 유력하지만, 吳地方音을 기반으로 했다는 점이 아직 명확하게 입증된 것은 아니다. 그러나 隋의 仁壽元年(601)에 성립된 중국 中古音을 대표하는 『切韻』의 체계와 비교해 보면, 吳音이 시기적으로는 『切韻』보다 다소 앞선 前切韻的 상태를 반영하고 있으며, 공간적으로도 『切韻』이 의거한 北方標準音과는 다른 方言의 차이가 있다고 할 수 있다.

漢音은 8세기에 일본의 遣唐使들이 들여온 唐나라 長安音으로 현재 일본에서 사용하는 漢字音의 70% 이상을 차지하고 있어 日本漢字音의 중축을 이루고 있다고 할 수 있다. 漢音은 唐代 中期의 長安言을 반영한 慧琳의 『一切經音義』(788~810년 성립)의 字音體系에 가깝다고 할 수 있는데, 漢音 역시 奈良 말기에서 平安 초기에 걸쳐 점차적으로 이식·전승되었다고 할 수 있다.

唐宋音은 중국의 宋代 말기에 해당하는 鎌倉 초기에 臨濟宗曹洞宗의 入宋禪僧에 의해 이식된 宋音과 중국의 明代에 해당하는 江戶시대에 黃檗宗僧이나 譯官에 의해 이식된 唐音의 두 층으로 구별할 수 있다. 그러나 室町시대 이후의 문헌에서 이 두 계통의 자음에 대한 명칭은 엄밀하게 구별하고 있지 않다. 즉 동일한 것을 宋音이라고도 唐音이라고도 명명했던 영향으로 인해 현재 일반적으로 이 두 층을 합쳐서 唐音이라고 하며, 또한 華音이라고도 한다. 이 唐宋音은 이미 吳音·漢音이 日本漢字音으로서 정착을 완료한 후에 이식된 字音으로 禪宗 관련의 用語 등 그 사용이 극히 제한적이었기 때문에 일본어에 대한 영향은 일부 어휘에만 머물렀다고 볼 수 있다.

따라서 일본한자음의 주층은 5세기의 吳音과 8세기의 漢音이라 할 수 있으며, 이는 시기적으로 중국의 中古音에 해당한다.

2. 中古音의 시기와 체계

漢語의 시대구분은 학자마다 다소 차이가 있으며, 中古音의 시기에 대해서도 다소 차이를 보이지만, 中古音漢을 切韻音을 기준으로 하고 있다는 점에 대해서는 대부분 일치하고 있다. 日本漢字音의 吳音은 5세기 南朝音을, 漢音은 8세기 秦音을 母胎로 하고 있으며, 한국한자음 역시 南北朝音과 切韻音이 중축을 이루고 있으며 여기에 秦音이 일부 혼입되어 있다. 따라서 吳音과 漢音의 전래시기를 감안하여 中古漢語는 5세기부터 9세기로 규정되며, 다음과 같이 3기로 세분할 수 있다.

 (1) 南北朝音(약420~589년) : 『玉篇』, 『經典釋文』의 字音體系
 (2) 切韻音(약589~750년) : 『切韻』, 玄應『一切經音義』의 字音體系
 (3) 秦音(약750~830년) : 慧琳『一切經音義』의 字音體系

한자의 소리는 크게 聲類와 韻類로 나눌 수 있는데, 聲類는 初聲子音을 말하는 것이며, 韻類는 그 뒤의 母音部와 終聲子音, 聲調를 합친 부분을 말한다.

 1) 聲類

聲母란 反切上字에 해당하는 부분으로, 音節의 앞부분인 初聲子音을 지칭하는 말인데, 輔音, 聲, 紐, 聲紐라고도 한다. 또한 字母란 같은 聲母를 가진 대표자로, 같은 初聲子音을 나타내는 발음기호와 같은 것이다.

聲韻學에서는 聲母를 調音位置에 따라 牙·舌·脣·齒·喉音의 5音系로

구분한다. 舌音은 舌頭音과 舌上音으로, 齒音은 齒頭音과 正齒音으로, 脣音은 重脣音과 輕脣音으로 나눌 수 있고, 齒音과 舌音에서는 半齒音과 半舌音을 따로 설정하고 있다.

또한 調音方法에 따라 淸·次淸·濁·淸濁字로 구분한다. 淸字는 全淸이라고도 하며 無聲無氣音을, 次淸字는 無聲有氣音을, 濁字는 全濁이라고도 하며 有聲音을, 淸濁字는 次濁·半淸半濁·不淸不濁이라고도 하며 鼻音을 의미한다.

2) 韻類

韻母란 反切下字, 즉 音節의 初聲子音을 제외한 介音·主母音·終聲과 聲調를 합친 부분을 지칭하는 말인데, 聲韻學에서는 介音을 韻頭, 主母音을 韻腹, 終聲을 韻尾라고 한다. 또한 韻目이란 聲母에서의 字母와 같이 같은 韻母를 가진 자를 대표하여 발음기호처럼 나타낸 것이다. 이러한 韻母를 모두 통틀어 말할 때 韻類라고 한다. 『廣韻』에서는 206韻으로 나누어고, 이 206韻을 聲調와 介音의 有無를 무시하고 主母音이 유사하고 韻尾가 같은 것을 큰 그룹으로 모은 것이 16攝이다.

介音 즉 韻頭는 開拗音 i·ï와 合拗音 u 및 그 조합으로 이루어지는데, 각 韻은 크게 다음과 같이 介音의 有無 및 그 조합에 따라 開口呼, 齊齒呼, 合口呼, 撮口呼로 나눌 수 있다. 또한 開拗音 i·ï의 有無와 主母音의 성질에 따라 다음과 같이 1等부터 4等으로 나뉜다. 3等韻은 開拗音이 前舌的인 i이냐 中舌的인 ï이냐에 따라 3등 갑류와 3등 을류로 나뉜다. 또한 韻尾는 終聲에 해당하는 것으로 終聲의 有無 및 그 종류에 따라 陰聲韻, 陽聲韻, 入聲韻으로 나뉘며, 聲調는 平·上·去·入聲으로 나눌 수 있는데, 陰聲韻은 平·上·去聲으로만 이루어져 入聲이 없으며, 入聲韻은 陽聲韻에 대해 각각 m-p, n-t, ŋ-k라는 최소대립관계를 이루고 있다.

Ⅲ 分韻表의 작성 및 활용

1. 分韻表

中古音의 체계를 반영하는 것이 切韻인데, 이 切韻은 현존하는 것이 업고, 현존하는 최고의 切韻系 韻書는 宋代의 廣韻이다. 이 廣韻을 聲類와 韻類로 도식화하여 그 발음을 알 수 있게 구성한 것이 韻鏡이므로, 모든 分韻表는 이 韻鏡의 체계에 의거한다.

分韻表를 작성할 때는 크게 다음과 같은 순서로 진행된다.

① 자료의 선택: 어느 자료의 어느 시대에 이루어진 加點本을 대상으로 할 것인지를 정한다. 이 때 다른 加點資料가 혼입되지 않도록 주의해야 하며, 교정을 거듭할 필요가 있다.
② 漢字별 字音索引의 작성: 漢字별로 가점된 字音을 색인으로 작성한다. 먼저 이를 かな순이나 한글순으로 정리한다. 여기에 聲調를 추가한다. 聲調 자체가 字音體系, 母胎音의 판별, 字音受容 및 일본어화 등의 연구대상이 되며, 吳音과 漢音을 구별하는 요소가 된다. 또한 연구목적에 따라 加點된 모든 字音形을 기재하여 音韻變化나 字音受容의 연구에 활용할 수도 있으며, 대표적인 古形만을 기재하여 字音體系의 연구나 對照分韻表에 활용할 수도 있다.
③ 分韻表의 작성: 中古音의 체계에 따라 聲母를 牙音·舌音·脣音·齒音·喉音으로 나누고, 韻을 16攝 206韻과 平聲·上聲·去聲·入聲의 聲調로 나누어, 漢字별 字音索引을 여기에 대입한다. 자료에 따라 中古音 내의 聲母, 韻, 聲調의 변화과정을 分韻表 내에 제시할 수도 있으며, 통합하거나 삭제할 수도 있다. 또한 연구목적

에 따라 여러 가지 변형된 分韻表를 작성할 수 있다. 즉 한 자료의 分韻表만도 가능하지만, 한 자료의 여러 加點本을 합친 分韻表(예를 들면, 佛母大孔雀明王經 諸本의 字音分韻表), 여러 자료의 統合分韻表(예를 들면, 漢音자료 統合分韻表, 吳音자료 統合分韻表, 上代資料 統合分韻表), 한일한자음 對照分韻表, 각국한자음 對照分韻表)를 작성하면 여러 방면에서의 활용이 가능하다. 統合分韻表나 對照分韻表에서는 공통된 字音形의 추출이나 다른 자료와의 비교가 중요하기 때문에 音韻變化에 따른 異形을 제외한 古形만 게제하거나 聲調를 제외하거나 할 수 있으며, 특히 타국한자음과의 對照分韻表에서는 타국어에 대한 音韻論的 이해가 필요하며, 통일적인 音韻記號로 표기할 필요가 생긴다.

여기에서 먼저 지금까지의 연구를 통해 작성된 각국한자음의 주요 分韻表를 소개한다. 이들 分韻表는 지금까지의 한자음연구에 기초자료로서 큰 역할을 했을 뿐만 아니라 앞으로도 반드시 참고해야 할 자료로 남을 것이다.

<吳音 分韻表>

小倉肇(1995)「法華經音義字音對照表」『日本吳音の研究』新典社

김정빈(2007)「安田八幡宮藏大般若波羅蜜多經 分紐分韻表」『일본 오음 연구』책사랑

沼本克明(1995)「觀智院本類聚名義抄和音分韻表」『日本漢字音史論輯』汲古書院

<漢音 分韻表>

築島裕(1959a)「長承本蒙求字音点(一)」『訓点語と訓点資料』第十輯, 訓

点語学会
_____(1959b)「長承本蒙求字音点(二)」『訓点語と訓点資料』第十一輯, 訓点語学会
_____(1960)「長承本蒙求字音点(三)」『訓点語と訓点資料』第十二輯, 訓点語学会
_____(1966)『興福寺本大慈恩寺三蔵法師伝古点の国語学的研究 索引篇』東京大学出版会
柏谷嘉弘(1965)「図書寮本文鏡秘府論字音点」『国語学』第六十一集, 国語学会
沼本克明(1995)「長承本蒙求分韻表」『日本漢字音史論輯』汲古書院
_____(1997)「宋音・唐音統合分紐分韻表」『日本漢字音の歴史的研究』汲古書院
_____(1997)「新漢音分紐分韻表」『日本漢字音の歴史的研究』汲古書院
拙稿(2005)「佛母大孔雀明王經 諸本의 字音分韻表」『佛母大孔雀明王經字音研究』책사랑
佐々木勇(2009)『平安鎌倉時代に於ける日本漢音の研究 資料篇』汲古書院

<唐音 分韻表>
沼本克明(1997)「宋音・唐音統合分紐分韻表」『日本漢字音の歴史的研究』汲古書院

<韓國漢字音 分韻表>
河野六郎(1979)「資料音韻表」『河野六郎著作集2 中国音韻学論文集』平凡社
朴炳采(1971)『古代國語의 研究 音韻篇』고려대학교 출판부
李潤東(1997)「資料漢字」『韓國漢字音의 理解』螢雪出版社

이승자(2003)「조선조 운서, 옥편의 이음 대조표」『조선조 운서한자음의 전승양상과 정리규범』亦樂

權仁瀚(2009)『改訂版 中世東音訓集成』제이앤씨[1]

伊藤智ゆき(2011)『한국 한자음 연구 자료편』역락

최미현(2006)「이중 한자음 비교대조표」『한국한자음의 이중음 연구-全韻玉篇의 복수 한자음을 중심으로-』동의대학교 학위논문

<베트남漢字音 分韻表>

三根谷徹(1993)「越南漢字音對照表」『中古漢語と越南漢字音』汲古書院

<티벳자료 分韻表>

高田時雄(1988)「資料對音表」『敦煌資料による中國語史の研究』創文社

<漢語 分韻表>

Bernhard Karlgren(1954) *Compendium of Phonetics in Ancient and Archic chinese*, Bulletin of the museum of Far Eastern Antiquities

馬淵和夫(1969)『韻鏡校本と広韻索引 新訂版』巖南堂書店

藤堂明保·小林博(1971)『音注 韻鏡校本』木耳社

周法高편(1973)『漢字古今音彙』中文大學出版社

大島正二(1981)『唐代字音の研究 資料索引』汲古書院

Coblin W. South(1983) *A Handbook of Eastern Han Sound Glosses*. The Chinese University Press.

E. G. Pulleyblank(1984) *MIDDLE CHINESE:A STUDY IN HISTORICAL PHONOLOGY*, UNIVESITY OF BRITISH COLUMBIA PRESS

---

[1] 分韻表가 아니라 音訓索引集이지만, 방대한 자료가 잘 정리되어 있어 상당히 유용하다.

William H. Baxter(1992) *A Handbook of Old Chinese Phonology*, Mouton de Gruyter

李珍華周長楫(1998)『漢字古今音表 修訂本』中華書局出版

<對照分韻表>

沼本克明(1997)「新漢音分紐分韻表」『日本漢字音の歷史的硏究』汲古書院

＿＿＿＿(1997)「宋音·唐音統合分紐分韻表」『日本漢字音の歷史的硏究』 汲古書院

拙稿(2003)「각국 한자음의 자음 대조 분운표」『한일 한자음 체계의 비교연구』보고사

＿＿(2005)「佛母大孔雀明王經 諸本의 字音分韻表」『佛母大孔雀明王經 字音硏究』책사랑

字音別 索引과 分韻表는 여러 방면의 연구에 활용할 수 있다. 같은 자료의 時代別 加點本을 통한 音韻變化에 관한 연구, 한 자료 또는 여러 자료의 分韻表를 통한 字音體系 전반에 관한 연구, 對照分韻表를 통한 母胎音의 판별이나 漢語音韻史의 音韻再構 및 音韻變化에 관한 연구에 활용할 수 있다. 이하 주요 활용방안에 대해 구체적인 지금까지의 연구사례를 중심으로 살펴보기로 한다.

2. 聲調硏究에의 활용

모든 자료에 聲調가 가점된 것은 아니지만, 많은 字音直讀資料에 聲點을 찍어 당시 중국어의 악센트를 표시해 놓았다. 그 聲調의 분석을 통해 어느 시대의 중국음을 반영했는가? 또는 聲調가 점점 일본어의 악센트 체계로 변화하기 때문에 일본어화의 정도 또한 파악할 수가 있

는 것이다. 여기에서는 拙稿(2000a:153-172)의 聲調에 관한 연구의 일부를 소개한다. 東京大學國語研究室藏 佛母大孔雀明王經에는 朱星點, 朱圈點, 黑圈點의 세 聲點이 있는데, 이 중 朱星點을 廣韻의 체계에 따라 정리하면 아래와 같다.

〈표 1〉 東京大學國語研究室藏 佛母大孔雀明王經의 朱星點[2]

聲點	平聲				上聲				去聲				入聲			
	淸	次淸	濁	淸濁	淸	次淸	濁	淸濁	淸	次淸	濁	淸濁	淸	次淸	濁	淸濁
平重	264 六 96	57 一 21	280 三 74	187 八一 65	6 4		6 6	十二 8	15 12	3 二 3	11 十二 8	7 八 8				1 1
平輕	258 72	47 16	26 15	26 11	1 1	1 1	1 1				2 2					
上	22 14	3 3	9 二 5	4 一 5	296 四 69	110 22	107 三 34	136 八七 41	6 6	17 3	8 6	8 四 7	2 2			
去	5 5		3 3	4 二 5	7 5	1 1	11 7	1 1	252 81	70 18	268 五 51	88 七七 41		1 1		
入重	1 1											1	118 一 44	16 5	87 七 28	51 十 21
入輕													156 三 50	14 7	63 五 27	49 四十 28

위의 표에서 東京大學國語研究室藏 佛母大孔雀明王經은 平聲 輕重, 上聲, 去聲, 入聲 輕重의 6聲調體系를 이루고 있는 것으로 보아 그 聲調만으로도 漢音資料라는 것을 알 수 있다. 또한 平聲과 上聲·去聲이 역대응하는 예를 볼 수 있는데, 이는 吳音聲調의 혼입으로 볼 수 있다.

---

2 표에서 상단의 숫자는 전체자수를, 하단의 숫자는 개별자수, 중간의 숫자는 濁聲點의 자수를 나타낸다.

沼本克明(1982:1035-1060)는 佛母大孔雀明王經의 聲點 분석을 통해 上聲 濁字의 去聲化率이 낮다는 이유로 漢音의 古層에 해당한다고 논한바 있는데, 필자는 그 字音體系上 漢音의 新層에 해당하는 것이며, 이와 같은 聲調體系는 切韻에 의한 교합이 이루어졌을 가능성이 있음을 지적한 바 있다.

이처럼 聲調硏究를 통해, 母胎音의 시기, 일본에서의 가점연대, 일본어악센트화 정도 등에 대한 연구를 할 수 있으며, 한 자료의 여러 加點本에 대한 비교분석, 吳音 및 漢音자료 전체의 비교분석을 통해 漢音 및 吳音의 聲調體系를 명확히 규명할 수 있는 것이다. 또한 이러한 聲調體系에 대한 연구는 한국한자음이나 베트남한자음과의 비교연구도 가능하다.

3. 音韻變化 硏究에의 활용

동일한 자료에 대해 그 字音形을 加點한 여러 시대의 자료를 모아 비교분석해 보면, 일본어의 史的變化에 따라 일본어화한 시대를 명확하게 찾아낼 수도 있으며, 또한 반대로 音韻變化의 시기를 통해 한 加點本이 어느 시대에 이루어졌는지도 밝혀낼 수 있다. 연구절차는 다음과 같다.

① 各本별 加點時期별 분류 : 각 本을 가점시기별로 세분한다.
② 漢字별 字音形 索引 작성 : 漢字에 가점된 모든 字音形을 그대로 기재한다.
③ 分韻表 작성 : 吳音은 南北朝音을 기준으로, 漢音은 秦音의 체계를 기준으로 작성한다.
④ 分韻表 분석 : 각 音韻事項에 해당하는 항목만 추출하여 분석한

다. 목적에 따라 索引만 사용할 수도 있다.

여기에서는 拙稿(2000b)의 일본어 音韻史에 관한 연구의 일부를 소개한다. 佛母大孔雀明王經의 시대별로 다른 23개 加點本에 게재된 舌內入聲韻尾字의 表記形을 정리하면 다음과 같다.

〈표 2〉 佛母大孔雀明王經 제본에 걸친 舌內入聲韻尾의 表記

	-a		-i		-u		-e		-o		他表記	ツ/チ
	ツ	チ	ツ	チ	ツ	チ	ツ	チ	ツ	チ		
1仁白朱A											同音1	
2大朱BⅠ											没ホン1	
3大墨BⅡ	2	1	2	2	2			2	1		室シ1, 率ソ1	7/5
4高中朱CⅠ	3	2				1			1		雪セン1	6/2
5高下朱DⅠ			1								畢ヒ1	1/0
6東上朱EⅠ	1	1			2	2	7	2	1			11/5
7高中墨CⅡ	2		6		2		13				血クエン8, 殺サン1, 熱セン1, 勿フン2, 滅ヘン2	23/0
8高下墨DⅡ			1		1							2/0
9東上墨EⅡ	8	1	1	1	5		5	1			結ケン1, 説セ1, 末ハ1	19/3
10東墨a FⅠ	14	3	12	1	14		31		2		屹コン1, 吉キフ1	75/4
11仁墨GⅠ	21	9	26	8	20	1	34	14	3		蝨ケイ1	104/32
12東大墨H	11	4	8	12	13		31	6	2	1	屹コン1	65/23
13東上墨Ⅰ	12		15	2	7		24					58/2
14東上墨EⅢ	6		6		2		11		1		勿フ1	
15東墨a JⅠ	24	1	14	9	15		41	5	2		屹コン1	96/19
16金下墨K		4	4	4	5		11	4	1		室シ1,	21/12
17高墨LⅠ	15	1	21		24	1	39	4	1		無1·屹コン1	102/6
18高朱LⅡ			1		1						室シ1	
19仁朱GⅡ					3							3/0
20国墨M	21	6	21	23	13		56	10	2	1	殺サ1, 日ワ1	113/40
21東墨b JⅡ	15		12		4		28					59/0
22東墨b FⅡ	7		6		3		3					19/0
23東上中N	21		16	1	9		33		1		屹コン1	79/1

위의 표에서 알 수 있듯이, 舌內入聲韻尾의「ツ」와「チ」의 表記 비율은 院政期의【3大墨BⅡ】부터 鎌倉末期의 諸本까지는 시대에 관계없이「チ」表記보다「ツ」表記 쪽이 우세하게 나타나며, 室町時代에는 거의「ツ」表記로 통합된다.

「ツ」도「チ」도 開口度가 낮은 高位母音을 동반하기 때문에 閉音으로서의 t를 表記하기에는 적합하다. 吳音資料에서 舌內入聲韻尾를 대부분「チ」로 表記한 것은 舌音t에 같은 前舌母音인 i를 동반하는 것이 閉音節的인 원음 t에 가까웠겠지만, 선행하는 母音과의 결합이라는 문제에서는「ツ」쪽이 사정이 좋다.「チ」의 경우에는 前舌母音 i·e가 선행할 때는 자연스럽게 결합되지만, 中舌母音 u·a, 後舌母音 o로 갈수록 많은 에너지가 소비된다. 이에 비해서 中舌的인「ツ」쪽이 前舌母音과도 後舌母音과도 결합하기 쉽기 때문이다. 실제로 チ表記는 주로 先行母音이 i·e인 경우에 편중되어 있다. 결국「ツ」쪽이 中舌母音으로서 어느 母音과도 결합이 용이하고, 하나의 音을 나타내는 데 두 가지 表記를 가진 비변별성을 없애기 위해서「ツ」表記로 통합된 것으로 판단된다.

이처럼 일본어의 音韻變化에 관련된 사항, 구체적으로는 拗音의 성립, 合拗音의 성립과 소멸, 撥音의 성립, 促音의 성립과 促音化현상, ハ行轉呼音, 四つ仮名의 混同, 連聲의 성립과 소멸, 連濁의 성립과 퇴화, 連母音의 長音化 등 구체적인 자료를 통해 각 音韻現象의 성립시기 및 변천과정을 명확하게 규명해낼 수 있다. 또한 일본어가 실라빔언어에서 모라언어로 변해왔는가 아니면 원래부터 모라언어였는가? 일본어는 鼻濁音에서 濁音으로 변한 것인가 아니면 母音이 鼻母音이었던 것이 鼻音性을 상실한 것인가? 하는 현재까지 이견이 분분한 중대한 과제에 대해서도 한자음자료는 커다란 역할을 할 수 있을 것이다.

4. 漢和辭典 校訂에의 활용

위에서 살펴본 바와 같이 舌內入聲韻尾의「ツ」와「チ」表記는「チ」表記에서「ツ」表記로 統合되어 간 일본어 내의 史的變化에 관련된 문제이지 그것이 吳音이냐 漢音이냐를 판가름하는 잣대는 되지 못한다. 그런데 현용 漢和辭典에서는「チ」表記를 吳音으로,「ツ」表記를 漢音으로 규정하는 경향이 강하게 나타난다. 拙稿(2006:367-384)에서는 현용 漢和辭典에 걸친 吳音규정의 문제점을 다루고 있는데, 이 중에서 舌內入聲韻尾의 표기에 관련한 사항을 소개한다.

〈표 3〉 漢和辭典별 舌內入声韻尾의 表記例

漢字	出版社	漢音	吳音	慣用音	聲韻
発	大修館書店	ハツ	ホチ	ホツ	非月合3
	三省堂	ハツ	ホチ	ホツ	
	小学館	ハツ	ホチ	ホツ	
	学習研究社	ハツ	ホチ, ホツ	ホツ	
	講談社	ハツ	ホチ	ホツ	

위의 표에서 볼 수 있듯이「発」의「ホツ」라는 字音은 모든 漢和辭典에서 慣用音으로 기재되어 있으며, 吳音은「ホチ」로 기재되어 있다. 이처럼 실제로는 吳音에서 유래하면서도「ツ」로 끝나는 字音形은 모두 慣用音으로 처리되어 버린 것이다. 현용 漢和辭典에서「越乙オツ, 月ガツ, 実ジツ, 述術ジュツ, 殺セツ, 舌絶ゼツ, 率卒ソツ, 脱奪ダツ, 熱ネツ, 抜伐罰バツ, 沸フツ, 仏ブツ/ボツ, 別ベツ, 発髪ホツ, 末抹マツ, 密ミツ, 滅メツ, 没物モツ」등은 吳音으로 規定되어야 하며,「一壹イチ, 吉キチ, 質七シチ, 節セチ, 日ニチ, 八鉢ハチ, 罰バチ, 律リチ」와 같이「チ」형을 유지한 채로 常用漢字表에 게재되어 있는 字音만을 吳音

으로 처리하고, 그밖의 吳音은 漢音과 함께 「ツ」表記로 통일하는 것이 바람직할 것이다. 현용 漢和辭典에는 이처럼 吳音, 漢音, 唐音의 규정에 있어 많은 오류를 포함하고 있는데[3], 앞으로 실제자료에 입각한 교정이 지속되어야 할 것이다. 이를 위해서도 많은 자료의 分韻表 작성이 앞으로도 필요하다고 할 수 있다.

5. 字音體系 硏究에의 활용

分韻表를 통한 연구 중 가장 대표적이라고 할 수 있는 것이 어떠한 字音體系를 이루고 있는가? 하는 점이다. 따라서 이러한 연구에 있어서는 먼저 音韻의 史的變化에 의한 異表記를 古形으로 통일시키고 다른 字音形의 混入(즉 吳音資料라면 漢音을, 漢音資料라면 吳音)을 제외하고 순수하게 대표적인 字音形만을 가지고 분석해야 한다는 점이다. 여기에서는 拙稿(20005:230-231)의 佛母大孔雀明王經 제본의 字音分韻表에서 合口 3等 文韻의 字音體系에 대해 살펴보기로 하자.

〈표 4〉 佛母大孔雀明王經 제본에 걸친 文韻의 반영

聲＼韻	文	吻	問	問
見k	軍クン：E1, F6, J1, K2, L7, N5, O2, P7, S4, T8, U1			
群g>k^h	群クヰン：E1, J1, S1, T2 群クン：J1, K2, L1, N1, O1, P1, T1 群クエン：S1			

---

[3] 慣用音규정의 문제점에 대해서는 拙稿(2005a:471-488)・(2008a:201-216)에서, 吳音규정의 문제점에 대해서는 拙稿(2006:367-384)에서, 漢音규정의 문제점에 대해서는 拙稿(2009a:117-130)에서 언급하였다.

聲\韻	文	吻	問	物
于∅>'y	云ウン: O1, P1 云キン: I1, J1, K1, L1, N1, P1, S1, T1 雲ウン: D1, F1, L1, N1, P2, S1, T2, U1 雲キン: N1, P1, Q1, T1			
非p>f	分フン: K2, L1, N1, O1, P1, Q2, ST3			
敷pʰ>fʰ		忿フン: K1, L1, N1, P1, S1, T1, U1		
奉b>v>fʰ			分フン: N1	佛フツ: F1, P1, S2
微m>ɱ>ᵐv	聞ブン: F6, J3, K7, L12, M1, N12, O5, P14, Q1, R1, S6, T12, U9 聞モン: T1			勿ブツ: F1, J4, K6, L7, N6, O4, P7, S8, T7, U7 物ブツ: D2, F1, J1, K4, L5, N3, O1, P4, Q2, S5, T5, U1

위의 표에서 볼 수 있듯이, 3等 合口 文韻이 脣音字는 -un/t형으로 나타나지만, 牙喉音字는 諄韻에 합류하기 이전의 字音形인 -un/t형과 諄韻에의 合流를 反映하는 -wen형, -win형이 동시에 나타난다. -un/t/형에서 -win/t형에로의 변화라는 관점에서 생각한다면, 舌內韻尾가 口蓋音化하여 그로 인해 主母音이 前舌化하는 과정을 상정할 수 있다. 따라서 그 진행정도에 따라 -un/t형과 -win/t형의 反映比率은 다르게 나타날 것이다. 실제로 新漢音資料에서는 대부분 -win/t형으로 나타나며, 蒙求와 佛母大孔雀明王經에서는 두 가지 형이 동시에 나타나는데,

蒙求에 비해 佛母大孔雀明王經이 -win/t형의 反映比率이 높다. 이를 통해 佛母大孔雀明王經이 蒙求보다는 漢音의 新層에 해당하며 新漢音으로 넘어가는 과도기적 단계를 보이고 있음을 알 수 있다.

이처럼 같은 漢音資料라 하더라도 유입된 시기에 따라 秦音 내의 音韻변화를 반영하는 몇 개의 층으로 나눌 수 있으며, 각 자료의 統合分韻表와 다른 자료와의 對照分韻表를 통해 新舊의 층을 구별해낼 수 잇는 것이다. 字音體系에 관한 연구는 吳音, 漢音, 新漢音, 鎌倉宋音, 江戸唐音의 어느 한 자료에 나타나는 字音體系를 분석할 수도 있으며, 여러 吳音자료나 漢音자료를 모아 그 전체의 統合分韻表를 만들어 대표적인 字音體系를 밝혀낼 수도 있다.

6. 上代 借字表記字의 研究에의 활용

分韻表를 더욱이 이러한 字音體系에 대한 연구는 上代의 借字表記字에 대한 音借字分韻表를 통해서도 가능하다. 아래에 上代 借字表記字의 統合分韻表에서 開口 2等 麻韻의 예를 들어 보기로 한다.

〈표 5〉 麻韻의 上代 借字表記字 統合分韻表

漢字	萬葉集	古事記	日本書紀		聲母
			β군	α군	
加	カ	カ・ガ	カ	カ	見k
架	カ				見k
嘉	カ				見k
家	ケ甲		ケ甲		見k
價	ケ甲				見k
伽			カ	カ	群g
牙	ゲ甲	ゲ甲			疑ŋ
雅	ゲ甲				疑ŋ

漢字	萬葉集	古事記	日本書紀		聲母
			β군	α군	
下	ゲ甲				匣ɦ
夏	ゲ甲				匣ɦ
霸	ヘ甲		ヘ甲		幫p
覇	ヘ甲				幫p
馬	マ・メ甲			マ	明m
麻	マ	マ	マ	マ	明 m
差			サ		初ʧh
沙	サ	サ	サ		山ʃ
紗	サ				山ʃ

開口 2등 麻韻은 吳音에서는 주로 -e형(齒音字는 -ja형)으로 나타나며, 漢音에서는 -a형으로 나타난다. 이는 麻韻이 吳音의 母胎가 된 시기까지는 前舌的인 a이었지만, 漢音의 母胎가 된 秦音에서 後舌的인 ɑ로 변화한 것에 기인한 것으로 볼 수 있다. 그런데 記紀万葉의 借字 表記字에서는 ア단, エ단(エ단甲類)의 2가지 형태로 나타난다. 여기서 문제가 되는 것은 ア단으로 나타나는 예이다. 이는 漢音의 -a형과 같은 형태이지만, 古事記, 日本書紀 α군·β군, 萬葉集에 모두 나타나기 때문에 漢音으로 읽었다고 볼 수는 없다. 그러면 왜 ア단의 仮名를 표기하는데, 開口 1等 歌韻字가 아닌 開口 2等의 麻韻字를 이용한 것일까? 韓國漢字音에서는 開口 1等 歌韻과 開口 2等 麻韻이 前舌的인 a와 後舌的인 ɑ의 구별이 없기 때문에 모두 -a형으로 나타나기 때문에 고대한반도인의 영향이 있었을 가능성이 농후하다. 또한 齒音字의 「沙紗サ」역시 吳音에서는 「シャ」로 나타나기 때문에 동일한 해석이 가능하다.

이처럼 借字表記字라고 하더라도 그것을 分韻表로 작성해 보면, 한 자음으로서의 체계를 분석할 수 있으며, 이를 吳音直讀資料와의 비교를 통해서 字音體系로서의 공통점 및 차이점을 추출해낼 수 있을 것이다. 고대한국어의 音韻體系에 대해서도 학자들마다 이견이 분분하여, 아직 통일된 정설을 확인하기 어려운 실정인데, 이 역시 고대한국어 借字表記字의 分韻表작성을 통해 聲韻學的 관점에서의 재접근이 필요하다. 그것이 이루어진 다음에 上代日本語 借字表記字에 대한 고대한 반도의 영향관계를 규명할 수 있을 것이다.

7. 對照硏究에의 활용

그렇게 완성된 吳音이나 漢音의 統合分韻表를 다시 吳音과 漢音의 比較分韻表, 또는 東音과 吳音·漢音의 比較分韻表, 各國漢字音의 比較分韻表를 만들어낼 수 있으며, 이를 통해 各國漢字音에 대한 字音形의 분석, 字音形의 수용태도, 母胎音의 분석, 中古音의 音韻再構 및 音韻變化에 대한 결론을 도출해낼 수 있는 것이다. 아래에 對照硏究를 통한 母胎音 판별의 예를 살펴보자.

1) 한일 한자음 대조를 통한 3등 갑을류의 구별
唐代의 秦音에서는 3等韻의 拗介音을류 ï가 前舌化하여 拗介音 갑류i에 흡수된다. 이를 반영하여 漢音에서는 을류가 갑류에 흡수된 형태로 나타난다. 이러한 3等을류의 갑류에의 합병은 秦音의 커다란 특징이라고 할 수 있기 때문에, 이의 반영을 통해 각국한자음의 母胎를 판가름할 수 있다. 예를 들어 陽韻 을류에 대해 살펴보자.

〈표 6〉 陽韻 을류의 韓日漢字音 對照表

漢字	東音[4]	吳音	漢音	聲母	秦音與否
1 脚	각	カク	キャク	見k	×
2 却	각	カク	キャク	溪kh	×
3 强	강	ガウ	キャウ	群g>kh	×
4 仰	앙	ガウ	ギャウ	疑ŋ>ng	×
5 虐	학	ガク	ギャク	疑ŋ>ng	×
6 央	앙	アウ	ヤウ	影ʔ	×
7 約	약	アク	ヤク	影ʔ	×
8 享	향	カウ	キャウ	曉h	○
9 鄕	향	カウ	キャウ	曉h	○
10 響	향	カウ	キャウ	曉h	○
11 向	향	カウ	キャウ	曉h	○
12 香	향	カウ	キャウ	曉h	○

　陽韻은 東音에서는 을류는 -aŋ/k형으로, 갑류는 -jaŋ/k형으로 반영하여 갑을류를 명확히 구분하고 있다. 吳音도 을류는 -au/ku형으로, 갑류는 -jau/ku형으로 나타나 갑을류를 명확히 구분하고 있다. 그러나 漢音은 秦音에 걸친 을류의 갑류에의 合流를 반영하여 갑을류 모두 -jau/ku형으로 나타난다. 따라서 東音에서 陽韻 을류가 -aŋ/k형으로 나타나는 7字는 모두 秦音 이전의 층을, -jaŋ/k형으로 나타나는 5字는 모두 秦音을 母胎로 하고 있음을 알 수 있다.

　따라서 3등 갑을류 모든 韻에 걸쳐 을류가 갑류에 합병된 字音形과 이를 구분하는 字音形을 도출해 내면, 秦音을 반영한 것과 그 이전의 字音을 반영한 것의 비율이 드러날 것이고, 이를 통해 한국한자음의 母胎를 보다 정확히 통계적으로 파악할 수 있게 된다.

4　이하 한국한자음은 '東音'으로 약칭한다.

2) 각국 漢字音의 대조를 통한 輕脣音 반영의 비교

이처럼 中古音의 커다란 音韻變化는 吳音, 漢音, 東音, 베트남漢字音에 고스란히 베어 있고, 각국한자음의 비교를 통해서 특정한 音韻變化의 반영이 나타났는지 나타나지 않았는지를 통해 그 한자음의 母胎를 판별할 수 있는 것이다. 또 다른 예로 輕脣音化를 살펴보자. 韻鏡의 3等韻에는 切韻音까지 重脣音(幇·滂·竝·明母)이었던 것이 秦音에서는 輕脣音(非·敷·奉·微母)으로 바뀐 韻이 존재한다. 이는 微·廢·虞·尤·陽·東(3等)·鍾·文·元·凡韻의 10개韻에서 나타나며, 東(3等)韻과 尤韻의 明母를 제외하고는 모두 輕脣音으로 變化하였다. 이 輕脣音化의 반영여부를 통해 각국한자음의 母胎에 접근할 수 있다.

〈표 7〉 凡韻 輕脣音字의 各國漢字音 比較表

漢字	吳音	漢音	東音	베트남漢字音	티벳한자음
非f	ホフ法	ハフ法	법法	phap法	phab法 phuab法 puab法 pub法 buab法
敷fh	ホム汎泛	ハム泛	범汎	phjəm汎氾泛 phjən汎	
奉v>fh	ボム凡犯帆範梵 ボフ乏	ハム范凡帆梵 ハフ乏	범凡犯帆範 핍乏	pham凡帆犯范範梵帆 phap乏	bam凡梵 ban凡 puam梵 ujam梵

위의 표는 각국한자음 咸攝 凡韻의 비교分韻表이다. 咸攝의 凡韻은 脣音字뿐으로, 切韻音까지 -uïem/p이었던 것이 秦音에서 輕脣音化로 인해 合口을류介音 uï를 탈피하고 主母音이 後舌低位化하여 -ɑm/p으로 변한다.

吳音은 -om/ɸ형으로 나타난다. 이는 合口性과 主母音을 동시에 반영하여 uïe를 1拍의 o로 수용한 것으로 볼 수 있다.

漢音은 -am/ɸ형으로 나타난다. 이는 輕脣音化로 主母音이 後舌低位化한 秦音의 -ɑm/p을 반영한 것이 명백하다.

東音은 -əm/p형으로 나타난다. 主母音을 ə로 반영한 것은 切韻音까지의 -uïəm/p을 반영한 것으로 보인다. 이는 脣音 자체의 圓脣性으로 인해 u가 배제된 ïəm/p을 -əm/p으로 반영한 것으로 볼 수 있다. 만약 秦音의 -ɑm/b을 반영했다면 SJK나 SV와 같은 -am/p형으로 나타났을 것이기 때문이다.

베트남漢字音은 -am/p형으로 나타나지만, -jəm형이 混在하고 있다. 먼저 -am/p형은 SJK와 유사한 형태로 秦音의 반영으로 볼 수 있다. 또한 脣音字의 -jəm형은 介音이 반영되었다는 점에서 秦音 이전의 층을 母胎로 하고 있음을 알 수 있다.

티벳자료는 SJK나 SV와 같은 -am/b형이 주류를 이루고 있어 대부분 秦音의 輕脣音化를 반영하고 있으나, [法bub·buab·puab·phuab]와 같이 合口性을 반영한 輕脣音化 이전의 층도 混在하고 있다.

이처럼 특정 音韻變化를 거친 音韻現象이 나타나는 聲母나 韻에 대해 각국한자음의 對照分韻表를 작성하면, 그 音韻變化가 나타난 시기, 그리고 각국한자음에의 반영양상, 나아가 각국한자음의 母胎에 대한 규명이 가능해지는 것이다.

8. 中古音硏究에의 활용

지금까지 선학들의 연구성과로 인해 中古音의 音韻에 대해서는 괄목할만한 성과를 이루었다고 할 수 있다. 단지 音韻변화의 시기, 개별 韻의 音韻, 그리고 中古音의 音韻體系 등에 대해서는 아직도 미해결의 과제가 산적되어 있는 상태라고 할 수 있다. 먼저 지금까지의 연구성과로 드러난 中古音 내의 커다란 音韻變化에 대해 拙稿(2003c:108, 241-242)에서 언급한 한국한자음과 일본 漢音의 반영을 聲類와 韻類로 나누어 제시하면 다음과 같다.

〈표 8〉 中古音 聲類의 변천 및 한일 한자음에의 반영

각 音韻사항	南北朝音	切韻音	秦音	漢音	東音
重脣音과 輕脣音의 구별	×	×	○	?(○)	×
舌頭音과 舌上音의 구별	×	○	○	?	×
全濁字의 次淸字化	×	×	○	○	×
淸濁字의 鼻音性 弱化	×	×	○	○	×
神(牀)·禪母의 混同	○	×	○	?	○
從·邪母의 混同	○	×	○	?	×
匣·于母의 混同	○ → ×	×	×	×	×
于·喩母의 混同	×	×	○	○	△

〈표 9〉 中古音 韻類의 변천 및 한일 한자음에의 반영

合流韻	南北朝音	切韻音	秦音	漢音	東音
東1·冬1	○	×	○	○	○
覃1·談1	○	○	○	○	○
咍1·泰1	×	×	○	○	×
耕2·庚2	○	○	○	○	○
山2·刪2	○	○	○	○	○
皆2·夬(佳)2	△	○	○	○	×
咸2·銜2	×	○	○	○	○
佳2·麻2	○	○	○	○	○
仙3·을·元3	○	×	○	○	○
鹽3·을·嚴3·凡3	○	○	○	○	○
祭3·을·廢3	○	×	○	○	○
眞3·을·欣3·臻3	○	○	○	○	○

合流韻	南北朝音	切韻音	秦音	漢音	東音
諄3·文3	○	×	○	○	○
侯1·尤3을·虞3을	○	○	○	○	○
支3을脂3을·之3을	△	○	○	○	○
支3갑脂3갑·之3갑	△	○	○	○	○
尤3갑·虞3갑·幽3	○	○	○	○	○
仙3갑·先4	○	○	○	○	○
鹽3갑·添4	○	○	○	○	○
淸3·靑4	○	○	○	○	○
祭3갑·齊4	△	○	○	○	○
宵3갑·蕭4	○	○	○	○	○

지금까지도 대부분 각국한자음의 비교를 통해 中古音·上古音에 대한 재구가 이루어졌듯이, 對照分韻表를 통해 中古音의 音韻에 대한 새로운 해석을 내릴 수 있다. 開口 2等의 肴韻의 예를 들어 살펴보자. 開口 2等 肴韻이 각국한자음에서 어떻게 反映되었는지를 정리하여 제시하면 다음과 같다.

〈표 10〉 效攝 開口2等 肴韻의 각국한자음 對照分韻表

聲母	例字	東音	吳音	漢音	越音	티벳전기	티벳전기	倂音
見k	交	교	ケウ	カウ	giao	keu geu	-	jiao
	校	교	ケウ	カウ	giao		geu	jiao
	絞	교	ケウ	カウ	giao	-	-	jiao
	學	-	ケウ	カウ	giao			jiao
	敎	교	ケウ	カウ	giao	-	-	jiao
	郊	교	ケウ	カウ	giao	-	-	jiao
	覺	교	ケウ	カウ	giao	-	-	jiao
	膠	교	ケウ	-	giao	-	-	jiao
	咬	교	ケウ	-	giao	-	-	jiao
	鳩	-	ケウ	-	giao	-	-	jiao
	挍	-	ケウ	-	giao	-	-	jiao

聲母	例字	東音	吳音	漢音	越音	티벳전기	티벳전기	倂音
溪kh	膠	교	ケウ	カウ	khieu	-	-	jiao
	巧	교	ケウ	カウ	xao sao	-	-	qiao
	磽	교	-	カウ	kieu	-	-	qiao
疑ŋ	楽	요	ケウ	カウ	nhao	giu	-	yao
	磽	-	-	-	nghieu	-		qiao
曉h	孝	효	ケウ	カウ	hieu	heu	-	xiao
	哮	효	ケウ	カウ	hao		-	xiao
匣ɦ	肴	효	ケウ	カウ	hao	-	-	yao
	餚	효	ケウ	カウ	hao			yao
	效	효	-	カウ	hieu	-	-	xiao
	爻	-	-	カウ	hao			yao
端t	嘲	됴	テウ	タウ	trao	-	-	zhao chao
	罩	-	テウ	タウ	-			zhao
定d	棹	도	テウ	タウ	-	-	-	zhao
娘 ȵ	鐃	요	ネウ	-	nghieu nao	-	-	nao
	撓	요	ネウ	セウ	nao			nao
	鬧	-	ネウ	-	nao			nao
	橈	쇼	ネウ	タウ	nao			rao
	呶	-	-	タウ	nao			nao
幇p	胞	포	ハウ	ハウ	bao	phyeu	-	bao
	苞	포	ハウ	ハウ	bao			bao
	包	포	ハウ	ハウ	bao			bao
	飽	-	-	ハウ	bao			bao
	豹	표	ヘウ ハウ	ハウ	bao	-	-	bao
	飽	포	ハウ	-	bao	bao	-	bao
	爆	-	ハウ		bao			bao
滂ph	泡	포	ハウ	ハウ	phao	-	-	pao
	疱	포	ハウ	ハウ	-			pao
	炮	포	-	-	phao			pao

聲母	例字	東音	吳音	漢音	越音	티벳전기	티벳전기	倂音
並b	匏	포	-	ハウ	bieu bao	-	-	pao
	鮑	-	-	ハウ	bao	-	-	bao
	鉋	포	-	ハウ	bao	-	-	bao
	咆	포	-	ハウ	bao	-	-	pao
	枹	-	-	ハウ	bao	-	-	pao
	跑	포	-	ハウ	bao	-	-	pao
	鞄	-	-	ハウ	bao	-	-	pao
明m	猫	묘	メウ	-	-	-	-	mao
	夘	-	メウ	-	-	-	-	mao
	卯	묘	-	ハウ	mao meo	-	-	mao
	昴	-	-	ハウ	mao	-	-	mao
	茅	모	-	ハウ	mao	-	-	mao
	貌	모	メウ	ハウ ヘウ	mao	-	beg	mao
莊 tʃ	窠	-	サウ	-	-	-	-	chao
	爪	조	サウ	サウ	trao	-	-	zhao
初 tʃh	抄	쵸	セウ	-	sao	-	-	chao
牀dʒ	巢	소	サウ	サウ	sao	-	-	chao
山ʃ	稍	쵸	セウ	-	sao	-	-	shao
	精	-	-	サウ	-	-	-	shao

윗표를 보면 肴韻이 東音은 주로 -jo형으로, 吳音은 주로 -eu형으로, 漢音은 주로 -au형으로, 베트남한자음은 주로 -ao형으로, 티벳자료는 -eu형으로 나타나는 것을 볼 수 있다. 肴韻의 中古音에 대한 해석에 학자마다 이견이 나타나는데, 가장 중요한 문제는 吳音의 -eu형에서 漢音의 -au형으로의 변화를 설명할 수 있어야 하며, 또한 2等韻임에도 東音에서 拗音形으로 나타나는 이유를 설명할 수 있어야 한다. 이는 吳音의 母胎音에서는 主母音이 前舌的인 au이었기 때문에 -eu형으로 반영한 것이며, 唐代의 秦音에서는 前舌的인 主母音 a가 後舌的인 主

母音 α로 변화한 αu였기 때문에 漢音에서는 -au형으로 반영한 것으로 보아야 한다. 그러므로 東音에서 -jo형으로 나타나는 이유 역시 主母音의 前舌性을 반영한 표기형으로 볼 수 있으며, 이는 거의 모든 3等韻에서 갑을류를 구별하는 東音에서 유독 宵韻만이 갑류와 같은 -jo형으로 나타나는 현상과 같은 이유로 해석할 수 있는 것이다. 베트남한자음의 -ao형은 중국의 現代音과 같은 형태로 漢音보다도 후기적인 모습을 보이고 있는데, 단지 漢音보다도 古層으로 볼 수 있는 -ieu형이 혼재하고 있음을 알 수 있다.

이처럼 같은 聲母나 같은 韻, 또는 특정한 音韻現象이 나타나는 그룹을 모아 이에 대한 對照分韻表를 작성하면, 中古音의 音韻再構 및 音韻變化를 고찰하는 중요한 연구자료로 활용할 수 있는 것이다. 中古音의 音韻에서 그 音韻構造에 이르기까지 아직 학자마다 이견이 다른 부분이 있으며, 中古音의 再構 및 각 音韻變化 역시 중국측이 韻書보다도 오히려 中古音을 자국어로 音寫한 각국한자음이-그것이 자국어의 음운체계로 굴절된 모습을 하고 있지만 표기를 통해 그 발음을 알 수 있기 때문에- 더 중요한 단서가 될 수 있는 것이다. 따라서 앞으로 中古音 나아가 上古音 연구에까지 對照分韻表를 활용한 연구가 크게 기여할 것으로 생각된다.

IV 맺음말

지금까지 살펴본 바와 같이 分韻表는 여러 방면에 걸쳐 활용할 수 있는 기초자료가 되는 것이다. 지금까지 소개한 分韻表는 中古音의 틀에 맞춘 것이지만, 그 안에 中古音 내의 변화과정까지 그려낼 수 있으며, 上古音이나 近世音의 경우에도 그 변화과정을 도식화한 分韻表로 재구성하면 얼마든지 分韻表의 틀 안에서 체계적인 윤곽을 고찰할 수 있다.

分韻表는 물론 어느 한 자료 내에 그 한자음이 어떤 체계를 이루고 있는지를 밝혀내는 것이 기본적인 목적이지만, 이러한 分韻表의 統合, 對照를 통해서 자국어의 音韻史, 한어의 音韻史, 어느 한자음체계의 母胎, 한어의 자국어에의 수용양상 등 音韻과 表記에 관한 수많은 연구자료를 얻을 수 있게 되는 것이다.

참고 문헌

權仁瀚(2009)『改訂版 中世東音訓集成』제이앤씨
金大星(2003)『韓日資料による中古漢音韻母音の再構』J&C
김정빈(2007)「安田八幡宮藏大般若波羅蜜多經 分紐分韻表」『일본 오음 연구』책 사랑, pp.371-530
朴炳采(1971)『古代國語의 硏究 音韻篇』고려대학교 출판부, pp.112-262
拙稿(1999)「東京大學國語硏究室所藏『佛母大孔雀明王經』の分音表」『鎌倉時代語 硏究』第二十輯, 鎌倉時代語硏究會, pp.405-484
____(2000a)「東京大學國語硏究室藏『佛母大孔雀明王經』의 聲點에 對해서」『松巖 辛容泰先生定年記念論叢』박이정, pp.153-172
____(2000b)「『佛母大孔雀明王經』諸本에 걸친 漢音의 變遷 및 加點시기에 對해 서」『日本語學硏究』第2輯, 韓國日本語學會, pp.171-190
____(2000c)「日本漢音に於ける梗攝・曾攝の字音形を堯って-『佛母大孔雀明王經』 諸本を中心に-」『訓点語と訓点資料』第一〇五輯, 訓点語學會, pp.25-39
____(2000d)「『佛母大孔雀明王經』諸本에 걸친 漢音의 體系」『日語日文學硏究』第 37輯, 韓國日語日文學會, pp.117-138
____(2002a)「河野六郎의 朝鮮漢字音唐代長安音說에 對한 反論 -聲類를 중심으로-」 『日本語學硏究』第5輯, 韓國日本語學會, pp.97-114
____(2002b)「河野六郎의 朝鮮漢字音唐代長安音說에 對한 反論 -韻類를 중심으 로-」『日本語文學』第13輯, 韓國日本語文學會, pp.251-276
____(2003a)「四類介音의 合流時期에 對해서」『日本文化硏究』第7輯, 韓國日本

　　　　　　　　　學協會, pp.455-474
_____(2003b)「中古漢語 韻尾體系의 再考」『日語日文學研究』第44輯, 韓國日語日文學會, pp.165-186
_____(2003c)『한·일 한자음 체계의 비교연구』보고사, pp.108, 241-242
_____(2004a)「『법화참법』(法華懺法)을 통해 본 신한음의 자음체계」『日本文化研究』第10輯, 동아시아일본학회, pp.269-284
_____(2004b)「중고한어 재구음의 문제점에 대하여」『日本文化研究』第12輯, 동아시아일본학회, pp.237-250
_____(2005a)「한화사전 관용음표기의 문제점에 대하여」『日本文化研究』第14輯, 동아시아일본학회, pp.471-488
_____(2005b)「佛母大孔雀明王經 諸本의 字音分韻表」『佛母大孔雀明王經 字音研究』책사랑, pp.171-274
_____(2006)「漢和辞書における吳音規定の問題点」『日本文化研究』第19輯, 동아시아일본학회, pp.367-384
_____·白惠英(2008a)「漢和辭典 慣用音 表記의 實像-陽声·入声字의 誤記例를 중심으로-」『日本語學研究』第22輯, 韓國日本語學會, pp.201-216
_____(2008b)「吳音에 나타나는 3等甲類韻의 直音表記에 대하여」『동북아문화연구』第17輯, 동북아시아문화학회, pp.437-456
_____·白惠英(2009a)「漢和辭典에 나타나는 漢音 規定의 問題點」『日本語文學』第41輯, 韓國日本語文學會, pp.117-130
_____(2009b)「中古漢語 撮口呼의 音韻 再考-韓日 漢字音의 例를 中心으로-」『日本研究』第40號, 한국외국어대학교 일본연구소, pp.297-310
_____(2009c)「日本漢字音의 字音形에 나타나는 拍의 關與에 대하여」『日本語學研究』第25輯, 韓國日本語學會, pp.129-142
이승자(2003)「조선조 운서, 옥편의 이음 대조표」『조선조 운서한자음의 전승양상과 정리규범』亦樂, pp.232-271
李潤東(1997)「資料漢字」『韓國漢字音의 理解』螢雪出版社, pp.303-323
최미현(2006)「이중 한자음 비교대조표」『한국한자음의 이중음 연구-全韻玉篇의 복수 한자음을 중심으로-』동의대학교학위논문, pp.1-34
伊藤智ゆき(2011)『한국 한자음 연구 자료편』역락
大島正二(1981)『唐代字音の研究 資料索引』汲古書院
小倉肇(1995)「法華經音義字音對照表」『日本吳音の研究』新典社, pp.1-737
柏谷嘉弘(1965)「図書寮本文鏡秘府論字音点」『国語学』第六十一集, 国語学会
河野六郎(1979)「資料音韻表」『河野六郎著作集2 中国音韻学論文集』平凡社

高田時雄(1988)『敦煌資料による中國語史の研究』創文社, pp.303-419
坂井健一(1997)『魏晉南北朝字音研究』汲古書院
佐々木勇(2009)『平安鎌倉時代に於ける日本漢音の研究 資料篇』汲古書院
築島裕(1959a)「長承本蒙求字音点(一)」『訓点語と訓点資料』第十輯, 訓点語学会
_____(1959b)「長承本蒙求字音点(二)」『訓点語と訓点資料』第十一輯, 訓点語学会
_____(1960)「長承本蒙求字音点(三)」『訓点語と訓点資料』第十二輯, 訓点語学会
_____(1967)『興福寺本大慈恩寺三蔵法師伝古点の国語学的研究 研究篇』東京大学出版会, pp.145-265
藤堂明保(1965)『漢字の語源研究』学灯社
_____(1978)『上古漢語の音韻 中国文化叢書一』大修館書店
藤堂明保・小林博(1971)『音注 韻鏡校本』木耳社
沼本克明(1982)『平安鎌倉時代に於ける日本漢字音に就いての研究』武蔵野書院, pp.850-895
_____(1995)「觀智院本類聚名義抄和音分韻表」『日本漢字音史論輯』築島裕＜編＞汲古書院, pp.125-186
_____(1997)『日本漢字音の歴史的研究』汲古書院, pp.405-470
馬淵和夫(1969)『韻鏡校本と広韻索引 新訂版』巌南堂書店
李珍華・周長楫(1998)『漢字古今音表 修訂本』中華書局出版
周法高크(1973)『漢字古今音彙』中文大學出版社
三根谷徹(1993)「越南漢字音對照表」『中古漢語と越南漢字音』汲古書院, pp.393-496
Bernhard Karlgren(1954) *Compendium of Phonetics in Ancient and Archic chinese*, Bulletin of the museum of Far Eastern Antiquities
E. G. Pulleyblank(1984) *MIDDLE CHINESE:A STUDY IN HISTORICAL PHONOLOGY*, UNIVESITY OF BRITISH COLUMBIA PRESS
William H. Baxter(1992) *A Handbook of Old Chinese Phonology*, Mouton de Gruyter

일본어학과 일본어교육
日本語学・日本語教育

2 음운・음성(音韻・音声)

일본어학과 일본어교육 2 음운·음성

字音仮名에 의한 漢字音 硏究

조 대 하 *
서울여자대학교 교수

I 머리말

漢字란 中國의 文字를 말하고 漢字音이란 中國語音을 指稱한다. 특히 漢字音은 文字가 없었던 시기에 日本人이 자신의 말을 기록하기 위해 부득이하게 借用한 이른바 借字表記이다.

필자는 古代 일본에서 漢字音의 受容은 5세기 초반이라 보는데, 그 근거로는 日本書紀의 기록을 들 수 있다. 日本書紀 應神紀에 의하면, 應神 天皇 15年 봄에서 16年 가을(404年~405年)에 걸쳐 百濟로부터 阿直岐와 博士 王仁이 『論語』와 『千字文』을 전했다는 기록이 있다. 따라서 일본에서 漢字가 本格的으로 傳來된 것은 이 시기였으며, 漢字가

---

* 趙大夏 : 서울女子大學校

일반인에게도 보급되어 사용된 것은 그로부터 상당기간 지나고 나서라고 보는 것이 온당할 것이다. 그러나 초창기의 漢字音은 聲母나 韻母라는 개념이 없이 그대로 傳來·傳乘되어 固有語의 音韻體系에 맞추어 轉寫되었을 것이다. 따라서 漢字音의 연구는 古代 日本語의 音韻體系를 연구하는데 중요한 단서가 된다.

日本 漢字音은 傳來 時期 및 中國의 어느 地方의 音을 수용했는가에 따라 古音, 吳音, 漢音, 唐音 등으로 불리며 각각의 音形을 달리하고 있다. 그동안의 일본 한자음 연구는 중국 中古音, 上古音을 기반으로 해 연구해 왔으며, 中國-韓國-日本의 한자음을 연결고리로 한 混合的인 연구는 그다지 이루어지지 않았다. 本稿에서는 古音에 대한 연구의 일환으로 일본 古代 金石文에서 일본어를 漢字音으로 音譯·表記한 字音仮名[1]를 대상으로 하고 日本 古音의 音形에 대해 살펴보고자 한다. 그리고 古代 韓國 金石文의 借字表記와의 대조비교를 통해 당시 韓日間의 言語交涉에 대해서도 살펴보고자 한다.

Ⅱ 古音과 中國 上古音

앞에서도 서술한 바와 같이 본고에서는 일본 한자음의 가장 오랜 층을 古音이라 지칭하기로 하는데, 그러면 古音이란 것이 어느 시대의 中國語音이고 이러한 漢字音이 어떤 경로로 일본에 전래되었는가에 대해 살펴보는 것은 앞으로 논지의 전개와 내용을 이해하는데 도움이 될 것이다.

---

1 본고에서는 漢字音의 音借에 의한 日本語 表記를 '字音仮名'라 지칭하기로 한다.

1. 從來의 諸說

古音에 대해서는 오야 토루(大矢透), 미치다 신죠(道田新造), 마부치 가즈오(馬淵和夫), 오노 토루(大野透) 등 일본학자들에 의해 연구가 이루어져왔다. 이러한 연구가 시작된 것은 역시 일본 한자음의 기원과 그 정확한 音形을 밝히고 나서 비로소 고대 일본어의 음운체계를 밝힐 수 있기 때문이었다. 大矢透는 『推古朝遺文』에 사용된 字音仮名에 대한 철저한 고증을 통해 上代 일본 한자음과 중국 上古音과의 일치를 주장했으며, 그 한자음이 어떻게 일본에 전래되었는가의 문제에 대해서는 西漢이후의 詩賦의 韻脚과 押韻과를 비교한 후, 周시대 말기부터 秦이 멸망할 때, 漢人이 韓地域에 들어왔으며 이 때 전래된 中國語音이 東方一帶로 전파되었다고 추정했다.[2]

2. 中國上古音의 韻部

中國上古音의 韻部 및 그 分類에 관해서는 淸代의 顧炎武(1613~1618)가 『詩經』 305편의 押韻法을 연구해 東部·脂部·魚部·眞部·蕭部·歌部·陽部·耕部·蒸部·侵部의 10부로 나누어 분류한 이래, 押韻法에 대한 연구가 진행됨에 따라 학자들에 따라 조금씩 분류에 차이를 보이고 있다. 이 중 대표적인 학자들의 上古韻部 분류 및 그 再構音을 정리하면 다음 <표 1>과 같다.

---

2 大矢透(1911) 『仮名源流考』, 國語審議委員會, p.282

〈表 1〉中國上古音의 韻母 分類表[3]

	董同龢		王　力		藤堂明保		李方桂		鄭張尚芳	
	韻部	再構音	韻部	再構音	韻部	再構音	韻部	再構音	韻部	再構音
1	之部	ôg	之部(陰)	ə	之部(陰)	əg	之部	əg	之部	ɯɯ
2			職部(入)	ǒk	職部(入)	ək		ək	職部	ɯɯg
3	蒸部	ôŋ	蒸部(陽)	əŋ	蒸部(陽)	əŋ	蒸部	əŋ	蒸部	ɯɯŋ
4	幽部	ôg	幽部(陰)	əu	幽部(陰)	og	幽部	əg	幽部	uu
5			覺部(入)	əuk	覺部(入)	ok		ək	覺部	uug
6	中部	ôŋ	侵部(陽)	uəm	中部(陽)	oŋ	中部	əŋw	終部	uuŋ
7	宵部	ôg	宵部(陰)	au	宵部(陰)	ɔg	宵部	agw	宵部	aaw, oow
8			藥部(入)	ăuk	藥部(入)	ɔk		akw	藥部	aawG
9	侯部	ûg	侯部(陰)	o	侯部(陰)	ug	侯部	ug	侯部	oo
10			屋部(入)	ok	屋部(入)	uk		uk	屋部	oog
11	東部	ûŋ	東部(陽)	oŋ	東部(陽)	uŋ	東部	uŋ	東部	ooŋ
12	魚部	âg	魚部(陰)	ɑ	魚部(陰)	ag	魚部	ag	魚部	aa
13			鐸部(入)	ǎk	鐸部(入)	ak		ak	鐸部	aag
14	陽部	âŋ	陽部(陽)	ɑŋ	陽部(陽)	aŋ	陽部	aŋ	陽部	aaŋ
15	佳部	eg	支部(陰)	e	支部(陰)	eg	佳部	ig	支部	ee
16			錫部(入)	ěk	錫部(入)	ek		ik	錫部	eeg
17	耕部	eŋ	耕部(陽)	eŋ	耕部(陽)	eŋ	耕部	iŋ	耕部	eeŋ
18	歌部	â	歌部(陰)	a/ai	歌部(陰)	ar	歌部	ar	歌部	aal/aai
19	祭部	âd	月部(入)	at	祭部(入)	ad	祭部	adh	月部	aads
				ăt	月部(入)	at		at		aad
20	元部	ân	元部(陽)	an	元部(陽)	an	元部	an	元部	aan
21	微部	ôd	微部(陰)	əi	微部(陰)	ər		əd	微部	ɯɯl
22			物部(入)	ǒt	隊部(入)	əd	微部	wədh	物部	uuds
					術部(入)	ət		ət		ɯɯd
23	文部	ôn	文部(陽)	ən	文部(陽)	ən	文部	ən	文部	ɯɯn
24	脂部	ed	脂部(陰)	ei	脂部(陰)	er		rid	脂部	rii, riil
25			質部(入)	ět	至部(入)	ed	脂部	ridh	質部	riid, riig
					質部(入)	et		rit		riigs, riids
26	眞部	en	眞部(陽)	en	眞部(陽)	en	眞部	rin	眞部	riin, riiŋ
27	緝部	âb	緝部(入)	əp	緝部(入)	əp	緝部	əp	緝部	ɯɯb, uub
28	侵部	ôm	侵部(陽)	əm	侵部(陽)	əm	侵部	əm	侵部	ɯɯ, uum
29	葉部	âb	葉部(入)	ap	葉部(入)	ap	葉部	ap	盍部	aab
30	談部	âm	談部(陽)	am	談部(陽)	am	談部	am	談部	aam

3　董同龢(1972)『漢語音韻學』, 文史哲出版社, pp.261-262
　　王力(1972)『漢語音韻』, 中華書局, pp.166
　　藤堂明保·相原 務(1985)『新訂中國語概論』, 大修館書店, pp.277-283
　　李方桂著·전광진 譯(2004)「중국어 상고음 연구」『口訣研究』第12輯 所收, pp. 294-340
　　鄭張尚芳(2003)『上古音系』, 上海漢教育出版社, pp.230-243

<표 1>를 보면, 왕리(王力), 도도 아키야스(藤堂明保) 및 쩡짱쌍황(鄭張尙芳)의 경우는 上古韻部를 '陰聲韻', '陽聲韻', '入聲韻'으로 구분해 분류하고 있으나, 뚱둥허(董同龢)와 리팡꾸이(李方桂)의 경우는 '陰·陽·入'을 구분하지 않고 각각 22部로 분류하고 있다. 여기서 리(李方桂)의 再構音에 의거해서 上古韻部의 主要母音들의 분포상태를 보면 다음 <표 2>와 같다.

〈表 2〉 上古音の主要母音の分布

韻部	韻尾	一等	二等	三等	四等
之·蒸部	-k·-g·-ŋ	ə	rə	jə	
幽·中部	-kw·-gw·-ŋw	ə	rə	jə	iə
宵部	-kw·-gw	a	ra	ja	ia
侯·東部	-k·-g·-ŋ	u	ru	ju	
魚·陽部	-k·-g·-ŋ	a	ra	ja	ia
佳·耕部	-k·-g·-ŋ		ri	ji	i
歌部	-r	a	ra	ja	ia
祭·元部	-t·-d·-n	a	ra	ja	ia
脂·眞部	-t·-d·-n		ri	ji	i
微·文部	-t·-d·-n	ə	rə	jə	iə
葉·談部	-p·-b·-m	a	ra	ja	ia
緝·侵部	-p·-m	ə	rə	jə	iə

<표 2>을 보면, 上古韻部의 主要母音은 /a·ə·u·i/의 4종류가 있음을 알 수 있다. 이는 칼그렌이 재구한 중고음의 主要母音인 /ɑ·a·e·i·ɛ·ʌ·ə·o/와 비교하면 上古音의 모음체계는 중고음보다는 단순한 모음체계였다는 것을 알 수 있다. 물론 上古音에서도 開口度, 즉 韻書에서 말하는 等位나 開合에 따라 變異音이 존재했을 것이며, 이러한 變

異音의 視差的 기능을 어떻게 판단할 것인가에 따라 母音體系는 달리 구성될 수도 있을 것이다.[4]

Ⅲ 古代 金石文의 字音仮名

金石文 자료는 日本 내에 남아 있는 고음 자료 중에서 가장 오래된 자료이다. 금석문에 기록된 字音仮名(万葉仮名)로 記錄된 고대 일본어는 주로 고유명사이지만, 古音의 체계를 해명하기위한 좋은 자료가 된다.

1. 推古朝遺文

古代 日本 漢字音의 古層, 즉 '古音'의 체계를 알기위한 일본 금석문 자료로는, 먼저 스이코(推古)朝遺文을 들 수 있다. 推古朝(554-628)遺文이란, '伊豫道後溫泉碑文', '金銅彌勒菩薩造像記', '元興寺露盤銘', '法隆寺金堂藥師光背銘', '元興寺丈六光背銘', '法隆寺金堂釋迦佛光背銘', '法隆寺天壽國曼荼羅繡帳銘', '法隆寺釋迦三尊光背銘', '上宮記逸文', '上宮太子系譜' 등의 비문을 가리킨다. 이 중에서 '伊豫道後溫湯碑文'과 '元興寺露盤銘'은 실물은 亡失되어 전하지 않고, 銘文만 후대의 문헌으로 전해진다. 이들 자료에 보이는 고대 일본어는 한자음을 차용한 字音仮名(万葉仮名)로 固有名詞가 表記되었으며, 이 시기의 漢字音은 일본한자음 最古層인 이른바 古音이라고 할 수 있다. 推古朝遺文의 에 대해서 姜斗興(1980)은 다음과 같이 설명하고 있다.

---

4 趙大夏(2012)「中國上古音系 日本漢字音에 대한 연구」『日語日文學研究』第80輯, pp.407-410

推古期遺文のうち、その大部分をなす『金銅彌勒菩薩造像記』『元興寺露盤銘』『法隆寺金堂藥師光背銘』『元興寺丈六光背銘』『法隆寺金堂釋迦佛光背銘』『法隆寺天壽國曼茶羅繡帳銘』『法隆寺釋迦三尊光背銘』等はいずれも佛寺關係の遺文であり、その制作は佛像の鑄造と切り離しては考えられない。この佛像の制作や寺院の建築が行われた時期を美術史や建築史の分野では、飛鳥期といっているのであるが、實はこの6C末~7C前半の飛鳥期の文化は朝鮮三國、とくに百濟の技術者の影響をぬきにしては語れないのである。……(中略)……ここで注意を促したいことは右に擧げた佛寺關係の推古遺文の制作者が朝鮮三國の技術者であったということである[5]。

姜斗興(1980)은 또한 推古朝遺文의 常用假名와 고대 한국의 金石文, 『三國史記』・『三國遺事』에 기록된 鄕歌의 吏讀가 매우 높은 비율(98%)로 일치한다고 하며, 推古朝遺文 制作背景 및 字音假名의 表記體系에서 고대 한국 영향을 무시할 수 없다고 했다.

필자도 姜斗興의 견해는 매우 타당하다고 판단된다. 그러나 表記體系의 일치율이 높다고 해서 반드시 음운체계도 그렇다고는 말하기 어렵다. 推古朝遺文의 字音假名는 총 82字인데, '吉噉巷凡明'의 5字은 連合假名로 보이며, '足難(スク・ナニ)'의 2字는 二合假名이다. 따라서 순수한 單音節 假名는 75字이다. 이 중 推古朝의 常用假名로 보이는 것은 65字로, 單音節假名 75字 중 87%정도를 차지한다. 또한 單音節假名에 해당하는 각각의 音에 대해 원칙적으로(濁音인 ド乙・バ은 例外) 적어도 一字의 常用假名가 존재하므로, 推古期에는 常用假名 내지는 準常用假名의 체계가 거의 확립되었다고 추정된다.[6] 推古朝遺文의 字音假

5　姜斗興(1980)『吏讀と萬葉假名の硏究』, p.6~10
6　大野 透(1962), 前揭書, p.51
　　大野는 推古朝遺文의 字音假名 82字 중에서, '阿伊汗意加宜支岐歸久居義古己佐沙斯自思多陁至智知遲都弖刀等止奈那爾奴尼乃波比非布夫佛菩富麻彌未牟賣米母移夜由已興羅良利留禮里和韋乎'의 65字를 常用假名로 보았다.

名를 정리하면 다음 <표 3>과 같다.

〈표 3〉 推古朝遺文의 字音仮名表

		ア	カ	サ	タ	ナ	ハ	マ	ヤ	ラ	ワ
		阿	加奇宜	佐沙作	多侈随	奈那	波	麻明	夜移	良羅	和
		イ	キ	シ	チ	ニ	ヒ	ミ	イ	リ	ヰ
甲		伊夷	支岐吉	斯自	知智至遲	爾	比	彌	夷	利	韋
乙			歸				非	未			
		ウ	ク	ス	ツ	ヌ	フ	ム	ユ	ル	ウ
甲		有汗宇	久	足スク	都	奴奲	布夫	牟	由	留	
		エ	ケ	セ	テ	ネ	ヘ	メ	エ	レ	エ
甲					弖代	尼	俾	賣		禮	
乙			居希擧氣義					米			
		オ	コ	ソ	ト	ノ	ホ	モ	ヨ	ロ	ヲ
甲			古	巷噉			富凡菩				乎
乙		意	己		等止刀	乃		母	余與已	里	

* 清·濁音은 區別하지 않았다. 또한 '上代特殊仮名遣い'의 甲·乙類 區別이 없는 字는 甲類로 分類했다.

2. 古代 三大 金石文

1) 稲荷山古墳出土 金錯銘鉄劍

이 鐵劍은 兩面에 115文字가 金象嵌으로 새겨져 있으며 1983년 國寶로 지정되었다. 115字로 작성된 銘文의 全文과 解釋은 다음과 같다.

辛亥年七月中記、乎獲居臣、上祖名意富比垝、其児多加利足尼、其児名弖已加利獲居、其児名多加披次獲居、其児名多沙鬼獲居、其児名半弖比

(以上表面)

(辛亥の年七月中、記す。ヲワケの臣。上祖、名はオホヒコ。其の児、(名は)タカリのスクネ。其の児、名はテヨカリワケ。其の児、名はタカハシワケ。其の児、名はタサキワケ。其の児、名はハテヒ。)

其児名加差披余、其児名乎獲居臣、世々為杖刀人首、奉事来至今、獲加多支鹵大王寺在斯鬼宮時、吾左治天下、令作此百練利刀、記吾奉事根原也

(以上裏面)

(其の児、名はカサハヨ。其の児、名はヲワケの臣。世々、杖刀人の首と為り、奉事し来り今に至る。ワカタケロの大王の寺、シキの宮に在る時、吾、天下を左治し、此の百練の利刀を作らしめ、吾が奉事の根原を記す也。)

銘文 중에서 밑줄 친 부분은 固有名詞로서 字音仮名로 기록된 것이다. '稲荷山古墳鐵劍銘'의 제작연대는 명문 중의 '辛亥年'이라는 年紀를 비롯하여, 雄略天皇(418년~479년)으로 비정되는 '獲加多支鹵大王'을 참고로 하여 471년으로 推定되고 있다.[7]

2) 隅田八幡神社人物画像鏡

이 銅鏡의 背面에는 48字가 새겨져 있으며 역시 國寶로 지정되었다. 제작 연대는 명문 중의 '癸未年'이라는 年紀에 의거해 383년, 443년, 503년 등의 학설이 있는데, '意柴沙加'의 경우, 『古事記』의 '忍坂', 『日本書紀』의 '忍坂', '押坂', 『万葉集』의 '忍坂山' 등과 같은 지명명으로 보이며, 『古事記』 歌謠의 '意佐加能意富牟盧夜爾'의 オサカ와 같다고 하면, 『古事記』에서 보이는 音便形 オッサカ보다 이 鏡銘의 기록이 옛 형태로 보여, 적어도 『古事記』보다 이전이라고 추정된다.[8] 銘文

---

7   山田 實(1987) 『古代音韻の比較研究』, 櫻楓社, p.478

의 全文과 解釋은 다음과 같다.

癸未年八月日十大王年男弟王在意柴沙加宮時斯麻念長奉遣開中費直穢人今州利二人等取白上同二百旱作此竟

(大意)癸未の年八月十日大王年、男弟王が<u>オシサカ</u>の宮におられる時、斯麻が長寿を念じて<u>カワチノアタイ</u>、穢人<u>今州利</u>の二人らを遣わして白上同(真新しい上質の銅)二百旱をもってこの鏡を作る。

밑줄 친 부분이 固有名詞를 기록한 것인데, '男弟王', '日十大王'는 固有名詞로 단정하기 어렵다.

3) 江田船山古墳出土 鉄刀
이 鐵刀에는 약 75字의 銀象嵌 銘文이 새겨져 있으며, 상당 부분 剝落되었다. 복원된 銘文과 解釋은 다음과 같다.

治天下獲□□□鹵大王世奉□典曹人名<u>无利弓</u>八月中用大鑄釜幷四尺廷刀八十練六十捃三寸上好□刀服此刀者長壽子孫注注得其恩也不失其所統作刀者名<u>伊太加</u>書者<u>張安也</u>

(天の下治らしめし獲□□□鹵大王の世、典曹に奉事せし人、名は无利弓、八月中、大鉄釜を用い、四尺の廷刀を幷わす。八十たび練り、九十たび振つ。三寸上好の刊刀なり。此の刀を服する者は、長寿にして子孫洋々、□恩を得る也。其の統ぶる所を失わず。刀を作る者、名は伊太和、書するのは張安也)

---

8 築島 裕(1981)「仮名」『日本語の世界』5, 中央公論社, pp.14~15

鐵刀의 制作年代에 대해서는 아직 확실히 밝혀지지 않았는데, '獲□□鹵大王'이 稲荷山古墳出土 金錯銘鉄劍의 王名인 '獲加多支鹵大王'과 동일 인물로 간주되므로, 두 金石文은 거의 같은 시기에 제작되었을 것이라 추정된다. 銘文의 固有名詞로는 밑줄 친 '獲加多支鹵大王', '无利弖', '伊太加', '張安'의 4종류의 예가 있다. 특히 人名 '張安'에 대해, 東野治之는 다음과 같이 논하고, 銘文의 漢字音은 3세기 中國音이 基層이 된 것이고, '張安'은 중국계 한국인이라고 주장하고 있다.

これは銘文の原文の筆者であろうと考えられ、その姓は中國系と見られるが、稲荷山古墳鐵劍銘に音假名として使われている漢字の種類や、その音を調べると、『日本書紀』の朝鮮關係記事に用いられているそれと一致するものが少くない。それらの漢字音は、中國の三世紀ごろの音を傳えたものである。おそらく稲荷山古墳鐵劍銘と江田船山古墳鐵刀銀象嵌銘に表れた文字の技術は、直接には古代朝鮮に源を有するとしてよかろう。「張安」も朝鮮に渡った中國人の血を引く人物と思われる。また書風についても、稲荷山古墳鐵劍銘と江田船山古墳鐵刀銀象嵌銘と類似した隷書・楷書混合の古めかしい書風は、朝鮮三國時代の新羅の眞興王碑(六世紀後半)などにみられるところで、上の推定と矛盾しない[9]。

도노 하루유키(東野治之)는 또한『日本書紀』의 고대 한국 관련 記事에서의 固有名詞 표기용 한자음과 공통으로 사용된 字母의 예를 다음과 같이 들고 있다.

居 ------ 彌移居(官家)　(欽明十五年十二月)<百濟側 記錄>

9　東野治之(1988)「金石文・木簡」漢字講座5『古代の漢字とことば』所収, 明治書院, pp.32~33

足 ------- 筑足流城(都久斯岐城) (雄略八年二月)<大邱로 比定>
堀 ------- 己麻奴跪(欽明五年<541>二月)<百濟本記>
披 ------- 烏胡跛 臣(欽明五年三月)<百濟本記>
鹵 ------- 阿鹵旱岐(同上)<任那人名>
鬼 ------- 發鬼(敏達四年六月)<任那地名>

여기서 '堀, 披'의 경우는 偏은 다르지만, 소리를 나타내는 旁은 '危', '皮'이고(이른바 諧聲符), 表音上은 同一한 用字라고 理解해도 좋을 것이다.[10]

4) 古代 三大金石文의 字音假名表

이상, 일본 古代 三大金石文에서 日本語 固有名詞를 表記한 字音仮名를 정리하면 다음 <표 4>와 같다.

〈表 4〉古代三大金石文の字音假名表[11]

ア	カ	サ	タ	ナ	ハ	マ	ヤ	ラ	ワ
	加	差・沙	多・太		半	麻			獲
イ	キ	シ	チ	ニ	ヒ	ミ	イ	リ	ヰ
伊	支甲・鬼乙	次・斯・柴			比甲・披甲			利	
ウ	ク	ス	ツ	ヌ	フ	ム	ユ	ル	ウ
	堀(跪)	足・州				无			
エ	ケ	セ	テ	ネ	ヘ	メ	エ	レ	ヱ
	支甲・居乙		弖	尼					
オ	コ	ソ	ト	ノ	ホ	モ	ヨ	ロ	ヲ
意					富		余乙・已乙	鹵	乎

*本表에서 清音과 濁音은 구별하지 않았다.

---

10 東野治之(1983)『日本古代木簡の研究』, 塙書房, pp.321~322
11 木下禮人(1993)『日本書紀と古代朝鮮』, 塙書房, pp.158~159

Ⅳ 古代 日本과 古代 韓國의 金石文 表記

A.D.6~7世紀의 新羅金石文 중에서 '迎日冷水里碑'(503年), '永川菁堤碑'(536年), '蔚州川前里書石'(539年), '丹陽赤城新羅碑'(550年前後), '明活山城作城碑'(551年), '昌寧眞興王拓境碑'(561年), '北漢山眞興王巡狩碑'(568年), '大邱戊戌銘塢作碑'(578年), '磨雲嶺眞興王巡狩碑'(578年), '慶州南山新城碑第1碑'(591年), '南山新城碑第2碑'(591年), '癸酉銘阿彌陀三尊佛碑像銘文'(673年), '癸酉銘三尊千佛碑像銘文'(673年)[12]에 記錄된 人名表記 漢字 196字자와 日本 古代 金石文의 字音仮名 93字와를 對應시켜 보면 다음 <표 5>와 같다. 이 중에서 '癸酉銘阿彌陀三尊佛碑像銘文'(673年)과 '酉銘三尊千佛碑像銘文'(673年)는 삼국통일이후, 百濟 流民에 의해 만들어졌다고 한다.[13] 또한, 마부치 카즈오(馬淵和夫, 1971)에 의하면, 高句麗는 백제와 신라와 비교해 獨自的인 面도 좀 있는데, 漢字의 用字法에서 三國은 대개 비슷했다고 하는데,[14] 그렇다면 이들 新羅金石文의 用字法과 百濟의 用字法은 그다지 차이가 없었을 것이다.

<표 5>를 보면 推古朝遺文과 日本 古代 三大金石文의 字音仮名 및 新羅金石文의 人名表記用 漢字를 對應시켜보면, 일치하는 漢字의 數는 35字로, 日本金石文 한자를 기준으로 했을 때 37.2%가 되므로 일치율이 상당히 높다. 즉, 古代의 일본과 한국은 表記 體系가 유사했으며, 이것은 일본의 古代 金石文 制作에는 한국으로부터의 渡來人들이 관여했을 가능성이 크다는 것을 시사한다.

---

12 金昌鎬(1994)『六世紀 新羅 金石文이 釋讀과 그 분석』, 경북대학교 사학과 박사학위논문
13 金昌鎬(1994), 前揭書, p.107
14 馬淵和夫(1971)『三國史記』『三國遺事』にあらわれた古代朝鮮の用字法について」, 『言語學論叢』11, p.57~74

〈표 5〉 韓·日 古代 金石文의 借字表記 對照

	日本金石文漢字		新羅金石文人名漢字
	推古朝遺文	古代三大金石文	
漢字	阿伊夷汙宇有意加奇宜支岐吉歸久氣居舉希義古己佐作沙斯自足恭噭多移陏止智知遲都弖乃刀等止奈那爾奴獎尼乃波比非布夫俾菩凡富麻明彌未牟賣米母移夜由余已與羅良利留禮里和韋乎	伊意加支鬼塊(跪)居差沙次斯柴足州多太弖尼半比披富麻无余已利鹵乎獲	加居古久吉奈那乃奴都刀等良禮利麻牟未彌夫非比沙斯阿與伊爾自作支至知智可巾乞谷功瓜光仇屈今及級忌難郞內年盧婁大德到導篤冬豆頭得登理莫万末麥覓名暮毛木沒妙武文勿美弥泊倣伐法兵普腹服福鳳不弗枇匕悲史四師使徒三上生西宣設所蘇須首宿盾舜述尸申夾失悉心氏兒安也於麗力悅另令烏辱又臾六乙音你人仁一日壹林子折節丁正苐助竹衆卽只之旨眞珍辰叱此次贊尺聰鄒抽春忠吹就親七毛耽兎巴平筆定下郝合許叶兄分惠呼忽弘爻休黑欣
	82字	30字	
	94字(異なり字數)		196字
日韓一致字	加居古久吉作次奈那乃奴都刀等良禮利麻牟未彌夫非比沙斯阿與伊爾自支至知智 35字(日本金石文漢字基準 : 37.2%)		

V 金石文 字音仮名의 漢字音

1. 魚部字의 古音

 日本 三大 金石文과 推古朝遺文의 字音仮名는 일본한자음의 여러 層 중에서 古音이라고 했는데, 本稿에서는 字音仮名의 漢字音 중에서 中國 上古音 魚部에 속하는 字를 대상으로 古音의 音形과 沿革에 대해 고찰하기로 한다. 고찰에 앞서서 中國 中古音 聲母, 韻母, 『廣韻』의 反切, 『韻鏡』의 等位, 일본한자음의 吳音과 漢音을, 그리고 諸學者들이 재구한 中國 上古音과 中古音을 정리해서 제시하면 다음 <표 6>와 같다.

字音仮名에 의한 漢字音 硏究 215

〈表 6〉 日本 古音資料에 사용된 **字音仮名**

字	反切	古音	上古音			聲母	韻母	聲調	等	中古音		吳音	漢音
			Karlgren	董同龢	李方桂					Karlgren	董同和		
古	公戶切	ko(甲)	ko	kâg	kagx	見	模	上	1	kuo:	kuo	コ	コ
作	則落切	tsa	tsag	tsâg	tsagh	精	歌	去	1	tsɑ	tsɑ	サ	サ
							模	去		tsuo	tsuo		
			tsak	tsâk	tsak		鐸	入		tsɑk	tsɑk	サク	サク
都	當孤切	tu	to	tâg	tag	端	模	平	1	tuo	tuo	ト	ト
奴	乃都切	nu	no	nâg	nag	泥	模	平	1	nuo	nuo	ヌ	ド
乎	戶吳切	wo	gʻo	ɣâg	gag	匣	模	平	1	ɣuo	nuo	ヲ,ゴ	コ
鹵	郎古切	ro	lo	lâg	lags	來	模	上	1	luo:	luo	ロ	ロ
汙	烏路切	u	ʔwo	ʔwâg	ʔwag	影	模	去,平	1	ʔuo	ʔuo	オ	ウ
	羽俱切		giwo	ʔiwâg	gwjag	喩	虞	平	3	ʔjiu	ʔjuo		
布	方矩切	pu	pwo	pwâg	pagh	幫	模	去	1	puo	puo	フ	ホ
居	九魚切	kë(乙)	kio	kiag	kiag	見	魚	平	3	kiwo	kjo	コ	キョ
	居之切		kiəg	kiəg	kjəg		之			ki	kji		
擧	居許切	kë(乙)	kio	kiag	kiagx	見	魚	上	3	kiwo	kjo	コ	キョ
餘	以諸切	yö(乙)	dio	diag	rag	喩	魚	平	3	iwo	jo	ヨ	ヨウ
與	余呂切	yö(乙)	dio	diag	ragx	喩	魚	上,平	3	iwo	jo	ヨ	ヨ
	以諸切				rag								
宇	王矩切	u	giwo	ɣiwag	gwjagx	喩	虞	上	3	piu	ɣjuo	ウ	ウ
夫	甫無切	bu	piwo	piwag	pjag	非	虞	平	3	bʻiu	pyuo	ブ	フ
	防無切		bʻiwo	bʻiwag	bjag	並				muo	bhjuo		
无	莫胡切	mu	mo	mâg	mag	明	模	平	1	miu	muo		ブ
	武夫切		miwo	miwag	miag		虞		3	ia	myuo	ム	
夜	羊謝切	ya	ziǎg	diǎg	riagh	喩	麻	去	4	ɣwɛk	ia	ヤ	ヤ
獲	胡麥切	wa	giwǎk	ɣwǎk	gwrak	匣	麥	入	2		ɣuæk	ワク・クワク	クワク

2. 魚部 模韻字와 古音

먼저 魚部模韻字에는 '古都奴呼汗布鹵无'가 있다. 中古音 模韻의 母音에 대해서는 칼그렌을 비롯해 뚱둥허(董同龢), 리팡꾸이(李方桂), 쩡장쌍황(鄭張尚芳)은 ^C/uo/로 재구했으며, 리홍(李榮), 샤오롱펀(邵榮芬), 도도아키야스(藤堂明保)는 /o/로, 왕리(王力)은 /u/로 재구했다.

推古朝遺文 등 金石文의 字音仮名로는 대체로 上代日本語의 '上代特殊仮名遣い' 중에서 オ列甲類 相當의 /-o/ 및 /-u/의 表記에 사용되었다.

칼그렌(karlgren)은 模韻字의 韻母에 대해, 現代 中國語의 方言에는 대개 /-u/로 反映되었지만, 古代 資料 및 漢字文化圈의 資料, 즉 韓國漢字音이나 日本漢字音의 漢音, 그리고 越南漢字音에서는 /o/로 반영되고 있음에 반해, 東南方言이 그 基層音이 된 日本漢字音의 吳音에서는 /u/로 反映되어 있다는 점. 그리고 古代日本語 音韻體系에서 /wo/와 /o/의 音節을 區別하는 仮名文字가 있다는 것, 그리고 北京音의 /nu·lu·tu·su/등이 太谷方言(山西中部)에서는 /no·lo·to·so/와 같이 實現된다는 점을 들어서 /-uo/로 보고 있다.[15]

또한 왕(王力)은 漢代에는 後舌圓脣母音인 /-ɑ̊/[-ɔ]로 보고 있다.[16] 羅常培·周祖謨는 『詩經』의 押韻과 漢代의 詩賦연구를 통해 '魚侯兩部合用是西漢時期普遍的現象, 這是和周秦音最大的一種不同'라고 敍述하고 있다.[17] 즉, 西漢時代에 들어와 두드러진 音韻變化 現象의 하나로 『詩經』에서는 압운하지 않았던 魚部와 侯部가 押韻하게 되었다는 것이다.

上古音 侯部의 主要母音 대해서는 董同龢와 李方桂는 /u/로 再構헀

---

15 Karlgren. Bernhard(1954)「Compendium of Phonetics in ancient and archaic Chinese」『The Museum of far Eastern antiquities Stockholm』, Billetin No.26. 李敦柱譯 (1985)『中國音韻學』, 一志社, pp.96~98
16 王力著(1985)『漢語語音史』, 社會科學院, 權宅龍譯(1997), 대일, p.104
17 羅常培·周祖謨(2007)『漢魏晉南北朝韻部演變研究』(第一分冊), 中華書局, p.10

고, 王力은 /o/, 鄭張尙芳은 /oo/로 再構했다.

이를 정리해 보면, 上古時代로부터 中古時代까지 魚部模韻字의 主要母音은 [ɑg]→[ɒu]→[ɔː]→[oː]→[ou]→[u]와 같이 高母音化의 과정을 거치며 變化했다고 想定되며, 그와 같은 變遷에는 韻尾/-g/가 作用했을 것이라 추정된다. 이렇게 볼 때, 漢代에는 後舌圓脣母音인 [ɒ]에서 [o]로의 過渡的인 音이였으며 [ɒu]가 長母音化한 [ɔː]에 가까운 音이었다고 推定된다.[18] 이것이 南北朝時代로부터는 더욱 高母音化하여 [ou]를 거쳐 [u]로 변화했다고 추정된다.

日本漢字音의 古音은 [ɔː]를 反映했다고 판단되는데, [ɔ]는 調音位置가 [o]에 가깝기 때문에 魚部模韻字로 表記되었던 古代日本語의 音價는 ᴶ/o/로 보는 것이 타당할 것이다. 특히 『稻荷山古墳鐵劍銘』,『江田船山古墳鐵刀銀象嵌銘』에서의 人名 중에서 雄略天皇에 比定되는 '獲加多支鹵大王'의 '鹵'의 轉寫音을 'ロ' 또는 'ル'로 읽고 있는데, 製作年代인 471년인 것과 製作者가 百濟系 渡倭人이란 것을 감안하면 西漢代에 이미 들어와 토착화한 百濟 漢字音 ᴷ/ro/에 의한 表記라고 추정되며, 이에 古音도 ᴶ/ro/로 해석하는 것이 타당할 것이다.

그런데 같은 模韻字인 '都ツ'와 '奴ヌ'와 같은 字音은 吳音에서도 ᴶ/-u/로 反映된 예가 보이는데, 이는 '模韻'과 '虞韻'이 相通한 南北朝時代의 字音狀態를 反映한 것이라 할 수 있다.

이렇게 보면 金石文의 字音仮名 중에는 西漢代부터 韓半島에 토착화된 字音과 南朝로부터 百濟를 통해 輸入된 字音 등, 新舊層의 字音層이 존재함을 알 수 있다.

3. 魚部 魚韻字와 古音

18　森博達(1982)「三世紀倭人語の音韻」『倭人傳を讀む』所收, 中央公論社, p.182

魚部 魚韻字에 대해서 고찰해 보면, 李方桂가 재구한 上古音는 /-jag/이며, 中古音 韻母는 /-jwo/이다. 古音자료에 사용된 字音仮名로는 '居擧余與'가 있으며, 万葉仮名로는 모두 才列乙類에 相當한다.

이 '魚部魚韻 3等'字의 上古音으로부터 近代音까지의 變遷에 대해, 大野晋는 다음 <그림 1>과 같이 서술하고 있다.[19]

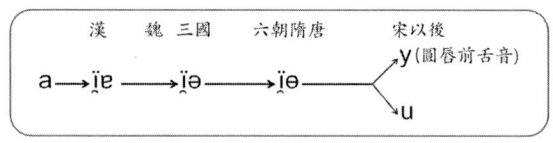

〈그림 1〉 魚韻字 韻母의 變遷

<그림 1>을 보면, 大野晋는 上代字音仮名의 字音을 中古音이 기층이 된 것으로 보고, 才列乙類의 音價에 대해 圓唇性 中舌母音인 [θ]로 보았는데, 圓仁의 『在唐記』에 悉曇文字의 발음에 대한 說明 중에 "ろ 短於。々字以二本鄕音呼レ之(大日本佛敎全書本による)"를 근거로 들면서 'ろ'는 悉曇文字의 [o]에 해당하므로 於=[o]의 관계가 성립되고, 中舌母音 [θ]가 後舌母音 [o]로 合流한 것으로 보고 있다.[20]

이렇게 보면, 魚部 魚韻字의 主要母音은 [ɑɡ]→[ɐ]→[ə]→[θ]→[y]와 같은 前舌高母音化의 과정을 거치며 變遷했다고 想定되며, '才乙類'의 표기에 사용된 字音仮名는 [θ]의 상태를 반영한 것이라 보는 것이 타당하다.

단지 여기서 문제가 되는 것은 字音仮名 중에서 'ケ乙類'의 表記에 사용된 '居'와 '擧'이다. 魚部 魚韻의 主要母音을 [θ]로 본다면, 'ケ乙類'의 반영은 추정하기 어렵다.

19　大野 晋(1953), 『上代假名遣の硏究』, 岩波書店, pp.180~181
20　大野 晋(1953), 前揭書, p.190

칼그렌은 '居', '擧'의 中古音을 同音으로 보고 ^{C}/kiwo/로 재구했다. 廣韻의 反切은 居-九魚切(魚韻)·居之切(之韻), 擧-居許切(魚韻)·以諸切 (魚韻)이다. 上古音에 대한 견해는 學者에 따라 조금씩 다른데, 먼저 '居'의 경우 리(李方桂)는 ^{C*}/kjag/[魚部]·^{C*}/kjəg/[之部]로, 擧는 /kiagx/ 로 재구하고 있으며, 쩡장(鄭張尙芳)은 '居'는 ^{C*}/kjag/[魚部]·^{C*}/kjəg/ [之部]로, 擧는 ^{C*}/ka·kas/로 재구하고 있다. 이를 보면 魚部에 속하는 兩字'는 같은 音이었음에 틀림없다.

아리사카 히데요(有坂秀世)는 오야 토루(大矢透)의 說을 引用해 '居', '擧'가 上代 日本語의 'ケ乙類'의 表記에 사용된 것은 古代 韓國漢字 音, 그 중에서도 百濟人의 漢字音에 의한 表記라고 보고 있으며, 그 基層이 된 中國音은 揚子江 유역의 南方音이라고 서술하고 있다. 그리 고 그 證據로써 上海方言音을 들고 있다.[21]

그러나 百濟의 漢字音이라고 해도 앞에서 서술한 魚部魚韻의 變遷 을 고려하면, 이 역시 西漢時代에 韓國을 거쳐 전래된 漢字音이라고 보는 것이 타당하다. 왜냐하면 '居'의 경우 稻荷山古墳鐵劍銘 및 推古 朝遺文에서는 'ケ乙類'의 表記에 사용되었지만『古事記』『万葉集』『日本 書紀』에서는 다음과 같이 'コ乙類'의 表記에 사용되고 있기때문이다.

   根毛居侶雖見　　　　　　　　　(万葉集, 1723)
   彌居賣, 麻居　　　　　　　(養老5年下總國戸籍, 721年)
   那居波佐麽　　　　　(日本書紀卷第3, 神武天皇卽位前期)
   擧能居登　　　　　　(日本書紀卷第14, 雄略天皇4年紀)

'ケ乙類'의 表記에 사용된 '居', '擧'는 'コ乙類'의 轉寫音보다는 오 래된 字音이라고 보는 것이 타당하다.

---

21 有坂秀世(1955)『上代音韻攷』, 三省堂, pp.431~432

여기서 '居', '擧'字를 'ケ乙類'의 表記에 使用한 古音에 대해 고찰하기 앞서 고려해야 할 것은 'ケ乙類' 母音의 音價이다. 일반적으로 母音은 後舌母音이 먼저 形成되고 中舌, 前舌母音은 이보다 뒤에 形成된다고 한다. 따라서 古代日本語의 イ列乙類에 相當하는 音은 모음 [i]와 모음 [u] 사이에서 形成된 母音일 가능성이 있다. 이에 따라 エ列乙類의 모음은 [a]와 [i] 또는 [ə]와 [i]가 결합하여 形成된 二重母音일 可能性이 있다.[22]

그런데 고대 일본어의 모음체계에서 현대 일본어에 존재하지 않는 중설모음 /ə/가 존재했을 것인가에 대해서는 오노 스스무(大野晋) 등의 說에 의해 이미 그 존재가 立證되었다고 할 수 있다. 그렇지만 이 중설적 모음이 어떠한 音價를 가졌는가에 대해서는 의구심이 생긴다. 오노 스스무(大野晋)가 'オ列乙類'에 해당하는 字音의 主母音을 圓唇性 中舌母音인 [θ]로는 보고는 있지만, 이 역시 확실하지는 않다. 그래서 エ列乙類에 상당하는 漢字音의 韻母가 [ə]와 [i]가 결합한 것과 같은 音이었다고 생각하면, 그것이 日本人에게는 'エ列乙類'에 가까운 소리로 聽取되었다고 想定할 수 있다.

推古朝遺文에서 'ケ乙類'의 表記에 '居', '擧'字를 사용한 것에 대해서는, 西漢時代에 들어와 이들 字音들의 主要母音이 中舌的 母音으로 변했으며, 3等介音과의 결합으로 [kjɐ]→[kjə]가 되었다. 그리고 이것이 百濟 漢字音으로 정착되었다. 또한 일본어의 'ケ列乙類'가 자신의 漢字音 ᴷ/kiə와 같이 聽取되었기 때문에 사용했을 可能性이 크다. 그러나 中舌的 母音이 모음체계를 달리하는 한국어와 일본어에 전래되는 과정에서 다양한 異音으로 聽取되었으며, 이를 구별하려는 한국과 일본의 고대인들에 의해 다양한 형태의 漢字音으로 轉寫된 것이다.[23] 따

22　朴在陽(1998)『國語母音體系研究』, 보고사, pp.193~195
23　趙大夏(2011)「止攝 漢字音에 대한 韓日 對比研究」『日本語文學』第52輯, p.12

라서 '上代特殊仮名遣'에서 14개 음절의 甲乙類 구별도 이러한 變異音들을 구별하려는 의도에서 생긴 일시적인 表記法으로 보는 것이 타당할 것이다.

그 외에 上古音 魚部에 屬하는 字音으로서 中古音 麻韻에 속하는 '夜', 歌韻(鐸韻)에 속하는 '作'의 主要母音은 上古音에서 中古音까지 큰 변화가 없이 喉舌母音 /a/([ɑ])였으며, 古音에서도 일본어 모음 ʲ/a/를 轉寫하는데 사용되었다.

이들 漢字音에 대해서 뤄창페이·쩌우주모(羅常培·周祖謨, 2007)는 "東漢魚侯也是合爲一部的, 但是魚部麻韻一系的字已轉到歌部了"라고 하여,[24] 魚部 麻韻字가 東漢시기에는 이미 歌部와 合流했다고 보고 있다. 이에 따르면 魚部의 主要母音은 西漢時期에 들어와 변화를 시작해 東漢時期부터는 이미 後舌低母音 /a/[ɑ]의 性質은 없어진 것으로 판단된다.

Ⅵ 맺음말

本稿는 日本 古代 金石文에서 日本語를 轉寫 表記한 字音仮名를 통해 당시의 漢字音, 즉 古音의 狀況을 고찰해 보고 古音의 형성에서 韓國 漢字音의 영향에 대해 고찰해 보았다.

考察은 字音仮名 중에서 上古音 魚部에 속하는 字를 대상으로 했다. 고찰 결과를 정리하면, 먼저 古音에는 傳來된 시기에 따라 層的으로 분류된다. 상대적으로 古層의 古音은 西漢時代에 고대 한국에서 정착된 漢字音으로 渡倭人들에 의해 日本語 表記에 사용되었다. '居', '擧'字가 '上代特殊仮名遣'에서 ケ乙類로 사용된 것은 가장 古層의 字音으로서 西漢時代의 音을 반영한 것이다.

---

24   羅常培·周祖謨(2007), 前揭書, p.22

上古音 魚部의 主要母音 /a/는 周秦時代까지는 後低舌母音인 [ɑ]였다고 판단된다. 이것이 한 갈래는 [ɑg]→[ɒu]→[ɔː]→[oː]→[ou]→[u]와 같이 後舌高母音化라는 音韻變化의 과정을 거쳐 中古音 模韻으로, 그리고 다른 한 갈래는 [ɑg]→[ɐ]→[ə]→[θ]와 같은 中舌高母音化라는 音韻變化의 과정을 거쳐 中古音 魚韻으로 分化했다고 歸納된다.

　魚部의 字音仮名의 轉寫音을 귀납해 볼 때, 고대 일본어에서도 [ə]와 같은 中舌母音의 존재는 인정되나 중국어와는 母音體系를 달리하는 日本語에 傳來되는 과정에서 다양한 異音으로 聽取되었으며, 이를 구별하려는 古代 日本人들에 의해 다양한 形態의 漢字音으로 轉寫된 것이다. 따라서 '上代特殊仮名遣'에서 14개 음절의 甲乙類 구별도 이러한 變異音들을 구별하려는 表記 의도였을 것이라 推定된다.

참고 문헌

姜斗興(1980)『吏讀と萬葉假名の研究』
金昌鎬(1994)『六世紀 新羅 金石文의 釋讀과 그 분석』, 경북대학교 사학과 박사학위논문
朴在陽(1998)『國語母音體系研究』
李方桂著·전광진譯(2004)「중국어 상고음 연구」『口訣研究』第12輯 所收
趙大夏(2011)「止攝 漢字音에 대한 韓日 對比研究」『日本語文學』第52輯
_____(2012)「中國上古音系 日本漢字音에 대한 연구」『日語日文學研究』第80輯
有坂秀世(1955)『上代音韻攷』, 三省堂
大野晋(1953)『上代假名遣の研究』, 岩波書店
大野透(1962)『萬葉假名の研究』, 明治書院
大矢透(1911)『仮名源流考』, 國語審議委員會
木下禮人(1993)『日本書紀と古代朝鮮』, 塙書房
築島裕(1981)「仮名」『日本語の世界』5, 中央公論社
藤堂明保·相原務(1985)『新訂中國語概論』, 大修館書店
東野治之(1983)『日本古代木簡の研究』, 塙書房

東野治之(1988)「金石文・木簡」漢字講座5『古代の漢字とことば』所收, 明治書院
馬淵和夫(1971)「『三國史記』『三國遺事』にあらわれた古代朝鮮の用字法について」,
　　　　　『言語學論叢』11
森博達(1982)「三世紀倭人語の音韻」『倭人傳を讀む』所收, 中央公論社
山田實(1987)『古代音韻の比較研究』, 櫻楓社
董同龢(1972)『漢語音韻學』, 文史哲出版社
王力(1972)『漢語音韻』, 中華書局
鄭張尚芳(2003)『上古音系』, 上海漢敎育出版社
王力著(1985)『漢語語音史』, 社會科學院, 權宅龍譯(1997), 대일
羅常培・周祖謨(2007)『漢魏晉南北朝韻部演變研究』(第一分冊), 中華書局
Karlgren. Bernhard(1954)「Compendium of Phonetics in ancient and archaic Chinese」
　　　　　『The Museum of far Eastern antiquities Stockholm』, Billetin
　　　　　No.26. 李敦柱譯(1985)『中國音韻學』, 一志社

일본어학과 일본어교육
日本語学・日本語教育

2 음운・음성(音韻・音声)

일본어학과 일본어교육 2 음운·음성

청각적 거리와 일본어 ワ행의 쇠퇴

핀 텔·가 볼*
고베대학교 교수

I 머리말

음에 관한 연구에 있어서는, 기술이나 분석의 면에서 청자보다 화자의 입장을 취하는 것이 많다. 예를 들어 음성을 기술하기 위해 조음점과 조음법을 사용하거나, 음변화의 설명을 발음의 용이라는 개념을 바탕으로 하는 것이 일반적이다. 본 논문에서는 조음의 역할을 인정하면서도 청각이 음운변화의 분석에 어떤 역할을 하는 가에 대해 논할 것이다. 우선 구조주의와 그에 바탕을 둔 기능주의 언어학의 틀에서 발전한 '대립'이라는 개념을 소개하고 나서, 그와 밀접하게 관련된 청각적인 대조를 소개하겠다. 그 다음으로 청각적인 대조에 바탕을 둔 일

---

* ピンテール·ガーボル : 神戸大学

본어 ワ행의 쇠퇴를 분석한다. 마지막으로 청각의 현저성에 의한 분석이 가능한 적용 범위와 그에 관한 문제점에 관해 논할 것이다.

II 청각

1. 구조주의와 언어학

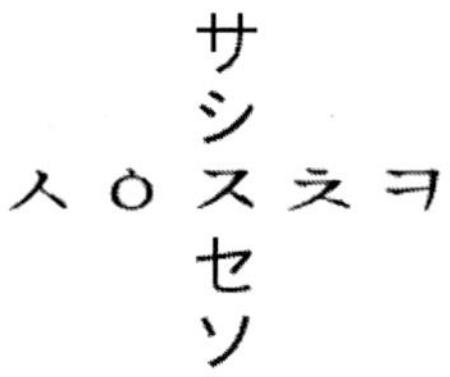

サシスセソ
ㅅㅇㅈㅊㅋ

〈그림1〉 기호의 애매성

20세기 이후의 언어학의 발전에 가장 큰 영향을 준 사상의 하나는 구조주의이다. 구조주의는 언어학뿐 아니라 사회학, 인류학, 생물학 등 학문에 널리 도입된 형식이다. 그 중심적인 생각은 표면에서 관찰되는 현상을 이해하기 위해서는 현상에 근거하는 다양한 요소, 요소의 관계, 양상이 구성하는 체계를 이해할 필요가 있다는 것이다. 예를 들어 19세기 구조주의 사회학자인 에밀 뒤르켐(Émile Durkheim)은 다양한 국가의 사회구조와 자살률 간의 밀접한 관계를 발견했다. 자살은 개인적인 행위지만 자살률이라는 표면의 사회현상에는 심층의 사회구조가 반영되어 있다는 분석은 당시 혁명적인 발견이었다.

구조주의의 관점을 언어학에 들여온 것은 스위스의 언어학자 페르디낭 드 소쉬르(Ferdinand de Saussure)이다. 구조언어학(structural linguistics)의 아버지로서 알려진 소쉬르는 언어는 기호의 시스템이라고 규정하고, 언어현상을 이해하기 위해서는 언어기호(linguistic sign)와 기호의 관계를 이해해야 한다고 주장했다. 기호는 의미와 형태로 만들어지는 것으로 기호의 의미와 다른 기호와의 관계에 의해서 결정된다. 예를 들어 그림1에서 가운데에 있는 'ス'이라는 기호는 왼쪽에서부터 가로로 읽으면 한글의 'ㅈ'이고, 위에서부터 세로로 읽으면 가타카나의 'ス'로 읽을 수 있다. 즉 'ㅈ'라는 형태를 분석하기 위해서는 그것이 소속되어 있는 체계에 대한 이해가 필요함을 알 수 있다. 직접 관찰할 수 있는 형태와 그것을 뒷받침하는 구조라는 구조주의의 개념은 언어학에 있어서 언어운용과 언어능력이라는 구별[1]에 의해 실현된다. 과학적인 분석을 위해서는 언어운용을 대상으로 하는지 언어능력을 대상으로 하는 지를 명확하게 구별해야한다. 말소리를 다루는 과학에는 말소리의 체계적인 이해(언어능력)를 대상으로 하는 음운론과, 말소리의 물리적인 특징을 기술하는 것을 목적으로 하는 음성학이 있다. 음운론과 음성학은 그 견해의 차이 때문에 분석방법을 달리한다. 예를 들어 음성학의 입장에서는 무성양순파열음 [p] 에 대해, 그 조음법과 음향적인 특징을 기술하고, 한국어와 일본어의 양언어에서 발견되는 음이라는 주장이 가능하다. 반면에 음운론의 관점에서는 한국어의 /p/ 는 평음, 경음, 격음이라는 3개의 대립을 가지고 있다는, 그리고 일본어의 /p/ 는 유성, 무성의 2가지 대립을 가지고 있다고 분석하는데, 이는 음성적인 유사점 보다는 구조상의 상위점에 주목하는 것이다.

(1)   한국어   일본어
     pul 불 火   pin 핀 ピン
     ppul 뿔 角   bin 병 瓶
     phul 풀 草

---

[1] '언어운용'과 '언어능력'은 노암 촘스키(Noam Chomsky)의 용어인데, 유사한 개념으로 소쉬르의 '빠롤'과 '랑그'를, 니콜라이 트루베츠코이(Nikolai Trubetzkoy)는 'sprechakt'와 'sprachgebilde'을 사용하고 있다

2. 기능주의 음운론

구조주의의 원리를 받아들인 학문 중에서 특히 프라하를 중심으로 20세기초에 성립한 학파는 주목할 만하다. 니콜라이 트루베츠코이(Nikolai Trubetzkoy)나 로만 야콥슨(Roman Jakobson)등이 속한 프라하학파는 언어란 무엇보다도 우선 의사소통의 도구이며, 언어구조의 요소는 의사소통에서 사용될 기능에 바탕을 둔 연구여야 한다고 주장했다. 의사소통의 가장 중요한 목표는 의미를 오해 없이 전달하는 것이다. 오해는 의미의 대립이 형태의 대립에 의해 충분히 실현되지 않았을 때 생기는 것이다. 따라서 오해를 줄이기 위해서는 형태의 대립이 보다 확실한 체계가 필요하다. 교통신호라는 매우 간단한 기호 체계에 있어서도, 기호의 색은 빨강, 오렌지, 핑크와 같은 비슷한 삼색보다는 대립을 알기 쉬운 빨강, 노랑, 초록의 삼색이 적절하다. 보다 차이가 큰 대립을 우선으로 하는 개념은 음운론에도 존재하는데, 음성목록에 있어서 청각적으로 구별하기 어려운 대립을 피하는 현상에서 관찰할 수 있다. 예를 들어, 양순마찰음 /ɸ/ 과 순치마찰음 /f/ 는 음향적으로 비슷해서, 청각적으로도 /ɸ/ ⇔ /f/ 의 대립은 귀로 듣고 구분하기에 어려운 편이라고 할 수 있다. 세계의 언어를 살펴보면, /f/ 와 /ɸ/ 를 양쪽 다 가지고 있는 언어는 매우 드물다(Maddieson 1984:46).

여기에서 주목해야 할 점은 청각적인 대립은 절대적인 척도가 아니라는 것이다. 청각적 대립은 크다 또는 작다가 아니라, 어떤 대립이 다른 대립보다 좋은 지 나쁜 지로 연구할 수밖에 없다. 예를 들어, 위에서 언급된 예를 바꿔 말하자면, 두 개의 비치찰음([ɸ], [f], [ç] 등)의 대립보다 치찰음([s], [ʃ] 등)과 비치찰음의 대립 쪽이 청각적으로 대립이 크다고 할 수 있다. 이 대립 상의 우선순위는 유형론적으로도 설명될 수 있다. 세계의 언어를 조사해 보면, 두 종류의 마찰음을 가지는 언어에서는 하나는 치찰음이고 다른 하나는 비치찰음이라는 패턴이 가장 많다(Maddieson 1994:54). 순치와 양순마찰([f] ⇔ [ɸ])의 대립은 마찰음 중에서 대립이 가장 작은 쪽이므로 일반적으로 바람직하지 않다고 할 수 있는 것이다.

(2) 청각적인 대립의 비교
　　[f] ⇔ [ɸ] ≪ … ≪ 마찰음 ⇔ 마찰음 ≪ 마찰음 ⇔ 치찰음

세계의 언어가 청각적으로 가장 적절한 패턴으로 변화하지 않는 이유는, 청각적인 대립이외에도 언어에 영향을 주는 원리가 있기 때문이다. 청자의 노력을 최소한으로 하는 대립의 원리와 평행하여, 조음에 관련된 노력을 최소한으로 하는 원리도 있다. 이 두 가지 원리는 많은 경우 작용의 방향이 정반대이다.

3. 지각상의 대립

언어구조를 구성하는 언어기호 사이의 관계를 중요시한 소쉬르는 언어기호 사이에 '통합관계' 또는 '연합관계'가 있다는 이분법을 제안했다. 간단히 말하자면 '통합관계'는 기호의 시간적인 연속, '연합관계'는 같은 종류의 기호의 집합이라고 해석할 수 있다. 예를 들어, 일본어의 /ky__/ 라는 음소연속은 음절이라는 통합관계를 형성하고 있어서, 밑줄부분에 들어갈 음소는 하나의 연합관계를 형성한다. 연합관계는 자연류와 일치하는 일이 많은데, 밑줄에 들어갈 수 있는 [auo] 는 일본어의 후설모음에 해당한다.

청각적인 대립을 소개한 이상의 예는 음성목록을 사용한 것으로, 대립이라는 개념이 '연합관계'에 미치는 영향을 예로 들고 있다. 그러나 대립은 '통합관계'의 레벨에서도 작용하는 원리이다. 정보전달의 기능에

서 생각하면 기호의 목록뿐 아니라, 메시지에 있어서 인접하는 기호도 가능한 한 대립이 큰 순서로 나열하는 편이 바람직하다 할 수 있다. 그림 2의 시각적인 예에서도 볼 수 있듯이, 기호 사이의 차이가 큰 나열법이 기호의 경계가 확연히 보여 패턴을 알기 쉽다. 비슷한 기호가 나란히 있으면 경계를 알기 어려워 개개의 형태를 못 보고 지나칠 수 있다.

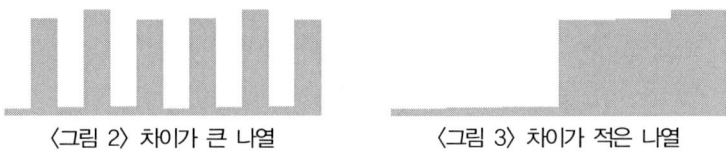

〈그림 2〉 차이가 큰 나열   〈그림 3〉 차이가 적은 나열

자연언어에 있어서도 자음연속(consonant clusters)이나 모음연속(hiatus)을 피하려는 경향을 볼 수 있다. 마찰음의 예로 돌아가자면 비치찰음의 마찰음과 치찰음은 청각적으로 그다지 나쁘지 않지만, 마찰음의 연속은 바람직하다고 할 수 없다. 일본어는 자음 연속을 허용하지 않지만, 모음의 무성화에 의해 음성적으로 자음의 연속이 생긴다 (예, /suki/ → [ski]). 무성화는 무성장애음 사이에서 일어나는 데, 마찰음의 연속을 만드는 환경의 경우, 다른 환경에 비교해서 무성화률이 낮다(Maekawa & Kikuchi 2005:223).

III 일본어 ワ행의 쇠퇴

1. 데이터와 가설

일본어의 50음도를 살펴보면, 하나의 가나만 있는 ワ행이 눈에 띈다. 음운의 역사를 조사해보면 상대일본어에서 현대일본어에 걸쳐, ワ행이 서서히 쇠퇴한 사실을 확인할 수 있다(마부치 가즈오(馬淵和夫 馬, 1997)).

<표 1> 50음도표

ん	わ	ら	や	ま	は	な	た	さ	か	あ
		り		み	ひ	に	ち	し	き	い
		る	ゆ	む	ふ	ぬ	つ	す	く	う
		れ		め	へ	ね	て	せ	け	え
		ろ	よ	も	ほ	の	と	そ	こ	お

<표 2> ワ행의 쇠퇴

上代	wa	wi	?wu	we	wo
中古	wa	wi		we	wo
中世	wa				wo
近代	wa				

쇠퇴의 과정에서 최초의 대상이 /wu/ 이고, 마지막이 /wa/ 라는 패턴에서는 청각의 영향을 엿볼 수 있다. 반모음 [w] 와 모음 [u] 는 음향적으로 매우 가깝고(Kent & Read 1992), 모음 앞에 반모음이 있는지 없는지 (/u/ ↔ /wu/)의 구별은 청각적으로 곤란하다. 일본어나 한국어와 같이 /w/ 와 /u/ 를 따로 가지고 있어도 /wu/ 라는 연속은 허용하지 않는 언어가 많다. 영어에는 wu가 존재하지만 /u/ ↔ /wu/ 라는 최소쌍은 찾기 어렵다('ooze' ↔ 'woos', 'swoop' ↔ 'soup').

일본어 ワ행에서도 마지막까지 남은 /wa/ 는 /wu/ 와 달리 턱의 움직임을 필요로 하는 음절로서, ワ행에서 청각적으로 아마 가장 대립이 큰 반모음과 모음의 연속(/wV/)이라고 예측할 수 있다. 이 예측을 음향적으로나 청각적으로 증명할 수 있는 가에 대해서는 다음 장에서 조사하겠다.

2. ワ에 있어서 청각적인 대립

청각적인 분석을 위해서는 우선 음성의 청각메커니즘에 대해 연구할 필요가 있다. 일본어의 /w/ 와 /j/ 반모음은 모음과 같은 '모음류(vocoid)'로 분류된다. 그 때문에 모음류를 지각하기 위해 가장 중요한 음성학적인 실마리는 모음에서 그렇듯이 포먼트로 생각된다. 포먼트는 음성의 측정 주파수의 에너지 피크이다(Ladefoged 2006:181). 모음의 제1포먼트(F1)는 턱의 높이 즉 모음의 높이이고, 제2포먼트 (F2)는 혀의 전후위치 즉 모음의 전후에 해당하는 것이다. 그림 5는 제1과 제2포먼트의 수치로 계산한 일본어의 모음공간을 나타낸 것이다.

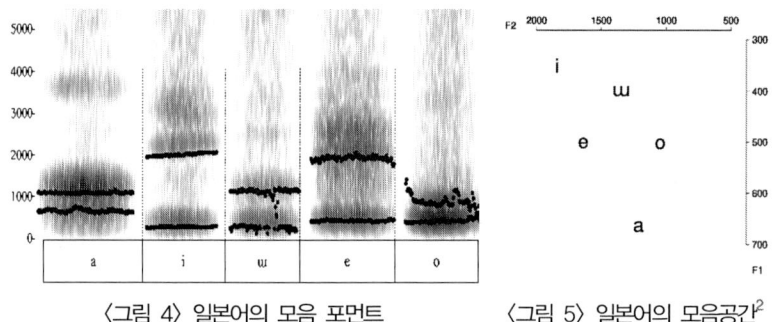

〈그림 4〉 일본어의 모음 포먼트   〈그림 5〉 일본어의 모음공간[2]

모음류의 청각적인 특징을 분석하기 위해서는 포먼트의 차이를 청각적인 차이에 어떻게 적용할 지를 조사할 필요가 있다. 그러나 청각의 거리는 직접적인 주파수 상으로는 계산할 수 없다. 예를 들어, 400Hz와 300Hz 사이의 100Hz의 차이는 구별해 듣기 쉽지만, 같은 100Hz 차이라도 2400Hz와 2300Hz의 차이는 그다지 현저하지 않다. 모음간의 청각적인 거리를 계산하기 위해서는 (3)에서 표시하는 것과 같은 심리학의 실험에 근거한 수식을 사용할 수 있다(de Boer 2001:45). 이 수식에는 포먼트 주파수 대신에 음향심리학이 제안하는 바크스케일[3] (Bark scale)로 계산된 값이 사용된다.

---

2   Keating & Huffman 1984의 데이터를 바탕으로 작성.

(3) 청각적 거리를 계산하는 식

$$D = \sqrt{(F_1^a - F_1^b)^2 + \lambda(F_2^{a\prime} - F_2^{b\prime})} \quad \text{where}$$

$$F_2' = \begin{cases} F_2 & \text{if } F_2 - F_3 > c \\ \frac{(2-w_1)F_2 + w_1 F_3}{2} & \text{if } F_3 - F_2 \leq c \text{ and } F_4 - F_2 > c \\ \frac{w_2 F_2 + (2-w_2)F_3}{2} - 1 & \text{if } F_4 - F_2 \leq c \text{ and } F_3 - F_2 < F_4 - F_3 \\ \frac{(2+w_2)F_2 + w_2 F_4}{2} - 1 & \text{if } F_4 - F_2 \leq c \text{ and } F_3 - F_2 \geq F_4 - F_3 \end{cases}$$

$$w_1 = \frac{c - (F_3 - F_2)}{c} \quad w_2 = \frac{(F_4 - F_3) - (F_3 - F_2)}{F_4 - F_2}$$

(3)의 수식은 모음목록의 모음간 거리를 계산하는 수식이다. 이 수식을 일본어 분석에 사용하기 위해서는 한 가지를 추가할 필요가 있다. Kent & Read(1992:165)에서 나타난 바와 같이 반모음 /w/ 와 모음 /u/ 는 같은 포먼트 구조를 가지고 있어, 음성학적인 차이는 음성의 지속시간뿐이다. 그 때문에 계산상으로는 /w/ 의 포먼트 정보를 /u/ 와 동등한 것으로 다룬다. 위에서 언급된 식을 적용한 /wV/ 의 청각적인 거리는 다음과 같다.

V	F1	F2	F3	wV거리
u	3.1	9.1	14.2	0
o	4.1	6	15.1	1.97
i	2.8	13.8	15.8	2.71
e	4.3	13.1	14.7	2.82
a	7.1	9.8	14.9	4.02

〈표 3〉 /wV/ 의 청각적인 거리(계산치)

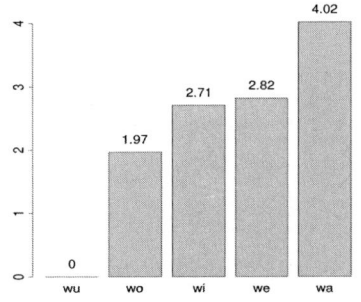

---

3   바크스케일은 다음 공식에 주파수x를 대입해서 구할 수 있다 :
    Bark = 13 arctan(0.00076 x) + 3.5 arctan((x/7500)^2). x는 Hz값.

예상대로 /w/ 와 청각적 차이가 가장 큰 것은 /wa/ 이고, 가장 차이가 작은 것은 포먼트 값의 차이가 없는 /wu/ 이다. 청각적인 거리를 바탕으로 /wV/ 의 청각적 현저성은 이하의 순서가 된다.

(4) 청각적인 대립의 순서

    wu   〈   wo   〈   wi, we   〈   wa

3. 분석

ワ행의 쇠퇴 분석에 있어서 청각적인 요소가 중요한 역할을 한다고 주장해도, ワ행의 쇠퇴의 순서는 청각적인 순서와는 다르다. 청각적인 대립의 순서로 진행될 것을 가정하면, /wu/ 다음으로 /wo/ 가 일본어에서 사라질 테지만, /wo/ 는 /wi/ 와 /we/ 보다도 오랫동안 근대 일본어까지 일본어에 남아 있었다. 청각에 의한 예측과 역사 데이터의 불일치는 대립이라는 개념을 빌리면 해결할 수 있다. 위의 (3)의 수식을 사용하여 반모음 /w/ 와 모음 /V/ 의 거리를 계산했는데, 이 값은 /wV/ 음절이 반모음을 가지지 않는 모음만의 음절/V/에서의 청각적인 거리로서도 해석가능하다. 따라서 만약 거리가 충분하지 않은 경우에는 /wV/ 자체가 사라지기보다, /wV/ ⇔ /V/ 의 대립이 사라질 것이라는 예측이 적절할 것이다. 예를 들어 /wo/ 의 경우는, /wo/ 가 이른 단계에 없어졌다기 보다는 /wo/ ⇔ /o/ 의 대립이 이른 단계에서 쇠퇴한 것으로 추측할 수 있다. 일본어음운사에서도 표면상으로는 /wo/ 가 근대 일본어까지 존재했지만, /wo/ ⇔ /o/ 의 대립은 /we/ ⇔ /e/ 와 /wi/ ⇔ /i/ 의 대립보다 먼저 중세일본어에서 이미 사라진 상태였다. 따라서 대립의 중립화의 순서는 청각적 대립과 일치한다. 더욱이 자음, 반모음, 모음(CwV)으로 만들어지는 '요음'의 역사에서도 같은 패턴을 관찰할 수 있다.

/wo/ ⇔ /o/의 대립은 요음에서도 중세일본어에서 중화되었다. 단, 후자는 반모음이 없는 /Co/ 음절로 통일되었다(마부치(馬淵, 1997).

(5) /wo/ ⇔ /o/의 대립의 쇠퇴

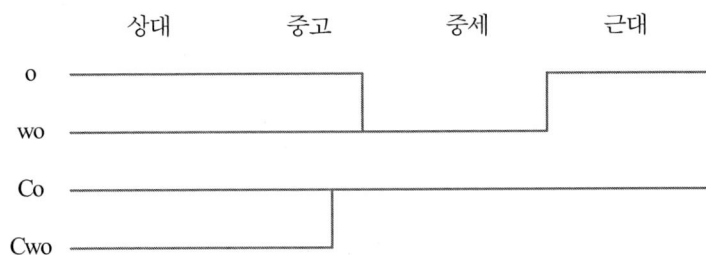

/wo/ ⇔ /o/ 는 왜 반모음이 없는 /Co/ 로 통일되었는가 하는 문제에 들어가기 전에, 오해를 피하기 위해 청각의 작용에 대해 설명하고자 한다. 우선 위에서 논의된 바와 같이 청각의 대립은 두 개의 다른 음소 또는 음소배열을 비교하는 것으로만 관찰되고 측정될 수 있다. 더욱이 절대적인 척도가 없고, 특정 대립이 다른 대립보다 좋은지 아닌지라는 상대적인 쓰임밖에 없다. 일반적으로 청각적인 원인에 의한 중화는 대립이 약한 곳에서 일어나기 쉽다. 그러나 대립이 없어질 때 중화가 어떤 방향으로 진행되는가는 청각의 영역을 넘는 문제로 그 문제를 해결하기 위해서는 음운론의 다른 원리가 필요하다(Padgett 2001: 194). ワ행의 경우, 중세 일본어에는 /wo/ ⇔ /o/ 의 대립이 사라져 중화되었지만, 이 대립이 왜 /wo/ 로 중화되었는 지를 설명하기 위해서는 청각적성질을 보조하는 설명이 필요하다.

여기에서는 음절에서 두자음(onset)이 있어야 한다는 음운론에서 잘 알려진 제약을 적용시킬 수 있다. 이 제약은 꼭 지켜져야 하는 것이 아니라, 두자음이 없는 음절보다 두자음이 있는 음절이 우선되는 경향

이 세계의 언어에서 관찰된다(Prince & Smolensky [1993]2004:106)는 것이다. 중세일본어에서도 이 제약이 작용하여, /wo/ ⇔ /o/ 의 대립이 두자음을 가지는 /wo/ 쪽으로 중화됐다고 설명할 수 있다. ワ행 이외에도 /ye/ ⇔ /e/ 의 대립이 /ye/ 로 통일되어 어중의 모음연속이 전혀 허용되지 않는 현상도, 중세일본어에서 두자음의 제약이 작용한 증거로 생각할 수 있다.

이상의 분석을 정리하면 ワ행의 쇠퇴의 뒷면에는 /wV/ ⇔ /V/ 라는 청각적인 대립의 단계적인 중화가 가정된다. 대립의 쇠퇴는 /wV/ ⇔ /V/의 청각적인 거리의 순서에 따라 진행되는 데, 표면상 관찰할 수 있는 순서는 두자음의 제약 때문에 청각적인 순서와 다소 다른 것이다.

〈표 4〉 ワ행 쇠퇴와 청각적인 대립

			上代	中古	中世	近代
/ wa /	⇔	/ a /	wa, a	wa, a	wa, a	wa, a
/ we /	⇔	/ e /	we, e	we, e	ye	e
/ wi /	⇔	/ i /	wi, i	wi, i	i	i
/ wo /	⇔	/ o /	wo, o	wo	wo	o
/ wu /	⇔	/ u /	u	u[4]	u	u

두자음 제약의 범위

---

4 어두 /i/ 와 /u/ 는 [ji] 와 [wu] 로 발음될 가능성은 있지만, 충분한 근거는 제시되지 않고 있다

Ⅳ 맺음말

20세기 언어학은 소쉬르의 '통시적' 대 '공시적'이라는 이분법을 받아들여, 특정 언어상태를 연구범위로 정하는 학파와 언어의 역사를 연구하는 학파로서 각각의 방향으로 발전해왔다. 언어학의 이러한 이분법은 공시적인 접근법의 강화 및 언어학 자체의 독립된 연구 분야로서의 확립에 크게 공헌했다. 그러나 앞으로는 같은 언어를 다루는 분야이므로 서로 발전의 방향은 가까워질 것이다.

본 논문에서는 공시적과 통시적인 분야의 접근을 장려하는 입장에서, 청각적인 거리에 바탕을 둔 분석을 통해 언어의 역사, 음성학, 음운론이라는 세 가지 분야의 협력의 예를 소개했다. 일본어 ワ행의 쇠퇴에 관련된 데이터는 역사적인 연구에 의해 밝혀진 현상이다. 또 청각적인 거리는 언어음성의 청각의 과정을 연구하는 청각음성학 또는 심리학에 의해 밝혀질 수 있었다. 그리고 역사적인 데이터를 음성학적인 개념을 도입한 틀에서 분석할 수 있는 것은 역시 음운론이다.

본 논문이 제공하는 ワ행 쇠퇴에 대한 설명은, 논문의 길이상의 제약도 있어서 초보적인 연구에 그치고 있다. 그러나 음운사, 청각음성학, 음운론의 방향으로 연구를 발전시킬 여지는 충분히 있다. 예를 들어, 대상으로 하는 역사적 데이터를 늘리거나(요음의 역사, 어중과 어두의 ワ행 차이), 청각적인 거리의 적합성을 청각실험에서 확인하는 등이다[5]. 또 음운분석을 유연하고 형식적인 틀로서 알려져 있는 최적성 이론(Optimality Theory)으로 분석하는 것도 가능하다. 이와 같은 방면에도 연구를 진행하는 것은 음운사만이 아니라 청각음성학과 음운론

---

[5] 적은 인원의 참가자에 의한 간단한 청각실험에 의해, 본 논문에서 계산한 청각적인 거리와 같은 순서를 확인할 수 있었다. 참가자는 일본인 6명, 한국인 6명으로, 과제는 /w/ 의 유무에 관한 레이블링 테스트로 자극음은 Keating & Huffman(1984)의 포먼트 치를 바탕으로 합성한 음성이었다.

에 대한 지식 및, 이들의 상호작용에 대한 이해를 더하는 것도 가능하며, 매우 가치가 있는 연구로 이어질 수 있을 것이다.

참고 문헌

de Boer, Bart(2001) *The origins of Vowel Systems*. Oxford: Oxford University Press
Martinet, Andre(1952) Function, Structure and Sound Change. *Word*. 8 1-32
Keating, Patricia & Huffman, Marie(1984). Vowel Variation in Japanese. *Phonetica*. 41 191-207
Kent, Ray & Read, Charles(1992) *The Acoustic Analysis of Speech*. Singular Publishing Group
Ladefoged, Peter(2006) *A Course in Phonetics*. Thomson Wadsworth
馬淵和夫(1997) 『国語音韻論』 笠間書院、東京
Maekawa, Kikuo & Kikuchi, Hideaki(2005). Corpus-based analysis of vowel devoicing in spontaneous Japanese : an interim report. In: van de Weijer, Jeroen and Nanjo, Kensuke and Nishihara, Tetsuo(eds). Voicing in Japanese. Berlin ; New York : Mouton de Gruyter, 2005, 205-228
Maddieson, Ian(1994) *Patterns of sounds*. Cambridge : Cambridge University Press
Ohala, John(1981) The Listener as a Source of Sound Change. In : *Papers from the Parasession on Language and Behavior*. Chicago Linguistic Society. 178-203
Padgett, Jaye(2001) Contrast Dispersion and Russian Palatalization. In: Hume & Johnson (eds): *The Role of Speech Perception in Phonology*. 187-218
Saussure, Ferdinand(1986) [1921] *Course in General Linguistics*. La Salle, Ill. Open Court Publishing

일본어학과 일본어교육 2 음운·음성

촉음의 출현과 기능

황 광 길 *
단국대학교 교수

1 어종별 촉음출현

일본어에서 촉음이 나타나는 양상을 살펴보면 다른 특수음소와 마찬가지로 어두 어말의 출현제약과 같은 음배열상 제약이 존재하기는 하지만 고유어 한어 외래어에서 모두 나타나고 있는 것을 보면 어종에 의한 차이는 보이지 않는 듯하다. 그러나 어종별 촉음 출현 양상을 조금 더 구체적으로 조사해 보면 외래어의 경우는 "キャット、バット"처럼 한 단어 내부에서 촉음이 자유롭게 나타나고 있는 것에 대해 고유어의 경우는 음상징어나 부사를 제외하면 대부분 촉음 출현이 "鼻っ柱、子供っぽい、ひっかかる"처럼 형태소 경계부에 한정되어 있

---

* 黃光吉 : 檀國大學校

음을 알 수 있다. 또한 한어의 경우는 이자한어를 한 단위로 간주한다면 외래어와 마찬가지로 단위 내부에서 촉음이 나타나는 것으로 되겠지만, 사실 한어에서는 구성요소가 각각 독립성을 지니고 있다고도 볼 수 있으므로 이런 입장에서 보면 형태소 경계부에서 촉음이 나타나는 것으로 된다. 따라서 모든 어종에서 촉음이 나타나고 있기는 하지만 구체적으로 살펴보면 촉음 출현에 있어서 어종별로 상이한 양상을 보이고 있음을 알 수 있다.

한편 어떤 경우에 촉음이 나타나는가 하는 관점에서 촉음출현을 살펴보면 크게는 차용어와 고유어에서 차이가 나타나고 있다. 오래 전에 도입된 차용어인 한어의 경우는 기본적으로는 고대 중국의 한자음을 배경으로 하여 이것이 일본어의 음운체계에 맞추어 변화된 음이므로 일본어 한어에서 촉음이 나타나는 것도 고대 중국 한자음의 특정한 음과 상관관계가 있음은 물론이다. 또한 상대적으로 최근에 도입된 차용어인 외래어의 경우도 역시 그 모태가 되는 외국의 음을 근거로 하여 특정 음이나 음연속이 일본어에서 촉음으로 반영된다고 하겠다. 반면에 고유어의 경우는 차용어에서 촉음출현이 외국의 음에 기인하는 것과 비교해 근거가 되는 외국음이 존재하지 않는다. 즉 고유어의 촉음출현은 순전히 일본어 내부의 문제로 볼 수 있는 것이다.

이처럼 일본어의 촉음은 어종에 따라 형태소 내부에서 나타나는가 혹은 형태소 경계부에서 나타나는가 하는 출현 위치에 차이가 보이고 또한 촉음출현의 이유가 원음의 반영인가 아니면 일본어 내부의 문제인가 하는 출현이유에서도 차이가 보이고 있다. 본고에서는 이와 같은 어종별 촉음출현의 양상과 그 이유에 대해서 이하 살펴보기로 한다.

Ⅱ 한어의 촉음

1. 이자한어의 촉음화 양상

일본의 한어에서 촉음의 출현은 기본적으로는 중국 한자음과 밀접하게 관련이 있다. 즉 고대 중국어에서 -p, -t, -k 입성운미(入声韻尾)를 가지고 있는 경우 이것이 일본어 반영되었을 때 촉음으로 나타나곤 하는데, 구체적으로 살펴보면 이자한어(二字漢語)에서 제일한자가 입성적인 운미를 가지고 있고 제이한자의 어두가 무성음으로 시작하는 경우 촉음이 나타나기 쉽다. 그러나 이러한 조건을 충족한다고 하여도 일률적으로 촉음이 나타나는 것은 아니고, 입성운미에 따라 촉음 출현의 양상에 차이가 보이고 있다. 일본어 한어를 대상으로 하여 촉음출현 용례를 조사한 귀납적 연구 결과를 정리하여 나타내면 다음과 같다.

(1) -t 입성음은 후속음이 무성음인 경우 촉음으로, 그리고 후속음이 유성음인 경우는 기생모음 -i, -u가 첨가된 형태로 나타난다.

촉음형 - (-t + 무성음) : (-t + k-) : 発見(はっけん)
　　　　　　　　　　　 (-t + s-) : 発生 (はっせい)
　　　　　　　　　　　 (-t + t-) : 発達 (はったつ)
　　　　　　　　　　　 (-t + h-) : 発表(はっぴょう)
비촉음형 - (-t + 유성음) : (-t + m-) : 発明(はつめい)
　　　　　　　　　　　 (-t + b-) : 発病(はつびょう)
　　　　　　　　　　　 (-t + g-) : 発言(はつげん)
　　　　　　　　　　　 (-t + ∅-) : 発案(はつあん_

(2) -k 입성음은 후속음이 k 음인 경우에 한해서 촉음화가 보이며 그 밖의 경우 즉 -k 이외의 무성음이나 유성음이 후속하는 경우는 기생모음이 첨가된 상태로 나타난다.

촉음형 - (-k + k-) : 発見(はっけん)
비촉음형 - (-k + k-이외) : (-k + s-) : 学生(がくせい)
　　　　　　　　　　　　(-k + h-) : 学報(がくほう)
　　　　　　　　　　　　(-k + t-) : 学長(がくちょう)
　　　　　　　　　　　　(-k + m-) : 学問(がくもん)

< -t, -k 운미를 가진 한어의 촉음화 >

① \ ②	무성음		유성음
	k-	t-, s-, h-	
-t	촉음형 発見, 発覚	: 発生, 発達, 発表	비촉음형(기생모음첨가형) 発明, 発病, 発言, 発案
-k	촉음형 学校, 学科	비촉음형(기생모음첨가형) 学生, 学報, 学長 : 学問, 学位, 学名	

(① : 제일한자의 어말 입성음, ② : 제이한자의 어두자음)

(3) -p 입성음도 역시 무성음이 후속하는 경우 촉음화가 보이고 있기는 하지만 동일 음성환경에서도 장음화하는 예가 오히려 다수이며 그 밖에도 설내입성음 -t와 동일한 모습을 보이는 예까지 나타나는 등 복잡한 양상을 보이고 있어서 다른 입성운미와 같은 규칙성을 찾기 어렵다. 대략적인 양상을 정리해 보면 다음과 같다.

ⅰ) 설내입성화(舌內入聲化)

　　무성음 앞인지 유성음 앞인지 혹은 어말인지에 관계없이 항상 -t 入

聲字와 같은 모습을 나타내는 경우. 즉 舌內入聲化된 것. - 接, 湿

　　+ 무성음 → 촉음 : 接触(せっしょく), 湿気(しっけ)

　　+ 유성음, 어말 → ツ : 接続(せつぞく), 湿度(しつど)

ii) 부분적 舌內入聲化

무성음 앞에서는 舌內入聲音처럼 促音化하여 나타나지만 유성음 앞이나 어말에서는 舌內入聲音과 같은「ツ」표기뿐 아니라 장음화한「ウ」표기도 나타나는 경우. - 立, 執, 圧 ……

　　+ 무성음 → 촉음 : 立腹(りっぷく), 執筆(しっぴつ)

　　+ 유성음, 어말 → ツ : 執務(しつむ), 確立(かくりつ)

　　　　　　　　 → 장음(ウ) : 執着(しゅうちゃく), 建立(こんりゅう)

iii) 일부 촉음출현 長音化

무성음 앞에서 일부 촉음이 나타나는 경우. 즉 무성음 앞에서 소수의 촉음예와 장음이 나타나고, 유성음 앞이나 어말에서는 모두 장음화한 예가 나타나는 경우. - 合, 法, 入

　　+ 무성음 → 촉음 : 合戦(がっせん), 法華(ほっけ)

　　　　　　 장음 : 合格(ごうかく), 法則(ほうそく)

　　+ 유성음, 어말 → 장음 : 合同(ごうどう), 融合(ゆうごう), 法律(ほうりつ)

iv) 長音化

무성음 앞인지 유성음 앞인지 혹은 어말인지에 관계없이 항상 장음화하여 나타나는 것.

　　- 習, 業, 答 ……

　　　+ 무성음 → 장음 : 習得(しゅうとく), 業界(ぎょうかい)

　　　+ 유성음, 어말 → 장음 : 業務(ぎょうむ), 講習(こうしゅう)

2. 이자한어 촉음 출현의 예외

앞에서 살펴본 것처럼 한어에서 촉음은 음성환경에 의해 출현이 결정된다. 즉 제일한자가 고대중국어에서 입성적음이라는 첫째 조건과 제이한어가 일본어에서 무성음 혹은 k음이어야 한다는 제이조건을 충족시키는 경우 촉음화가 나타난다고 하겠다. 실제 선행연구의 조사 결과를 보면 제일한자의 어말과 제이한자의 어두가 -k + k-인 경우 촉음화 비율은 88.4%(439예 중 388예)이고, -t + 무성음의 경우는 무려 98.3%(1155예 중 1135예)를 차지하고 있어서 한어에서 촉음의 출현이 음성적 조건과 밀접하게 관련이 있음을 지지하고 있다. 그러나 소수이기는 하지만 위 조사에서도 예외가 나타나고 있기 때문에 이에 대한 설명 역시 필요하다 하겠다. 지면 관계상 자세한 설명은 생략하고 예외 중 두드러진 것을 제시하면 다음과 같다..

(1) 사용빈도가 낮은 한어나 혹은 특정 분야에 한정되어 나타나는 한어, 그리고 필요에 의해 임시적으로 만든 한어의 경우는 촉음화가 기대되어도 촉음화되지 않는 경우가 많다. 이는 아마도 촉음화라는 어형변화로 인해 해당 한어의 의미파악에 지장이 생기는 것을 피하기 위한 것으로 생각된다. 사용빈도가 낮거나 임시적인 한어의 경우는 그 의미를 구성요소인 한자의 의미로부터 파악하는 것이 일반적인데 구성요소인 한자의 형태가 촉음화로 인하여 변화하게 되면 이런 의미파악에 지장이 생기기 때문이다. 예를 들어 雪の質라는 의미를 나타내기 위해 雪質라는 한어를 사용한다고 하면 비록 시가적으로는 쉽게 의미를 파악할 수 있는 평이한 말이지만 せっしつ라는 발음으로부터 해당 한어를 떠올리기는 쉽지 않다. 그런데 이것이 촉음화를 하여 형

태가 변화하여 せっしつ로 된다고 하면 의미파악에 더욱 지장을 초래하게 되고, 이런 이유로 여기서는 촉음화가 나타나기 어렵게 된다.

欲界(よくかい/よっかい)、欲海(よくかい)、潟湖(せきこ)、虐刑(ぎゃくけい)、粛啓(しゅくけい)、宿恨(しゅくこん)、磔刑(たくけい/たっけい)、壁間(へきかん)、僻見(へきけん)

(2) 일본어의 한어는 대부분 2자한어로 나타나고 있지만 드물게는 1자한어로 사용되고 있다.
敵, 益, 毒, 乙, 質 등의 예가 그것인데 이들 예는 2자한어를 구성하는 경우 촉음화가 기대되는 위의 음성조건에 해당되어도 독립성이 강한 이유로 후속요소와의 촉음화 대신에 기생모음을 첨가한 형태로 나타나는 경우가 많이 있다.

敵艦(てきかん/てっかん)、敵国(てきこく/てっこく)、毒気(どくけ/どくき/どっき)、質権(しちけん)、質券(しちけん)、質的(しつてき)、質感(しつかん)、乙種(おつしゅ)、益金(えききん)

(3) 2자한어의 내부구성이 병렬적인 경우 촉음화가 나타나지 않는 경향이 있다.

切々(せつせつ)、七三(しちさん)、陸海(りくかい)

(4) 동일 한자 표기가 복수의 의미를 가진 경우 촉음형과 비촉음형으로 의미를 구분하여 나타내는 경우도 있다.

八間 : はちけん(등의 종류), はっけん(숫자로서 八)
仏法 : ぶっぽう(불교의 법), ふつほう(프랑스의 법)

(5) 제일한자 어형이 –ek인 경우 촉음 기대 환경에서도 비촉음형이 집중적으로 나타나고 있다. 특히 제일한자가 牙喉音 eki, heki, geki에서는 대부분이 비촉음형 혹은 양형으로 나타나고 있고 reki도 모두 비촉음형으로 나타나고 있다. 한편 teki, deki의 경우도 비촉음형 혹은 양형이 많지만 후속음이 -き인 경우는「敵機, 適期, 摘記 : てっき」처럼 일률적으로 촉음형으로 나타난다. 다만 seki의 경우는 조사한 범위내의 대부분이 촉음형이거나 촉음우세형으로 상이한 양상을 보이고 있다.

eki : 液果(えきか) 液化(えきか) 腋下(えきか) 腋花(えきか)
heki : 壁間(へきかん) 碧海(へきかい) 劈開(へきかい)
geki : 劇化(げきか) 激化(げきか) 劇界(げきかい)
reki : 歷觀(れきかん) 歷行(れきこう) 曆家(れきか)
teki : 敵国(てきこく) 適格(てきかく) 的確(てきかく)

3. 삼자한어의 촉음

1) 가지분리제약의 한계

셋 이상의 구성요소로 이루어진 복합어에서 악센트의 통합과 연탁의 발생에 대해서 선행연구[1]에서는 이른바 가지분리제약을 이용하여

---

1   佐藤大和(1989)「複合語におけるアクセント規則と連濁規則」『講座日本語と日本語教育２日本語の音声・音韻(下)』明治書院窪薗晴夫(1995)『語形成と音韻構造』くろしお出版

설명하고 있는데, 미야케 토모히로(三宅知宏)[2]는 가지분리제약의 적용 범위를 한층 확대해서 반탁음화 및 촉음화에 대해서도 이를 적용하여 "촉음화는 右枝分かれ에서는 가지분리제약이 존재하지 않는다는 일반화가 성립되는데 이는 연탁규칙 복합어악센트 반탁음화규칙 모두와 상이한 모습이다"라고 설명하고 있다.

① 左枝分かれ構造 : 物的-動物的, 密書-機密書, 立国-独立国, 卒中-引率中, 発車-開発車
- 비촉음형으로 실현
② 右枝分かれ構造 : 実社会, 別世界, 逆効果, 立候補, 赤血球
- 촉음형실현

[促音化規則における枝分かれ制約]
→ 左枝分かれ構造の場合のみ

그러나 위에서 촉음형이라 언급한 「右枝分かれ構造」인 実社会, 別世界, 逆効果, 赤血球에서도 촉음형 뿐 아니라 비촉음형도 나타나고 있고 오히려 비촉음형 쪽이 더 우세한 경우도 있다. 따라서 촉음의 경우는 단순하게 가지분리제약을 적용하여 설명하는 것은 문제가 있다.
「가지분리제약」이 복합어에서 어형변화를 설명하는데 유용한 개념임은 틀림없지만 삼자한어의 촉음출현의 경우에는 위에서 본 것처럼 이것이 적용되기 어렵다. 이처럼 「가지분리제약」을 모든 어형변화에 일률적으로 적용시키는 것에는 한계가 있다. 악센트의 통합 및 연탁에 경우에는 표면상 「가지분리제약」이 적용될 수 있는 것처럼 보이는데 비해 촉음출현의 경우에는 「가지분리제약」이 적용되지 않는 것은 어떤 이유에 의한 것일까? 이와 같은 문제에 대해서 알아보기 위해서

---

2 三宅知宏(2004) 「半濁音化」「促音化」と「枝分かれ制約」『国文鶴見38』

「가지분리제약」이 적용되는 것처럼 보이는 악센트통합과 연탁의 용례에 대해서 다시 한번 검토해 보기로 하자.

  악센트통합 : 全日本空輸 - [[全+日本]+空輸] ⇒ ゼンニホンク᾿ーユ
  연탁의 발생 : 尾白鷲 - [[尾+白]+鷲] ⇒ おじろわし

  위의 두 경우는 공통점뿐 아니라 차이점도 가지고 있다. 우선 공통점은 양자 모두 내부구조가 [[A+B]+C]라는 점이다. 즉 양자 모두「左枝分かれ構造」를 가지고 있다. 한편 차이점은 전자가 전체의 통합을 나타내고 있는데 대해 후자는 일부분의 통합을 나타내고 있는 점이다. 즉「全日本空輸」는 전체를 대상으로 하여 전체가 한 단위로 되어 있음을 나타내지만「尾白鷲」는 해당되는 부분, 여기서는 A와 B를 대상으로 하여 이 요소들이 한 단위로 되어 있음을 나타내고 있다고 볼 수 있다. 이처럼 악센트통합과 연탁의 경우에는 통합의 대상이라는 점에서 차이점을 보이고 있다. 그럼에도 불구하고 선행연구에서 연탁을「가지분리제약」에 의해서 설명이 가능했던 것은 구성요소 [A ,B, C] 중에서 [B]에 나타나는 연탁만을 대상으로 하였기 때문이다. 연탁이란 복합적 구성관계를 가진 단어에서 청음이었던 후부 구성요소가 탁음으로 나타나는 현상이므로, 실제로 연탁이 나타날 수 있는 위치는 [B]뿐 아니라 [C]의 위치도 대상으로 하지 않으면 안 된다. 만일 [C]에 나타나는 연탁을 대상으로 한다면 [A+[B+C]]의 경우에 연탁이 나타날 수 있으므로 이번에는「가지분리제약」이「右枝分かれ構造」가 아니고「左枝分かれ構造」로 될 것이다. 이렇게 되면 동일한 연탁을 설명하는 데 있어서 기준이 두 가지로 되는 모순이 나타나게 된다. 이런 점을 고려하면 구성요소 전체를 통합하는 악센트에 적용되는「가지분리제약」이 구성요소 일부분의 통합을 나타내는 연탁에는 적당하지 않음을 알 수 있다.

2) 일이차결합에 의한 촉음발생

한편 세 가지 구성요소로 이루어진 단어에 나타나는 촉음이나 반탁음도 역시 전체의 통합과는 무관하게 해당되는 요소간의 통합에 주로 관여하고 있다고 할 수 있다. 촉음과 연탁의 예를 비교해 보자.

    ⓐ 연탁의 발생 : 尾白鷲 - [[尾+白]+鷲] ⇒ <u>おじろわし</u>
        촉음의 발생 : 発見者 - [[発+見]+者] ⇒ <u>はっけん</u>しゃ
    ⓑ 연탁의 발생 : 大宮人 - [大+[宮+人]] ⇒ おお<u>みやびと</u>
        촉음의 발생 : 大発見 - [大+[発+見]] ⇒ だい<u>はっけん</u>

촉음과 연탁은 상술한 것처럼 일부분 구성요소의 통합에 관여하고 있다. a)는 앞의 두 요소간의 통합을 연탁과 촉음으로 나타내고 있으며, b)는 뒤의 두 요소의 통합관계를 연탁과 촉음이 나타내고 있는 용례이다. 이와 같이 연탁과 촉음은 세 가지 구성요소로 이루어진 단어의 내부에서 우선적으로 결합하고 있는 구성요소간의 통합관계 즉 그 구성요소들이 밀접하게 결합하고 있음을 나타내는 지표로서 작용하고 있는 것이다. 다시 말하면 「尾白鷲」와 「発見者」는 각각 「尾+白」와 「発+見」이 일차결합이고, 「尾白+鷲」와 「発見+者」는 이차결합이라고 볼 수 있는데 연탁이나 촉음은 상대적으로 밀접한 결합관계를 나타낸다고 할 수 있는 일차결합에서 나타나서 구성요소간의 융합을 표시하고 있는 것으로 볼 수 있다. b)에서 두 번째 구성요소는 이차적인 결합에 해당되므로 연탁이나 촉음을 나타낼 수 있는 조건이 갖추어졌다고 하더라도 촉음이나 연탁이 나타날 가능성은 낮다고 하겠다. 이와 같은 이유로 앞에서 제시한 삼자한어의 반례는 모두 이차결합에 해당되는 예로서 촉음출현 기대환경에 있지만 비촉음형으로 나타나고 있는 것으로 생각할 수 있다.

Ⅲ 외래어의 촉음

차용어는 외국의 음을 일본어의 음운체계에 맞추어 일본어화하여 성립하므로 외래어 역시 한어와 마찬가지로 음성적인 면이 촉음출현에 우선적으로 관여하고 있지만 한편으로 외래어의 경우는 한어와 다른 점도 많이 보인다. 한어의 경우는 그 구성에 있어서 비교적 독립적인 두 구성요소의 결합으로 이루어지는 것이 보통이고 촉음은 이 경계에서 나타나고 있다. 반면에 외래어의 경우에는 한어처럼 다시 구성요소를 추출하는 것이 곤란하고 따라서 촉음의 출현이 한어와는 상이하게 된다. 즉 촉음출현이 음성적인 면과 관련이 있다는 큰 원칙에 있어서는 한어와 외래어가 동일하지만, 구체적으로 어떤 음성환경에서 촉음이 출현하는가에 있어서는 양자가 차이를 보이고 있다. 실제로 외래어에서는 한어보다 촉음출현이 더 광범위하게 보이고 있을 뿐 아니라 예외도 많이 나타나고 있다. 많은 선행연구에서는 이처럼 예외가 다수 나타나는 까닭에 기존 연구를 비판하고 새로운 관점에서 외래어 촉음에 대한 설명을 하고 있지만 유감스럽게도 새로운 연구에서는 기존 연구에서 없었던 새로운 예외가 나타나는 등 실제로 어느 연구든 모두 다수의 예외가 나타나고 있다. 따라서 외래어의 촉음출현을 설명하기 위해서는 이처럼 예외가 다수 나타나는 이유에 대한 설명이 필요하다. 본고에서는 이런 문제를 외래어와 마찬가지로 차용어에 속하는 한어와의 비교를 통하여 알아보기로 한다. 또한 이처럼 외래어에서 예외가 다수 존재한다면 기존 연구처럼 촉음화규칙을 엄격하게 적용하는 것은 의미가 없으므로 촉음출현의 최소가능성 조건만을 제시하도록 하겠다.

1. 한어와 외래어 촉음출현의 차이점

1) 한어 촉음출현의 한정성

한어의 촉음은 이자한어의 경계부에 한정되어 나타나고 있어서 일자한어의 경우는 비록 촉음이 기대되는 음성환경이라 하여도 촉음이 나타나지 않는다. 예를 들어 「菊, 毒, 罰」의 경우에는 기생모음을 첨부하여 「キク, ドク, バツ」로 나타내고 있어서, 촉음형은 보이지 않고 二音節로 나타나고 있다. 한편 외래어의 경우에는 「菊, 毒, 罰」와 유사한 형태인 「kick, dog, bat」의 일본어형이 「キック, ドッグ, バット」로 되어 있어서 모두 촉음형이 나타나고 있음을 알 수 있다. 이처럼 한어의 경우는 촉음출현이 이자한어의 경계부에 한정되고 일자한어에서는 보이지 않게 되는데 이에 대해 고마쓰 히데요(小松英雄)는 일본어 촉음의 역사와 연관시켜 이해해야 한다고 설명하고 있다. 즉 한어의 母胎가 된 중국음이 일본어화할 때 음성적으로는 영어 이상으로 촉음출현 가능성이 높았음에도 불구하고 촉음형으로 나타나지 않은 것은 한어가 도입된 시기에는 아직 촉음이 일반 어휘에 정착되어 있지 않은 까닭에 촉음출현 기대 환경에서도 촉음이 나타나지 않은 것으로 해석하고 있다.

한편 일자한어 촉음 문제와 관련해서는 정점성의 관점에서도 설명이 가능하다. 만일 외래어와 마찬가지로 일자한어에 촉음이 나타나게 된다면, 이자한어를 구성할 때 촉음출현의 환경이 갖추어지게 되면 경계부에서도 촉음출현이 예상되고, 이렇게 되면 하나의 단위에 촉음이 여러 번에 걸쳐 나타나는 경우가 발생할 수 있다. 이렇게 되면 하나의 단위에 촉음은 한번 이상 나타나지 않는다는 촉음의 頂点性에도 문제가 생기게 된다.

2) 외래어에서 다양한 표기가 나타나는 이유
① 한어 사용주체와 외래어의 사용주체를 비교해 보면, 한어의 경우는 극히 일부분의 지식계층에 의해 그 사용이 주도되고 있었지만, 외래어의 경우에는 모든 일본어 화자들이 모두 외래어의 창출 및 사용에 관여하고 있다고 볼 수 있다.
② 외래어의 경우는 도입시기에 따라 또 어느 언어에서 도입되었는가에 따라 여러 표기가 존재할 수 있다.
③ 한어가 항상 일정한 형태로 나타나는 것과 달리, 외래어 표기에서는 촉음뿐 아니라 장음을 비롯하여 일반 가나 표기 등 표기 전반에 걸쳐서 변화가 나타나고 있음을 쉽게 알 수 있다. 이런 점에서 같은 차용어인 한어와 비교해 상대적으로 유동적이라 하겠다.

2. 촉음출현의 최소조건

외래어의 촉음은 전술한 것처럼 다양한 표기가 가능하며 또한 한어보다 상대적으로 촉음출현 가능성이 높다는 점에서 한어와 같은 엄격한 촉음출현 규칙을 설정하는 것은 무리가 있다. 이것은 여러 선행연구에서 모두 예외 문제를 해결하지 못하고 있다는 점을 보아도 알 수 있다 하겠다. 그러므로 외래어 촉음에 대해서는 정확한 규칙보다는 최소한의 촉음출현의 규칙을 제시하고 아울러 촉음출현이 가능한 조건을 제시하는 것이 필요하다 생각된다.

한어에서 촉음이 출현할 수 있는 음성환경인 -t, -k, -p를 갓켄부슈의 규칙에 적용하여, 촉음출현규칙을 다음과 같이 변형시키면 촉음 출현을 위한 최소조건을 설명할 수 있다.

< 促音化のルール(外來語の場合) >

$$\begin{Bmatrix}\text{短母音}\end{Bmatrix}\begin{vmatrix}\text{子音}\\\text{破裂音}\\\text{破擦音}\\\text{摩擦音}\end{vmatrix} \rightarrow \begin{Bmatrix}\text{短母音}\end{Bmatrix} + \begin{Bmatrix}\text{促音}\end{Bmatrix} + \begin{vmatrix}\text{子音}\\\text{破裂音}\\\text{破擦音}\\\text{摩擦音}\end{vmatrix}$$

< 촉음출현의 최소조건(CVC구조의 외래어) >

《단모음+(t, k, p, ʦ, ʧ)》
→《단모음+촉음+(t, k, p, ʦ, ʧ + 기생모음)》

kick[kik] → キック, book[buk] → ブック, pack[pæk] → パック
cut[kʌt] → カット, set[set] → セット, mat[mæt] → マット
cup[kʌp] → カップ, step[step] → ステップ, top[tɔp] → トップ
catch[kæʧ] → キャッチ, touch[tʌʧ] → タッチ
nuts[nʌʦ] → ナッツ, cats[kæʦ] → キャッツ

Ⅳ 고유어의 촉음

1. 융합의 기능

형태소 경계부에 나타나는 여러 어형변화는 기본적으로는 두 형태소의 결합에 관여하고 있다. 음편이나 연성(連声), 자음삽입 등도 마찬가지이다. 그러나 연성이나 자음삽입 그리고 음편 등의 경우에는 그

출현 가능한 경우가 한정적이어서 주도적으로 결합의 지표로서 기능하고 있다고 보기는 어렵다. 즉 연성은 현대어에서는 화석화되어 있고, 자음삽입 등도 모음연속의 경우에 한정되어 있으며, 음편 역시「て, た, たり」가 후속하는 경우에 한정되어 있기 때문이다. 한편 연탁이나 촉음은 상대적으로 출현 빈도가 높아서 결합표시 기능에 있어서 주도적 역할을 담당하기에 적합하다고 하겠다. 다음에 연탁과 촉음의 융합의 기능을 살펴보기로 한다.

1) 결합표시의 주도적 역할

연탁과 촉음의 공통점으로는 이것이 다른 어형변화와 비교해 상대적으로 형태소의 결합표시에 있어서 주도적 역할을 한다는 점을 들 수 있다. 그 이유로는 무엇보다도 연탁과 촉음은 결합표시에 사용되는 전용표기수단을 가지고 있다는 점을 들 수 있다. 즉 두 단위의 결합시 음성적으로도 표기적으로도 분명한 지표가 될 수 있는 촉음과 탁음이 그것이다. 형태소 경계부에 나타나는 다른 어형변화가 일정한 표시수단을 갖지 못하고 여러 가지 형태로 어형변화가 나타나는 것과 달리 촉음과 연탁에서는 항상 일정한 형태인 촉음삽입 혹은 탁음으로 변화가 나타나고 있고 이런 일정한 변화가 결합의 지표로서 주도적인 역할을 가능하게 하는 하나의 요인이라 생각할 수 있다.

< 연탁과 촉음삽입의 융합기능 >

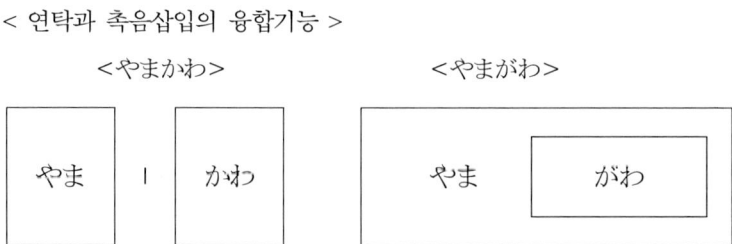

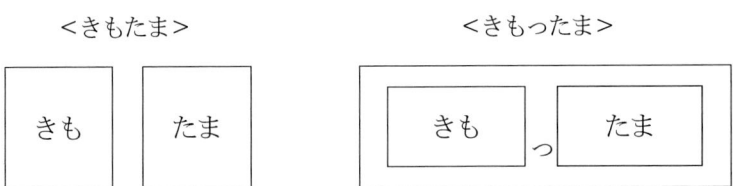

2) 단순하고 일관성 있는 출현 메커니즘

연탁과 촉음삽입은 양자 모두 발생의 메커니즘이 매우 단순하고 일관성이 있다는 점을 들 수 있다. 또한 이런 점은 앞에서 언급한 양자가 다른 어형변화와 달리 주도적으로 결합의 지표로서 기능하는 것과도 밀접하게 관계가 있다고 할 수 있다. 연탁과 촉음삽입의 메커니즘을 살펴보면 다음과 같이 나타낼 수 있다.

연탁 : 후부 구성요소의 유성음화
촉음삽입 : 후부 구성요소의 무기음화

연탁에서는 후부요소에 청탁의 대응관계를 가진 행의 청음 즉 무성음이 오면 그것을 유성화 즉 탁음화함으로서 두 형태소의 결합을 나타내는 방식을 채택하고 있다.
한편 촉음에 대해서 대상을 한어와 고유어에 한정한다면 모음 다음에 긴장상태가 유지되는 것으로 설명이 가능하고 이는 음성학적으로 보면 サ행을 제외하면 無氣的인 음으로 변화하는 것이라고 볼 수 있다. 일본어에서 나타나는 대표적인 무기음으로는 촉음에 연속하는 -p, -t, -k를 들 수 있다. 즉 가나의 레벨에서 본다면 무기음화란 그 앞에 촉음이 나타나는 변화로 설명이 가능하고 결과적으로는 경계부에 촉음이 삽입되는 어형변화로 나타나게 되는 것이다.
촉음삽입과 연탁의 메커니즘인 유성음화 무기음화에 대해 위에서

예로 든 「やまがわ」「きもったま」를 이용하여 나타내면 다음과 같다.

< 유성음화와 무기음화 >

やま ＋ かわ 　후항의 유성음화(k → g) 　　↳ かわ → がわ	きも ＋ たま 　후항의 무기음화(t → tt) 　　↳ たま → ったま

2. 문체표시의 기능

　음편의 경우에서 알 수 있듯이 이전형과 변화형이 일정기간 공존하며 두 가지 형태가 유사한 어휘적 의미를 담당하게 되면 어느 한쪽이 소멸되지 않는 이상 양자는 자신의 존재가치를 발휘하기 위해서 새로운 의미나 기능을 추구하게 된다. 혹은 표현을 바꾸어 말하면 그 언어의 주체가 양쪽의 형태에 각각의 의미나 기능을 부여한다는 것이다. 이때에 여러 가지 방식이 있을 수 있으나, 일본어 역사상 많이 나타나는 변화로는 문체표시의 기능이나 화자와 청자를 명시하기 위한 기능을 들 수 있다. 음편의 경우도 역시 마찬가지로 이전형과 변화형이 공존하며 문체구별에 관여하고 있었다는 점에 대해서는 이미 선행연구에서 언급되어져 있다.

　이와 유사한 현상이 촉음삽입에서도 나타나고 있다. 자립어로 구성된 복합어에는 촉음형 인정을 둘러싸고 이견이 있을 수 있지만 대개 세 가지 형태로 나눌 수 있다. 즉 촉음이 표기상 보이지 않는 것, 표기상 촉음형과 비촉음형이 보이는 것, 그리고 표기상 비촉음형이 없거나 열세여서 촉음형이 우세한 것을 들 수 있다.

ⓐ - おもいきり：おもいっきり(△),
　　わるさわぎ：わるっ騒ぎ(△)
ⓑ - 曲がり角：曲がりっ角, 猫可愛がり：猫っ可愛がり,
　　うわつら：上っ面, 鼻柱：鼻っ柱
ⓒ - 肝っ玉＞肝玉, 鼻っ張り(鼻張り*)
(△ : 음성언어에서 나타날 수 있는 경우, * : 실제로는 나타나지 않는 경우)

　양형이 나타나고 있는 ⓑ의 「鼻柱：鼻っ柱」의 경우, 양쪽이 나타내는 어휘적 의미는 유사하지만, 예를 들어 「~が強い」라는 경우에 어느 쪽을 사용하는 것이 적당할 것인가? 물론 문법적으로 옳고 그른 것을 구별할 성질은 아니지만 아마도 대부분의 사람이 「鼻っ柱」를 선택할 것으로 생각된다. 「うわつら：うわっつら」에 있어서도 어떤 장면에서 사용하는가에 의해 구별하여 사용하려는 노력이 나타날 것이다. 이처럼 촉음삽입형에서도 음편형과 마찬가지로 양형이 존재하는 경우 그것을 구별하여 사용하려는 노력이 보인다. 즉 문체구별을 위하여 촉음형과 비촉음형을 구별하여 사용하고 있다고 하겠다. 이렇게 양형이 존재하는 경우 촉음형이 비촉음형과 비교해 상대적으로 일상적 속어적인 문체에 경사되게 되면 촉음형에 유형화에 따른 압력이 걸리게 될 가능성이 높아지게 된다. 즉 촉음형은 공식적인 경우보다 일상적인 경우에 주로 사용한다고 인식되게 되는 것인데 이렇게 되면 공식적인 문체에서는 촉음형을 대신해 비촉음형을 사용하거나 혹은 유사한 의미를 가진 제삼의 어휘를 선택하게 된다.

3. 강조의 의미 첨가

　두 동사의 결합으로 성립된 복합동사는 대부분이 전항동사가 연용형의 형태로 후속동사에 연결되어 있지만, 일부 전항동사의 경우 촉음형이 나타나기도 한다. 그 결과 비촉음형 복합동사만 나타나는 경우, 비촉음형과 촉음형이 모두 나타나는 경우, 그리고 촉음형만 나타나는 경우라는 세 가지 경우를 생각할 수 있다. 첫 번째 경우 즉 비촉음형만 나타나고 있는 경우는 복합동사 대부분이 여기에 속하고 무엇보다도 無標(unmarked)에 속하는 어형이므로 특별한 기능이나 의미에 대해서 고려하지 않아도 좋다. 그러나 양형이나 촉음형의 경우에는 소위 有標(marked)에 속하는 것으로 무엇인가 역할을 담당하기 위해서 일반적인 형태에 대해 특수한 형태를 취한 것이므로 그 역할에 대해 고찰할 필요가 있다.

우선 「引き込む-引っ込む, 引き立てる-引っ立てる, 突き返す-突っ返す, ぶち殺す-ぶっ殺す」처럼 촉음형과 비촉음형이 모두 나타나고 있는 경우를 보면 양자에 의미상 차이가 있음을 알 수 있다. 양자의 대략적인 의미 차이를 파악하기 위해 간단한 일본어 사전 등에 나와 있는 의미를 정리해 보면, 촉음형은 비촉음형과 비교해 한정된 의미를 나타내거나 혹은 강조의 의미를 나타내는 경우가 많음을 알 수 있다.

한편 비촉음형이 없거나 혹은 대단히 열세인 경우로는 다음과 같은 예를 들 수 있다.

追う： 追っ付け
押す： おっ取る, おっ放す, おっ放り出す
掻く： かっ捌く, かっ飛ばす, 掻っ払う
突く： 突っ込む, 突っ立つ, 突っ走る, 突っ張る, 突っ伏す
引く： 引っくり返す, 引っくり返る, 引っくるめる, 引っ込める
ぶつ： ぶっ切れる, ぶっ倒す, ぶっ叩く, ぶっ飛ばす, ぶっ放す

위의 예 중에서 「おっぽり出す, 引っくり返す, かっ飛ばす」등은 대응하는 비촉음형 「おしぼり出す, 引きくり返す, かき飛ばす」의 존재를 생각하기 어렵다. 특히 「おっぽり出す」는 후항이 「ほうりだす」에서 변화한 것이어서 더욱 「おしぼり出す」는 나타날 수 없다. 이처럼 위의 예는 촉음형만 나타나는 용례들이지만 이것은 특정 사전의 표제어를 조사한 결과이므로 대응하는 비촉음형이 절대로 없다고 단정하기는 어렵고 또 위의 예 중에서 실제로 비촉음형이 존재할 것같은 경우도 보이지만 중요한 것은 이들 용례가 촉음형 비촉음형이 대응하는 경우보다 더욱 접두어화하고 있다는 것이다. 의미면에 있어서도 양형이 있는 경우와 비교해 구성요소와의 관계가 더욱 멀어졌으며, 촉음화한 전항의 의미는 구체적인 의미에서 강조 등을 나타내는 형식적인 의미로 변화하였다. 전항의 표기를 한자를 사용하지 않고 가나로 나타내는 용례가 있는 것도 전항의 의미가 형식화하여 접두어화한 것과 밀접하게 관계가 있다고 생각할 수 있다. 이처럼 접두어화가 더욱 진행되면 이들은 「자립어+촉음+자립어」가 형태소 경계부에 촉음삽입에 의해 두 단위의 융합을 나타내는 것과는 다른 기능을 담당하게 된다. 전항의 의미가 동사적인 어휘적 의미에서 강조의 형식적 의미로 변화하게 된 결과 한편으로는 「まっ」「すっ」類와 유사한 기능을 나타내게 된다. 「まっ」「すっ」은 각각 「真夏, 真心」「素足, 素肌」에서 나타나고 있는 접두사 「ま」「す」에 촉음이 첨가되어 강조의 의미를 더욱 강화시킨 형태라고 하겠다. 용례를 들어보면 다음과 같은 것이 있다.

 真 - 真っ赤, 真っ黒, 真っ青, まっぴるま
 す - すっ飛ばす, すっ飛ぶ, すっとぼける

그리고 다른 한편으로는 역시 강조 등의 형식적 의미와 관련이 있

는 발음(撥音)이 포함된 접두어형과 관계가 있다. 촉음의 출현과 발음의 출현에 대해서 기계적으로 살펴보면 カ, サ, タ, ハ행의 앞 즉 무성음 앞에서는 촉음이, 그리고 ア, ガ, ザ, ダ, ナ, マ행처럼 모음 탁음 비음 즉 유성적인 음 앞에서는 발음이 출현하는 것으로 생각할 수 있다. 그러나 실제로는 발음이 나타나고 있는 경우가 매우 드물어서 위와 같은 분포는 입증하기 어렵다. 단 실제 나타나고 있는 발음의 경우는 모두 위와 같은 분포의 규칙에 해당되고 있다. 용례를 찾아보면 다음과 같다.

  つん出す, つんのめる, ひん曲がる, ひん曲げる, ぶん殴る,
  ぶん投げる, 真ん丸, 真ん中, ずんべらぼう

이상 살펴본 것처럼 강조 등의 형식적 의미를 담당하는 것은 모두 네 가지 종류를 설정할 수 있다.

  복합동사 전항이 촉음변화 - 突っ込む, 追っ掛ける
  복합동사 전항이 발음변화 - ぶん殴る, つんのめる
  강조의미 접두사에 촉음삽입 - まっか, まっぴるま
  강조의미 접두사에 발음삽입 - まんなか, ずんべらぼう

두 개의 동사가 결합해서 복합동사를 구성하는 경우, 전항 동사가 촉음화하는 그룹에 대해 살펴보았는데 이들은 형태소 경계부의 어형 변화가 담당하는 일반적인 기능인 융합의 기능뿐 아니라 강조 등의 형식적 의미를 첨가하는 역할을 담당하고 있음을 알 수 있었다. 또한 이러한 기능은 위의 네 가지 경우와 관계가 있으므로 복합동사 전항 촉음변화형도 이러한 유사한 기능을 담당하는 것 중의 하나로서 자리매

김하여야 할 것이다.

4. 촉음의 기능변화

고유어에서 촉음이 나타나는 것은 일반어의 경우는 주로 형태소 경계부에 많이 보이고 이런 형태소 경계부의 어형변화는 모두 직접적 간접적으로 융합의 지표로서 기능하고 있다. 그러나 음편이 통시적으로 담당하는 기능에 변화가 나타나는 것에서 알 수 있듯이 특정 어형 혹은 특정 어형변화가 담당하고 있는 기능은 불변의 것이 아니고, 효율적인 의사전달을 위해서는 변화가 가능한 것이다.

담당하는 기능에 변화가 보이는 점에 있어서는 고유어에 나타나는 촉음의 경우도 마찬가지이다. 형태소간 촉음출현도 역시 기본적으로는 형태소 어형변화의 일환으로서 융합의 기능과 밀접하게 관계가 있지만 촉음출현의 여러 경우를 조사해 보면 융합 외에 다른 역할 즉 문체 표시나 강조의 지표로서의 역할을 담당하기도 한다. 음상징어를 제외한 고유어에서 촉음이 나타나는 여러 가지 경우의 촉음의 역할을 정리하면 다음과 같다.

  복합적 어휘 - ⓐ 구성요소 분리가능 - 肝っ玉
              ⓑ 구성요소 분리곤란 - ひっかける
  파생적 어휘 - ⓒ 자립어 + 접미어 - 子供っぽい
              ⓓ 접두어 + 자립어 - 真っ青

ⓐ의 경우는 일반어에서 촉음이 출현하는 것 중에서 가장 많이 나타나는 경우로서 촉음이 두 단위의 융합의 지표로서 역할하고 있다. 연탁과 더불어 가장 생산적인 융합표시 수단이라 생각할 수 있다. 단

연탁과의 차이는 연탁은 주로 표기의 레벨에 나타나지만 촉음은 음성언어 레벨에서 주로 나타나는 점인데, 이런 이유로 인해 오히려 촉음은 더욱 간단하게 더욱 빈번하게 나타나서 그 역할을 수행하고 있다고 생각된다. 이런 구두어적 성격상 ⓐ는 음성언어에서만 나타나는 경우, 표기에서 촉음형 비촉음형이 모두 나타나는 경우, 표기에서 촉음형이 우세한 경우의 세 가지로 분류가 가능하다. 그런데 이처럼 동일한 의미를 나타내는데 두 가지 상이한 어형이 존재한다는 것은 각각이 나름대로 존재가치를 가지고 있음을 의미하고 이 경우에는 양자가 상이한 문체적 가치를 가지고 있다는 점을 그 존재가치로 볼 수 있다. 즉 일상적 속어적 경우에는 촉음형(표기 혹은 음성언어에서)이 나타나고 공식적 형식적인 경우에는 비촉음형 혹은 유사한 의미를 지닌 다른 표현이 나타나게 된다.

한편 ⓐ의 경우는 전체를 구성하고 있는 구성요소가 어떤 것인지 분명히 명기되어 있어서 언제라도 구성요소로의 환원이 가능하다. 반면에 ⓑ는 구성요소로의 분리가 곤란한 경우가 나타나고 있다. 이런 점에서 한편으로는 ⓑ 쪽이 상대적으로 두 형태소의 결합의 정도가 더욱 견고하다고 볼 수도 있다. 그러나 역설적으로 결합이란 그것이 한 단위가 아니고 두 개 이상으로 이루어져 있다는 전제하에서 성립하는 것이므로, 다시 말하면 단순어에서는 결합을 논하는 것 자체가 넌센스이므로 구성요소로 분리가 곤란한 정도에 이르게 되면 융합이란 의미를 상실하게 된다고 볼 수 있다. 따라서 ⓑ의 경우는 다른 역할을 담당하게 되는데 한편으로는 역시 ⓐ와 마찬가지로 비촉음형에 대한 속어적 일상적 표현이란 문체적 기능을 담당하고 있으며 다른 한편으로는 이것이 접두어화하여 강조의미를 나타내는 다른 접두어 그룹의 일환으로도 역할을 아울러 담당하고 있다.

< 촉음의 기능변화 >

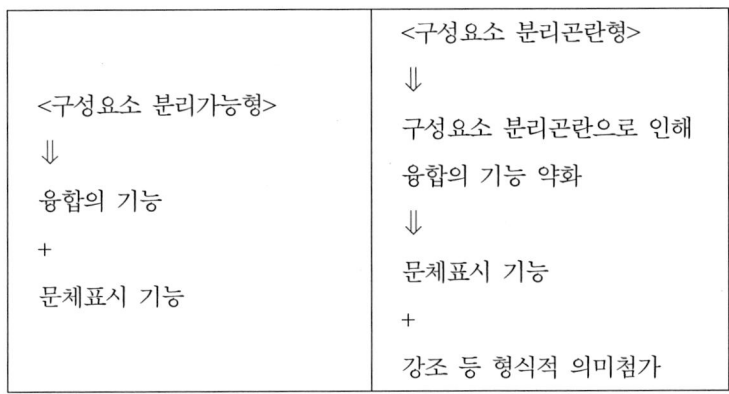

참고 문헌

황광길(2008) 『일본어촉음연구』 제이앤씨출판사
窪薗晴夫(1995) 『語形成と音韻構造』 くろしお出版
佐藤大和(1989) 「複合語におけるアクセント規則と連濁規則」 『講座日本語と日本語教育 2 日本語の音声・音韻(下)』 明治書院
三宅知宏(2004) 「半濁音化」「促音化」と「枝分かれ制約」 『国文鶴見 38』
高山知明(1995) 「促音による複合と卓立」 『国語学』 182輯 国語学会
小松英雄(1975) 「音便機能考」 『国語学』 101輯 国語学会

일본어학과 일본어교육
日本語学・日本語教育

2 음운·음성(音韻·音声)

일본어학과 일본어교육

日本語学・日本語教育

2 음운・음성(音韻・音聲)

海外著者原文

일본어학과 일본어교육
日本語学・日本語教育

2 음운・음성(音韻・音声)

일본어학과 일본어교육 **2** 음운·음성

日韓両言語の流音の役割に関する共通性と相違点

高山知明

金沢大学

I はじめに

　流音(すなわちラ行子音)は和語の語頭に立たない。この分布は，漢語導入以前の古代日本語を特徴づける性質の一つとしてよく知られている。しかし，流音の現れ方について，さらに細かく分析，考察した研究はさほど多くない(注目されるものとしては，釘貫1982, Labrune1993がある)。

　ところで，韓国語も周知のように固有語の語頭に流音を持たない(なお，漢語の場合は本稿では直接の考察対象としない)。日本語の流音についてさらに明らかにしようとする際にも韓国語との対照が有益である可能性がある。本論は，韓国語の流音と対照させることによって，日本語における流音の音配列とその役割を浮き彫りにする[1]。

　結論から言えば，ともに語頭に立たないとされる両言語の流音の現れ方に相違点が存在することを指摘する。その上で，その相違点は，むしろ両言語間に著しい共通性があることの反映であることを述べる。また，この論述を通じて，「膠

---

[1] 議論を進める上で，韓国語との対照をおこなうため，ラ行子音とは呼ばず，「流音」とする。なお，正確には流音音素と呼ぶべきであるが，簡略に従う。

着」に関する概念をあらためて厳密化する。

II 先行研究と本論との関連

語頭に立たない事実に留まらず，とくに古代語の流音の分布をさらに分析したものに釘貫(1982)がある。それに依れば，流音は，「一結合単位内」で原則として一個しか現れないこと，その大半が「結合単位」の末尾音節であることを指摘する。また，ラ行子音が歴史的に見て比較的新しく出現した音韻であるとの推測も提示している。本論では，この推測に対する判断を保留にせざるを得ないが，少なくとも指摘されている分布のうち「結合単位」の末尾音節に現れる点に関しては，以下の内容と無関係ではない。ただし，釘貫(1982)とは異なる角度から流音の分布を捉えようとする。

また，流音に関する問題を総合的に取り扱った先行研究にLabrune(1993)がある。日本語の流音に関する諸問題を，韓国語とも対照しつつ，様々な角度から検討した内容で，とくに注目されるのは，形式の延長に関する流音の役割，ゼロ子音と流音との相補分布などに着目した音韻論的分析，さらに流音の一般的特性に関する議論を通して，他の子音とは異なる位置にあるrの諸特性について論じている。本論はこれらの諸側面に一事実をさらに付け加えることになる。

本論で提示する議論が，釘貫(1982)，Labrune(1993)の内容とさらにどのように関わるかについては，さらに詳細な検討を要し，本稿に許される範囲を超えるため，今後の課題とする。

III 日本語の助詞における流音

流音の現れ方について見てみると，次の(1)から(3)のような分布が指摘できる。ここで着目すべきは(3)，および，(1)(2)と(3)との差異である。本論で指摘するのは，このような形態面での片寄りが見られることである。

(1) 名詞の内部に現れる

(2) 用言複合体の内部に現れる
(3) 名詞に続く助詞(格助詞, 副助詞)の頭部に現れない

(1)(2)は, 周知の, 語頭に現れない分布を言い換えたものに過ぎない。このうち(2)の「用言複合体」は河野六郎(1976, 1995)の概念を基本的に踏襲している。なお,「用言複合体」のみならず助詞をも含め, 本論で問題にする形態の捉え方は河野(1976, 1995, 1996)に依るところが大きい。

以下にそれぞれについて具体例で確認しておこう。挙例は現代語を用いるため, 古代語とは個々の語に出入りがあり, また活用体系の変化によって流音の出現位置に違いが生じる。しかし, (1)(2)と(3)の差異は, 知られる限り日本語の歴史を通じて変わらず, その点が注目される。

まず, (1)の具体例を(4)に掲げよう。ここには, 単純語だけでなく,「あちら」「ひとり」のように接辞として析出可能な要素を持つ語も含む(つまり, その違いを問わない)。また, 名詞とは言えないが, 擬音語・擬態語の類もこれに準ずる。擬音語・擬態語においては, 流音が他の子音と違って特別な位置を占める(とくに口蓋化に関する議論については Hamano1998, Mester&Itô1989, Labrune1993を参照)。

(4) 霰arare[2], 色iro, 裏ura, 瓜uri, 頭kasira, 烏karasu, 蔵kura, 栗kuri, 心kokoro, 頃koro, 皿sara, 尻siri, 空sora, 面tura, 虎tora, 所tokoro, 鳥tori, 原hara, 針hari, 春haru, 昼hiru, 縁heri, 希mare, …
あちらati・ra, 彼らkare・ra, 一人hito・ri, …
[擬音語・擬態語] さらさらsara・~, たっぷりtaQpuri, はらりharari, …

「用言複合体」の(2)の具体例は次の(5)である。用言複合体内の様々な要素が, ここに属する。動詞の語幹, 活用語尾, 形容詞の語幹, いわゆる助動詞, 接続助詞である。

(5) (動詞語幹) 並ぶnarab-u, はらうharа-u, ゆるすjurus-u;枯れるkare-ru,

2　釘貫(1982)が指摘する分布に関して言えば, 「あられ」は「一結合単位」内に複数現れる点で例外的(ごく稀)な語である。

kurabe-ru…; ラ行五段活用: 切るkir-u, 去るsar-u, 勝る masar-u, …

(動詞活用語尾) 一段活用: 着るki-ru, 暮れるkure-ru, 過ぎるsugi-ru,…;

カ行・サ行変格活用: 来るk-uru, 為る s-uru, …

(形容詞語幹) 辛kara, つらいtura, 広hiro, 古huru, …

(形容詞活用語尾) kere

(助動詞) (r)areru, (r)eru[3], rasii, …

(動詞仮定形語尾) (r)e-ba

(動詞終止形語尾) (r)u

(接続助詞) nara, tara

これに対して，(3)に該当する例は流音で始まる例が見られない。語頭に現れない点では濁音，促音も流音と同じであるが，対照的に，これらの音は(6)に示すように助詞の頭部に現れることがめずらしくない(高山知明1995,2003参照)。また，「で<にて」「って」のような例や，括弧内に示した変異形の存在を見てもわかるとおり，歴史的にあらたにそれらの音が助詞の頭部に発生していることも明らかである。これに対して，流音にはそのような例が見られない。

(6) が，を，に，へ，と，で，の，か，や，から，より，まで，だけ，ばかり(っぱかり)，さえ，くらい(ぐらい，っくらい)，ほど，しか，のみ，でも，は，も，こそ，って，

このような片寄りを偶然の結果とする見方も，可能性の一つとして完全に排除することは原理的にはできない。しかし，以下に述べるように，その背景に何らかの理由がないか探ってみると，この位置で流音の出現が抑制される条件が，日本語の形態論全体を見たとき，存在すると考えることができそうである。さらに言えば，歴史的にも，助詞の形成においてその抑制が反映しているのではないかと推察される。

ところで，上代語の中には次のように疑わしい例がないわけではない。しか

3　ここに可能動詞の活用語尾を加える。「読める」「乗れる」など(五段動詞の場合)と，いわゆる「ら抜き」表現の「見れる」「逃げれる」など(一段，カ変の場合)を併せて一つの形態素と見る。

し，その性質から見て(6)と同様の助詞と認定するのは難しい。

(7) ろ(乙類)-かも(上代語)：以下の例から判断すると体言，形容詞連体形に接続すると考えられる。なお，「子ろ」「緒ろ」などの「ろ(乙類)」とどのような関係に立つかは不明。また，「子ろ」などの「ろ」は名詞(体言)の内部要素であり，これにさらに助詞が付きうる。
 例1 …木幡(こはた)の道に逢はししをとめ宇斯呂傳波袁陀弖<u>呂迦母</u>(後姿は小楯<u>ろかも</u>)…(『古事記』応神天皇歌)
 例2 …白たへに衣取り着て常なりしゑまひふるまひいや日けに更経見者悲<u>呂可聞</u>(かはらふみればかなしき<u>ろかも</u>)(『万葉集』巻三.478.安積皇子薨之時内舎人大伴宿禰家持作歌)

なお，(4)((1)の例)に掲げたように，「彼ら」「彼女ら」などの「ら」や「ひとり」「ふたり」の「り」のような接尾要素は，名詞を形作るその内部的な構成素であり，名詞に続く助詞とは性格を異にする。上代語の「大命良麻」などの「らま」もこれと同様である。すなわち，(6)に入るのは，体言の外側にさらに後置される文法的な要素に限定される。その違いが流音で始まる形式の有無に対応する。

Ⅳ 韓国語の助詞における流音

韓国語の場合，語頭に立たない点は日本語と変わりなく，前節の(1)(2)が同じように当てはまる。しかし，(3)については様相を異にする。次の(8)のように，韓国語には名詞に続いて流音で始まる形式が基本的な助詞の中に存在する。ただ，直前の名詞が子音で終わる場合には母音が挿入されるため，これを直ちに頭部と単純に見なせないことにも留意する必要がある。

(8) 를(을), 로(으로)
 現代語の形で示すが，いずれも中世語に遡る(中世語では後述のように先行語と母音調和を生じる。また，前者に関しては中世語ではㄹが現れ，를はこれが変化してできた形。李基文1972a参照)。なお，로서(으

로서), 로써(으로써)がこれに加わる。

韓国語の助詞は，その多くが先行語の音節末子音をリエゾンさせる形式であり，全体として母音始まりの形式が多いという顕著な片寄りを見せる点でも特徴的である[4]。(8)の助詞もそれぞれリエゾンさせる仕組みを内蔵している。上記の를(을)，로(으로)はともに先行語の末尾が子音か母音かによって形態を替えるが，現代語では各々その替え方を異にしており，複雑になっている。すなわち，子音終わりの場合，를(을)では最初のrを脱落させるのに対し，로(으로)ではrの前に母音を挿入させる。中世語では，いずれにおいても母音を挿入させる。この形態法の変化は，rの性質を考える上でも興味深い面を持っている。

このほか，名詞+이(指定詞語幹)+ㄹ+(…) の連続において，名詞が母音終わりの時には，日常会話では이(指定詞語幹)の脱落が起こり，名詞に直接ㄹで始まる形式が接することが少なくない。このため，結果として，名詞に続く랑(이랑)のように，r/Vrの交替を発生させている助詞相当の語もある。

Ⅴ 日本語の名詞と用言複合体

例えば，(9)の破線部，二重線部のどちらも，日本語学の概説書等では「膠着語的性格」の特徴として言及されることが多い。すなわち，名詞と助詞の連続，用言のいずれも膠着語の現れとして同じように扱われることがしばしば見受けられる。

(9) トリ(鳥)・ガ　キ(木)・ニ　トマッ・テ・ナカッ・タ・ラシク・テ，

しかし，両者の違いを無視することはできない。また，概説書等ではいまだに孤立語，屈折語，膠着語のような言語分類が掲げられることがあるが，もちろん，これも今日，言語類型の分類として通用するわけではない。

河野六郎(1976, 1995, 1996)は，言語類型の一つとして，統語，形態の構造面で

---

[4] ただし，와/과 は，先行語が母音終わり(古くはr終わりも含む)の場合に前者が，子音終わりの場合に後者が現れる点で，リエゾンに関しては例外的である。

の共通性に着目して「アルタイ型言語」というタイプを提唱している。アルタイ諸語がこの類型の典型例であることに基づく命名ではあるが，系統上の含意はない。日本語も韓国語もともにこの類型に属することになる。アルタイ型言語を特徴付ける重要な点はその述語構造であり，それを「用言複合体」という概念によって捉えている。その特徴は(10)のようである。

 (10) 用言複合体：語基に接辞あるいは助辞が次々に接合して，構成体を作り上げる。語基は単独では取り出せない。いわば膠着的agglutinativeに作られていき，「用言複合体」自体は相互に範例paradigmを成さない。

 日本語も用言複合体を持つが，名詞と助詞の連続に関しては(11)のような特徴を持つという。

 (11) 名詞：名詞は孤立的isolatingである。すなわち，裸の形で独立しうる。助詞は前接する名詞の構成部分にならない半独立的な語である。

 二つの違いをさらに明確にするために，「膠着(的)」とされる内容の細部を押さえつつ見ることにしよう。河野の論は「膠着」をより厳密に規定しているので，ここではそれを基礎に問題点を整理するのが有益である。なお，紙幅の都合上，膠着に関するその説明の引用は本論の趣旨に関係する範囲に留める。

 (12) 膠着(膠着性)
  a. 語幹(語基)に添加される接辞は独立性が強い。語幹と接辞の接ぎ目が明白で，語基およびそれに次々に接合する接辞は，それぞれが意味(機能)を担っており，意味と形式との対応関係が透明である。
  b. その一方において，「各活用形は一種の融合をしていて，どこまでが語幹で，どこまでが語基形成接辞なのか判然としない」(『言語学大辞典』第6巻術語編「範例」の項，1096-1097頁)。

 (12)のa.とb.を総合すると，膠着による連接は，意味と形との対応関係は透明であるものの，活用の諸形式の構成においては，しばしばその境界位置が一義的

に定まらない(あるいは定めがたい)点を特徴とすると言い替えてよいと思われる。例えば次の(13)の「切られる」を例にすると、この用言複合体は、動詞の語幹に受身接辞、さらに終止の接辞が次々に付加されており、全体としてこの三要素から成る。その一方で、要素間の境界がどこにあるのか(あるいはkirの後に続くaの位置付けに関して)必ずしも一義的に分析することができない。

(13) (糸、ひも等が)切ラレル　▲kir▲are▲ru

すなわち、(▲で示すように)各要素の存在は明白であるが、それをどのように分解するかとなると複数の解釈が生じうる。実際、形態分析における解釈の非唯一性が不可避であることが少なくない(この性質が原因で生じる言語現象については後述)。このように、(屈折に比べて)構成要素には独立性があり、その連接は明らかである一方、厳密にどこが境界なのかは必ずしもはっきりしない。たとえて言えば、のりしろに当たる部分(言い換えれば互いに重なり合う接合部)が存在する。これに対して、日本語では名詞と助詞の境界は常に明瞭である。

Ⅵ 「のりしろ」の存在と流音

河野(1976)は韓国語についても(11)の特徴を認めている。しかし、たとえそうだとしても、名詞とそれに後接する助詞との形態論的関係に関しては、日本語との間に違いを見出すことができる。

韓国語においても、名詞と助詞との接合は、用言複合体内の接合に比べれば、単位の分割は容易である。しかし、第Ⅳ節に述べたように、閉音節を許容する音節構造のために、先行名詞の末尾が子音か母音かに応じて形態の交替を起こし、로(으로)や中世語のㄹのように母音を挿入させたり、あるいは現代語의 를(을)のようにrを挿入させたりする。このように、何らかの手段で「のりしろ」となる部分が存在する。その分、名詞と後続する助詞との形態どうしの緊密度が高い。また、それだけに、こうした連結部分をどう位置づけるかによって境界の認定の仕方も変わりうる。このように、現象面から言えば、日本語の場合に比べて「助詞」はより孤立的性格が弱い。言い換えれば、より膠着的であると言える。流音はま

さにこの種の接合にも現れている。

　日本語では，(3)(例示(6))で見たように，名詞に続く助詞に流音で始まる例がない。この事実は，日本語の助詞には上述のような「のりしろ」部分がないという形態上の性質と符合する。これに対して，同じ日本語でも用言複合体の構成要素には，受身(r)areru，可能(r)eru[5]，仮定(r)eba，終止(r)uのような例が容易に見出される。上代語の動詞・助動詞に付く接尾語(r)akuもこれに加えることができるだろう。これらは，いずれも形態の交替を起こし，「のりしろ」を持つ点で対照的である。その交替ではrが重要な役割を担っており，先行動詞等の活用の種類によってrの有無が決まる。ちょうど現代韓国語の助詞를(을)，すなわち(r)ɯrと同じような交替である。具体的に言うと，語幹末が母音の場合にrが挿入され，子音の場合にrを落とすとの分析が可能である(古典語の活用に関しては語幹の扱いをより厳密化して分析を示す必要があるが，省略に従う)。これらにおいても，やはり形態の連結の緊密度は高く，境界がどこにあるかはやはり明瞭とは言えない。上記の他，用言複合体に現れうる要素としては，現代語の「らしい」，古典語の「らむ」「らし」(現代語「らしい」と歴史的なつながりは考えにくいとされる)があり，先行要素との境界が比較的明瞭な，rを頭に持つ形式がないわけではない。しかしながら，今，示した受身，可能，仮定，終止の形などの存在は無視することができない。

　形態の境界についてもう少し説明を加えておこう。終止の(r)uは，ラ行五段動詞の場合，例えば「取る」を例に取ると，語幹をtorとし，これにu(すなわちrを挿入しない形)が接合したものとの分析が成立しうる。しかし，その半面において，基本形をル形と呼ぶように言語直感においては+ruとする取り出し方をする。

　　　(14) サボ+ル，メモ+ル，事故+ル，…

　実際，言語現象にもこのことは反映されており，(14)のような造語法が存在することから後者の分析の仕方も効力を失わない。つまり，解釈は必ずしも一義的に定めることは難しく，両様の区切り方が同時的に成立している。形態の境界が明瞭でないことから生じる結果であると考えられる。

　ところで，規範的観点での認知度はまだ高くないが[6]，可能には五段動詞にさ

5　脚注3参照。
6　要するに，「ら抜き」のように，一般話者の注意の対象になる段階にも至っていない。「ら抜

らに新しい形(「書けれる」「行けれる」「(皮などが)むけれる」などの「れる」形)が発生しており、これを一段動詞の「逃げれる」「見れる」と併せると、その接辞は(e)reruのように分析され、韓国語の助詞で言えば로(으로)や中世語のㄹと同様の、母音挿入の有無による交替である。つまり、r挿入から母音挿入に形態法が移行しており、この変化が起こるのも境界がもともと明瞭でないことに因るのであろう。このような異分析を発生させやすいという点もrの性質を考えるに当たって注意を払う必要がある。

　以上、本節の考察に基づくと、全体として次のような傾向を見て取ることができる。すなわち、形態面における流音の配列に関する両言語の相違点は以下の通りである。

　　(15) (名詞と助詞の連続)　　　　　　　(用言複合体の構成要素間)
　　　　韓国語　　のりしろが存在する　　　のりしろが存在する
　　　　日本語　　のりしろが存在しない　　のりしろが存在する

　流音をその頭部で欠くのは、日本語の〈名詞と助詞の連続〉「のりしろが存在しない」ところにおいてである。流音が現れる位置は先行からの連続性がより強い部分であり、その役割は、(16)のように先行母音と併せた配列によって果たされていると考えられる。

　　(16) Vr

　本節で主に取り上げた諸形式以外のところでは、rは用言複合体の構成素の頭部以外(例えば、(2)で掲げたもののうち、形容詞の活用語尾kere、動詞語幹narab-u, hara-u, 等々)[7]、および、(1)「名詞の内部」において数多く現れる。この事実もあらためて考え合わせると、全体として言えるのは、rの形態論上の性質は、やはり、先行母音からの連続性という、(16)で示した配列に象徴させることがで

　　き」はそれが規範に反することが意識されるという意味において、その存在が話者によって認知されていると言うことができる。
7　先に掲げた分類「(2)用言複合体の内部に現れる」は、厳密に言うと二つに分けられる。すなわち、用言複合体の構成要素の頭部(あるいは頭部とおぼしき位置)にrが現れうるものと、その構成要素の内部にrを持つものとの両方がある。ここはそのうちの後者に該当する。本節においては、これら二つを分けて議論している。

きる。そのために，流音は，一見してその前に形態の切れ目がありそうなところに関しても，その境界の存在を目立たせない部分，すなわち接合の度合いが高い位置を中心に分布していると言うことができる。語頭に立たないという分布は，このようなはたらきが具体的に現れたものであろう。その点では，日本語も韓国語も共通している。

VII 母音調和

　形態の接合に関する問題を考える上で無視できない現象として，母音調和がある。韓国語と日本語との相違として注目しておく必要がある。すなわち，中世韓国語においては，名詞と助詞の間にも母音調和を生じていた。前接名詞の母音の陰陽に従って，挿入母音が調和する。(8)に掲げた를,中世語ㄹ(을)，로(으로)に関しても，その挿入母音は一とゝとの間で交替する(李基文1972 a, b参照)。このことからも日本語と違って，形態論的に見て名詞との連続性が形式上にもさらに反映されており，より緊密な関係を作っている。
　日本語にも，次のように，助詞「の」の交替形と思われる形がないではないが，これが母音調和の何らかの痕跡だとしても，上代語において既に語彙化した形でしか確認できない。

　　(17)「ま-な-かひ」「みーな-と」などにおける「な」

　すなわち，中世韓国語のような現象は，日本語の場合には歴史的に遡っても名詞と助詞の連続においては明確には認められない。他方，接辞には-ラカ〜-ロカのように，前節要素の母音の影響を受けると見られる交替があることは注目される。

VIII まとめ

　以上のように，韓国語との対照を通して，日本語の流音の役割を明らかにしてきた。それとともに，日本語における名詞に後置される助詞がどのような性質を

持っているかについても見たことになる。これについては，すでに第Ⅵ節に述べているので，ここで繰り返すのは避けることにする。ところで，後者の点は，日本語史の中で助詞がどのように発達してきたのかにも大きく関わることが予想される。また，韓国語の助詞についても日本語との歴史的過程が異なるとすれば，さらに興味深い問題である。助詞の史的問題についてはさらに論じる必要があり，別に取り扱うべき主題であるが，少なくとも本論で見たことはその問題を考える上での参考材料になると思われる。

Ⅸ 韓国語との意外な共通性

　ここまでのところでは，両言語の相違点に注目して見てきたが，最後に，韓国語との間に共通性があることをあらためて指摘しておく。
　両言語を比べつつ，名詞と助詞のあり方と，この助詞の位置での流音の生起の仕方とに注目し，形態の接合と流音の現れ方との関連性を中心に見てきた。その過程で，両言語の違いを明らかにしてきた。しかし，そもそも，この関係性が成り立つのは，両言語間で他ならぬ流音の役割に共通性があってこそ可能となる。言い換えると，その前提がなければ，このような対照作業の意味はなくなる。
　双方に共通するのは，(16)に掲げた配列Vrによって，流音の形態論上の役割が位置づけられる点である。これは，日本語だけに当てはまるのではない。いずれも，語頭を主張しない形として運用されていることを意味する。要するに，流音音素の基本的方略は双方で共通しているものの，具体的にその方略をどこで発揮するか，その適用の箇所が二言語間で異なると理解することができる。
　異なる言語間で，このような共通性が見られる必然性は，もちろん，本来的にあるわけではない。それにも関わらず，このような共有が見られることはたいへん興味深い。流音の持つ一般的性質，およびそれと形態音韻論との関わりについて考える上で，このことはさらに探る価値があると思われる。その他の言語での現れ方を見る必要も当然ながら生じる。

X 残された課題

　日本語の助詞において生じた歴史変化をながめると，ハ行子音の接近音化(11世紀ごろ)に思い当たる。これが助詞「は」，「へ」にも生じているからである。この変化は，「かは(川)」「いへ(家)」「いきほひ(勢)」「くふ(食ふ)」「まふ(舞ふ)」のように同一語(単純語)内の母音間という条件下で発生したものだが，助詞「は」「へ」の頭部のハ行子音もその対象になっている。つまり，助詞が先行名詞と一連の単位であることが変化の結果に反映されているので，形態の切れ続きに関して，上に見てきた流音から得た結論とは異なることになる。このようなズレをどのように捉えるべきかについてはさらに考える必要が生じる。考えられる違いとしては、流音が(16)Vrの配列に基づく役割を持つのに対して，変化の結果得られた頭子音wは語頭にごくふつうに現れる。この点を無視することはできないだろう。

　和語の語頭に現れないという点では，濁音も流音と同じであるが，こちらは，連濁との関連を考える必要があり，同じく非語頭の配列と言っても，形態論ないし形態音韻論に関して，様相と性格がかなり異なるのではないかとの見通しを持っている。

　また，本論で見てきた特徴に関しては，日本語の諸方言においてさらに検証する必要がある。

　最後になるが，韓国語および韓国語史に関わる問題に関しては，理解の不足から思わぬ誤謬をおかしているのではないかと恐れる。大方のご批正をお願いしたい。

参考文献 (すべて五十音順による)

李基文(1972a)『國語史概説 改訂版』塔出版社 ソウル (藤本幸夫(訳) 1975.『韓国語の歴史』大修館書店)

李基文(1972b(再版1977))『國語音韻史研究』塔出版社 ソウル

釘貫亨(1982)「上代日本語ラ行音考」『富山大学人文学部紀要』6, 192-206頁

河野六郎(1976)「朝鮮語の膠着性について」『河野六郎著作集』第1巻(1979, 平凡社)所収

河野六郎(1995)『言語学大辞典』第2巻世界言語編,「日本語」の項, 1577-1588頁

河野六郎(1996)『言語学大辞典』第6巻術語編,「アルタイ型」「言語類型論」「膠着」「範例」「用言複合体」の各項目

高山知明(1995)「促音による複合と卓立」『国語学』182，国語学会(現 日本語学会)，15-27頁
高山知明(2003)「現代日本語の音韻とその機能」『朝倉日本語講座 3 音声・音韻』第2章，22-42頁．朝倉書店
Hamano, Shoko.(1998) *The sound-symbolic system of Japanese. Studies in Japanese Linguistics vol.10.* CSLI publication, Stanford and Kurosio, Tokyo
Mester, R. Armin. and Junko Itô.(1989) Feature predictability and underspecification: Palatal prosody in Japanese mimetics. *Language* 65. 258-293
Labrune, Laurence.(1993) *Le statut phonologique de /r/ en japonais et en coréen : histoire, typologie, structure interne des segments,* thèse de doctorat, Université Paris 7, UFR de Sciences du Language

付記：本内容は，韓國日本學聯合會第8回國際學術大會「韓日關係100년，過去・現在・未來」でのシンポジウムにおける発表「流音音素の音配列と『膠着性』―日韓両言語の相違点と共通性―」(2010年7月 3 日，南서울大學校)，および第6回音韻論フェスタでの発表「日本語の流音音素の音配列とその役割―韓国語との対照からわかること―」(2011年2月17日，大津市)の内容を見直し，大幅に改定を加えたものをもとにしている。二つの発表を通じて，多くの方々から貴重なご教示，ご意見を頂くことができた。一人一人のお名前をあげることができず，残念であるが，この場を借りて厚く感謝を申し上げる。

일본어학과 일본어교육 2 음운·음성

平板アクセントと言語構造

田中真一
神戸大学

1 要旨

　本稿は、日本語(東京方言)の平板アクセントを生起させる要因として従来別々に論じられてきた言語条件を、語彙の言語学的親密度(使用頻度)という一つの要因にまとめることを試みる。頻度を(ⅰ)音韻・形態構造、(ⅱ)意味・語用論的構造の二つに下位分類することを提案した上で、両者を統一する原理を述べる。とくに(ⅰ)の音韻・形態構造について、4モーラという語のサイズに関わる条件を、最も頻度の高い韻律構造として設定することで、(ⅱ)の意味・語用論的側面との間に一貫した説明を与える。同時に、アクセント付与に関して4モーラ語が、他の長さと異なるデフォルト値を持つこと(基本形の異なること)を指摘する。さらに、アクセント以外においても、韻律面での頻度の高さによって引き起こされる音韻現象を紹介し、平板アクセントを生起させる要因の一般性を説明する。本稿は以下の構成を取る。
　はじめにアクセントの一般言語学的意味を確認した上で、日本語において平板アクセントの生じる理論的問題点について触れ、続く節で、音韻・形態構造(韻律条件)として、日本語話者の4モーラ単位の使用頻度の著しい高さと、平板アクセ

ントとの関わりを紹介する。続いて、平板アクセントを生起させる意味的要因が、これまでの分析で明らかにした音韻・形態構造と、使用頻度というキーワードで統一できることを、具体例を挙げながら紹介する。最後に、音韻・形態構造の頻度の高さについて、アクセント以外の現象を紹介し本稿をまとめる。

II 平板アクセントとその問題点

1. 二つのアクセント

アクセント(accent)という概念は、日本語学や言語学において、二つの異なる意味で用いられる。一つは(1)のように、単語に備わった高低の型という意味であり、もう一つは、(2)のように、単語内の音声的際立ちという意味である(田中・窪薗1999, 斎藤1997, Kubozono 2011)。たとえば、「さけ」(鮭)、(酒)という語は、各定義において次のように表示される('は直前のモーラにアクセント核のあることを、^{0}はアクセント核のない、平板アクセントを表す)。

(1) アクセントの標示(広義)　　(2) アクセント標示(狭義)
　　a. さけ(が)　[鮭]　　　　　　a. さ'け(が)　[鮭]
　　b. さけ(が)　[酒]　　　　　　b. さけ^0(が)　[酒]

(1)の定義では、「鮭」と「酒」とがそれぞれ「高低」、「低高」のアクセントを持つというように表現されるのに対し、(2)では「鮭」がアクセントを(第1音節に)持ち、一方、「酒」はアクセントを持たないというように表現される。(1)はしばしば広義のアクセントと呼ばれ、国語学、方言学で使用されることが多いのに対し、(2)は狭義のアクセントと呼ばれ、言語学の分野で用いられることが多い。ちなみに、平板アクセントという用語は、(1b)、(2b)いずれの文脈でも用いられる。

(2)の狭義アクセントの観点から見ると、日本語はピッチアクセント言語に属している。しかしながら、2.1節で述べるように、日本語は(2b)のように、アクセントのないものが語彙体系の約半数を占めていることも事実である。アクセント言語において、それの存在しない語が半数を占めるというのは、一見すると奇妙

なことである。

本稿では、平板アクセントの生起条件として、語の言語学的親密度(使用頻度)が関わることを指摘し、日本語が従来の指摘通り、アクセント言語であることを確認する。

2. アクセントの機能

アクセントには二つの機能があることが知られている(Kager 1999, 田中・窪薗 1999)。

一つは、(1)のペアで見たような意味弁別機能であり、もう一つは、頂点・境界表示機能と呼ばれる、(3)のような、単語の切り出しに関わる機能である。[1]

(3) a. も'うしま'した(もうしました) ［もう、しました。］
    b. もうしま'した(もうしました) ［申しました。］

(3a)ではアクセント(頂点)が二カ所あることにより、文が音韻的に二語から成ることが示されているのに対し、(3b)ではそれが一カ所であることにより、文が一語から成ることが示されている。ピッチによるこのような頂点、境界の標示によって、単語の切り出し、つまり、語の認識が行われるわけである。

本講で論じる平板アクセントは、頂点(アクセント)の消失した状態であり、それの付与された単語と比べ、発音上、負担が少ない。[2] その反面、単語の切り出しに役立たなくなる。そのような意味で、平板アクセントの存在は問題となる。それが半数の語彙で観察されるということと合わせると、日本語をアクセント言語と見なしてよいのかという疑問が生じる。

本稿では、平板アクセントの生起条件を示した上で、その条件下でアクセント以外の単語の切り出しが可能になることを指摘する。具体的には、意味、語用

---

[1] このうち、意味弁別はそれほど重要な役割を担っていない。柴田(1994)では、(1)のように、広義のアクセントによって意味弁別のされる例は数%に過ぎないことが報告されている。

[2] 同じ高ピッチであっても、アクセント核を伴う高ピッチ(たとえば、(2a)における「さ'け」の「さ」)の方が、それを伴わない平板の高ピッチ((2b)における「さげ」の「け」)より、音響上はるかに高く実現される(cf. 川上1977)。アクセントを伴うということは、「高」から「低」へのピッチ下降のみならず、「高」の実現自体に対してもエネルギーを伴うわけである。そのような意味において、平板アクセントは負担が少なく、発話の経済性が高いといえる。

論、音韻、形態といった異なる言語レベルの親密度(使用頻度)がアクセントの消失に関与し、各レベルおいて、最も高頻度の言語構造を有した場合、その構造がアクセントを補完する形で、単語の切り出しに役立つことを指摘する。その上で、アクセント本来の機能である頂点、境界表示機能の消失、すなわち、平板アクセントの生起が可能になることを示す。

III 音韻・形態構造における親密度と平板アクセントの生起：単語長別の使用頻度

1. 所属語彙数と平板率

ここでは平板アクセントの生起メカニズムを、とくに単語長との関わりから考察する。

『大阪・東京アクセント音声辞典』(杉藤1995)から、名詞56812語の単語長別の所属語彙数を、上位から順に(4a~f)に示した。

(4) 名詞のモーラ数と所属語彙数および占有率(杉藤1995から算出)
  a. 4モーラ語： **39.7%(22574 / 56812)**
  b. 3モーラ語： 22.1%(12550 / 56812)
  c. 5モーラ語： 15.9%(9039 / 56812)
  d. 6モーラ語： 10.8%(6150 / 56812)
  e. 2モーラ語： 5.3%(3020 / 56812)
  f. その他：   6.1%(3479 / 56812)

注目すべき点として、4モーラ語が最も優勢であり、それのみで語彙全体の約4割を占めている。これに3モーラ語を合わせると語彙全体の6割以上(**61.8%：35124 / 56812**)となり、他の単語長を大きく引き離す結果となっている。

後述のように4モーラ(準じて3モーラ)は、日本語にとって最も安定した韻律単位であるが、それと同時に、生起数の面においても最も優勢な割合を占めていることが確認できる。

上記のような単語長の生起頻度と、平板アクセント生起との間に、偶然とは言えない対応関係が見られた。

　図1は、モーラを基準とした単語長ごとの名詞平板率を上位から示したものである。なお、名詞全体では49%(27823 / 56812)と、約半数が平板アクセントとなっている。

　興味深いことに、(4)で確認した単語長別の生起数順序と平板率との間に、けっして無視できない一致関係が見られる。

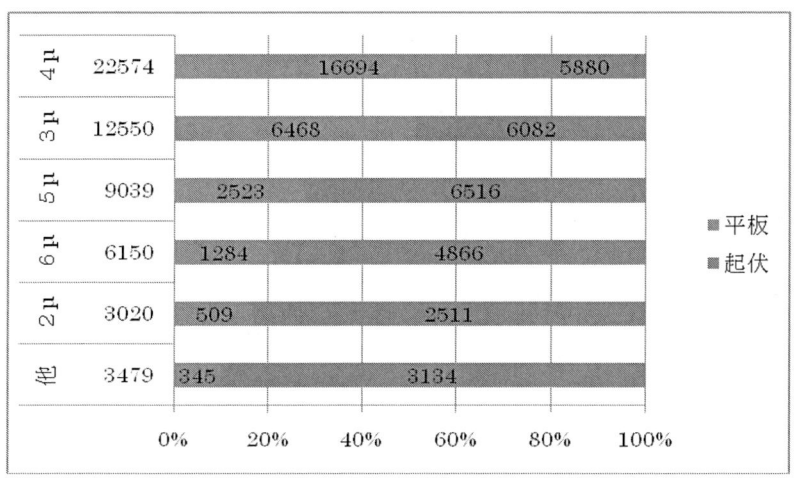

〈図 1〉単語長と平板アクセント生起数および生起率

　所属語彙数の順位がそのまま、平板生起率の順位となっている。したがって、平板語彙数もこの順で多い。とくに4モーラ語の平板率は、実に74.0%(16694 / 22574)であり、4語中3語がこの型を取っている計算になる。[3] 3モーラ語もこれに準じ、52%(6468/12550)の平板率を見せている。注3のような特別な要因でマークされない限り、4モーラ語の無標の型は平板と見ることができる。これに4モーラ語自体の生起率の高さも考慮に入れると、平板アクセントの生起は容易に予測可

---

[3] 4モーラ語の平板率は、アクセントを持ちやすい語種である外来語を除くと76%(16409/21607)まで上昇し、語頭に例外的にアクセント付与される「しろくろ」(白黒)や「みちひき」(満ち引き)などの意味的並列構造を除くと、さらに上昇する。

能であり、日本語アクセント教育においても十分に応用可能である。
　じっさい、(5)および(6)のように、同じ形態素を持つ語についても、単語全体の長さと平板アクセントの生起との間に、関係の見られる確率が比較的高い。
　一例として、「そ'ば」(蕎麦)という語を前半(5)あるいは後半(6)に持つ複合語を見る。全体で4モーラになる(5b)、(6b)の条件下では平板アクセントを取りやすいのに対し、(5a)、(6a)のように、それ以外の単語長の場合は、アクセントの付与される確率が高い。[4]

(5) #そば―(蕎麦)
　a. そばま'んじゅう(蕎麦饅頭)、そばど'ころ(蕎麦処)、そばボ'ーロ(蕎麦ボーロ)
　b. そばめし⁰(蕎麦飯)、そばがら⁰(蕎麦殻)、そばちょこ⁰(蕎麦猪口)、そばかす⁰

(6) ―そば#(蕎麦)
　a. てんぷらそ'ば(天ぷら蕎麦)、たぬきそ'ば(狸蕎麦)、ちゅうかそ'ば(中華蕎麦)、わんこそ'ば(椀子蕎麦)、にはちそ'ば(二八蕎麦)、としこしそ'ば(年越し蕎麦)
　b. やきそば⁰(焼き蕎麦)、かけそば⁰(掛け蕎麦)、ざるそば⁰(ざる蕎麦)、もりそば⁰(盛り蕎麦)、えきそば⁰(駅蕎麦)、やぶそば⁰(藪蕎麦)

　また、姓名のアクセントは、とくに漢字圏の人名において、(7a)のように、それぞれのアクセントを保存する型が一般的なことが知られている(秋永1985, 1998, etc.)。しかしながら、フルネームで4モーラの韻律条件を満たした場合には、(7b)のように、平板アクセントが生起しやすくなる。

4　従来から、前部・後部ともに2モーラ以下の短い語においては、アクセントの予測が難しいとの指摘がされている(秋永 1985, 1998)。また、どのような前部要素を伴っても、単語全体を平板にする形態素(色':水色、さくら色、緑色)や、反対に、アクセントを付与する形態素(あじ'(味):塩'味、切れ'味、ソース'味)も存在する。しかしながら、図1や(6)で示した通り、単語長に反応する部分が少なからず見られることは明白である。アクセントが、どのような場面で、後部要素のみの情報で決められ、どのような場面で全体の単語長の情報で決められるか整理することが、今後の課題である。

(7) a. キ(')ム・デ'ジュン、パ(')ク・ヨ'ンハ、チェ・ジュ'ウ、イ・ミョ'ンバク
    b. キム・ヨナ^0、ユン・ソナ^0、モナ・リザ^0、ジャン・レノ^0、ロサ・モタ^0

　東京方言はアクセント付与に際し単語の長さに反応し、とくに4モーラの韻律条件が満たされるとアクセントを失う確率が高くなるといえる。
　このように見ると、4モーラとそれ以外の単語長とでは、アクセントの有無に関して異なるデフォルト値を取ることが確認できる。つまり、4モーラ語以外においては、平板アクセントは有標の(特殊な)型であり、何らかの形でマークされるべきであるのに対し、4モーラ語においては、むしろ、平板アクセントが無標であり、アクセントが付与される要因の方をマークすべきということになる。
　このような、単語長におけるデフォルト値の違い(何を基本形として、何を例外とするかの違い)とメカニズムについては、3モーラ語の扱いとともに、今後詳細に検討する必要がある。しかしながら、アクセント付与において4モーラ語を他と峻別する必要性は、間違いなくあるといえる。
　次節では、頻度という基準をキーワードとして、4モーラの韻律単位が他と区別されるメカニズムを論じる。

2. 語認識マーカーの消失と音韻・形態条件

　ここでは、4モーラというもっとも一般的な単語長が、アクセントという語認識マーカーを消失させるメカニズムを示すとともに、これと類似した、アクセント以外の現象を示す。
　アクセントという手段以外に語の存在を示すマーカーとして、連濁という現象が知られている。連濁とは、「やま＋た→やまだ(山田)」のように、後半要素の初頭無声子音が有声化することを指し、この操作によって、語の結合が示される。つまり、連濁もアクセントと同様、単語(一語)の表示手段というわけである。
　Ohno(2000)は、「本」という語を後部に持つ複合語における連濁の作用域について、前部が2モーラ以内ならば(8a)のように連濁が生じないのに対し、そこが3モーラ以上ならば(8b)のように一貫して連濁の生じることを報告している。

(8) a. 本(ほん)：絵本(えほん)、古本(ふるほん)、赤本(あかほん)

b. 本(ぼん)：漫画本(まんがぼん)、文庫本(ぶんこぼん)、単行本(たんこうぼん)

　(8)についてさらに窪薗(2004)は、前部要素を含め(8a)が4モーラ以下(つまり、3、4モーラ)、(8b)が5モーラ以上と再解釈することによって、4モーラ以下と5モーラ以上の語における音韻的ふるまいの違いを指摘した。語全体として3、4モーラという日本語の一般的な単語長であれば、連濁による一語化の指標が不要になると解釈できるわけである。
　上記の連濁の現象は、4モーラ語におけるアクセントの消失と平行して解釈することが可能である。連濁という分節レベルの現象と、アクセントという韻律レベルの現象の違いを超えて、4モーラという最も基本的な単語長により、単語の切り出しが行われ、それと同時に、(分節音や韻律レベルの)一語化の標示が免除されるという共通性を示すわけである。

Ⅳ　不規則性の生起と語認識

1. 平板アクセントと意味・語用論的親密度：使用頻度と専門家アクセント

　平板アクセントの生起要因について、前節で述べた音韻・形態構造とは異なるアプローチとして代表的なものに、語のなじみ度というものがある(秋永　1985, 1998, etc.)。よく使用される、なじみ深い語は、アクセントを失いやすいというものである。その一例として、外来語アクセントの平板化現象が挙げられる。
　外来語において、平板アクセントが他の語種に比べて極端に少ないことが知られているが、「カステラ」、「カルタ」、「ブラジル」などのような、古くから入ったなじみ深い語は、平板で発音されやすいことが知られている。[5, 6]

5　柴田(1994)によると、平板率は外来語全体で10％程度であり、田中(2008)も同様の調査結果を報告している。これは、2.1節で確認した名詞全体の平板率(49％：27823/56812)に比して極端に低い。外来語のこのような平板率の低さは、和語や漢語との音韻構造(音節構造)の違いから導かれる(田中2008)。

6　もっとも、上記の例は、同時に単語長からの説明も可能である。

それに関連して、特定のグループまたは専門家によって頻繁に使用される語は平板化するという指摘もよく見受けられる。たとえば、音楽に関係するグループ内でしばしば「テ'ナー」が「テナー」、「リハ'ーサル」が「リハーサル」のように、また、学者の間で「ジャ'ーナル」が「ジャーナル」、「デ'ータ」が「データ」のように、しばしば平板アクセントで発音される。社会全体(日本語話者全体)か、特定の集団内かのレベルの違いはあるものの、話者にとっての意味・語用論的親密度が、平板アクセント生起に関わるといえる。

　これらの説は、従来から、2節で述べた音韻・形態論的アプローチと対立するものとして捉えられてきた。しかしながら、前節で分析した韻律構造に関する要因を、音韻・形態条件(語のサイズ)に関する頻度度の高さというように捉え直すと、両者の間に、「頻度」という基準において一貫した説明が可能になる。

　話者にとってよく使用される語は、アクセントという手段によらず、単語の切り出しが容易に行われる可能性が高く、同時に、最も使用されるサイズの語は、容易にその切り出しが行われるという一般化が可能となる。

2. 使用頻度による不規則性と弱化(発音の経済性)の許容

　ここでは、使用頻度の高い要素が、規則からの逸脱を可能にしやすいことを示す。
　ある言語において頻繁に観察される言語構造が、音韻規則の適用を免れるという現象は、多くの場面で観察される。
　一例として、多くの言語において、不規則活用が比較的使用頻度の高い語に対して生起するという事実があげられる。たとえば、英語の動詞過去形、過去分詞形を例にすると、~edという接辞が付加される規則による活用がある一方で、go-went-gone, make-made-made, cut-cut-cutなどのように不規則な変化をするものも存在する。そして、その多くは比較的使用頻度の高いものであることが知られている。この場合、went, madeのように、特別な形を単語毎に記憶しなければならないわけであるが、そのような記憶的負担を可能にするのが、単語としての使用頻度である。語彙使用における親密度の高さが、~ed付加の違反を可能にするといえる。

　この事実は、言語内の何らかの基準において頻度の高い構造の場合に、規則による文法標示を免れるという意味で、語アクセントの消失、すなわち平板アクセ

ントの生起と関係している。また、そのような意味で、日本語は(狭義の)アクセント言語と確認できる。

　さらに、上記の使用頻度の高さは、発音の経済性とも関係する。使用頻度の高い語は、そうでない語に比べて、相対的に音声的な弱化(reduction)や脱落(deletion)を起こしやすいという(Bybee 2001, 2010)。弱化、脱落はともに、発音を楽にするための経済性に関わる現象である。[7]

　本稿で論じた平板アクセントも、アクセントの脱落として捉えられ、それは注2で確認したように、発音の経済性とも関係する。アクセントを付与することは、エネルギーを要することだからである。

　このように見ると、一見、不規則に見える平板アクセントの生起に対し、語のサイズや意味的使用頻度の高さという基準により、一貫した説明を与えることができるわけである。

Ⅴ 単語長頻度と音韻現象

1. 複合語における促音脱落

　ここではアクセントの現象を離れ、韻律条件として4モーラの長さが目指されている例を紹介する。

　ナッツ(nuts)という語は、促音を含む3モーラ語であるが、結合形においてしばしば促音の脱落が見られ、そこに長さの非対称が観察される。(9b)のように前部要素が2モーラである場合に限り「ナッツ」の促音部分が脱落し、全体で4モーラ語となるのに対し、(9a)のように前部がそれ以外のモーラ数、すなわち、促音の脱落によっても全体が4モーラとならない場合、もともとの入力形である促音が保持される。

---

[7] たとえば、英語では、使用頻度の高い'camera'という語が、しばしば'camra'のように母音脱落を起こして発音される。また、最近の研究では、ブラジルのポルトガル語において、もともと鼻音を伴う二重母音[ãw]が、使用頻度の高い語においてのみ[a]というように、鼻音性と二重母音性をともに失うという現象が報告されている(Fonseca et al. 2012)。これも一種の脱落現象と考えられる。

(9) ナッツ(nuts)を含む複合語の促音脱落
    a. カシューナッツ　(*カシューナツ)、マカダミアナッツ　(*マカダミアナツ)、ヘーゼルナッツ　(*ヘーゼルナツ)、ブラジルナッツ(*ブラジルナツ)
    b. ココ#ナツ(~ココ#ナッツ)、ピー#ナツ(~ピー#ナッツ)、
      cf. ドー#ナツ(~ドーナッツ)

重要な点として、(9b)が両方の語形を許容するのに対し、(9a)は脱落形がけっして許容されないことがあげられる。このことは、促音脱落に4モーラの韻律条件が関与することす明確に示しているといえる。

2. オノマトペの韻律条件

オノマトペの生起にも4モーラの韻律条件の関与する現象が見られる。
「さらさら」、「ぴかぴか」などの4モーラオノマトペにおいては、(10a)のように、「と」の付加が随意的であるのに対し、「さらり」や「ぴかり」などの3モーラオノマトペでは、(10b)のように、「と」の付加は義務的である(那須1995)。

(10) a. さらさら(と / φ)流れる。　　ぴかぴか(と / φ)光る。
     b. さらり(と / *φ)流れる。　　ぴかり(と / *φ)光る。

(10b)は、積極的に4モーラの韻律条件を満たすための手段と解釈でき、すでにその条件を満たしている(10a)は、どちらの形も許容されると解釈できる。アクセントの現象とは異なるが、これも4モーラの韻律単位の一般性を示す事例といえる。

3. 数字(小数点以下)の伸長

前節の「付加」という操作だけでなく、「伸長」という操作によって、4モーラの韻律単位を満たす現象がある(田中2008)。
数字の列挙において、2(に)や5(ご)などの1モーラの数字が伸長し、それ以外の(1(いち)や3(さん)などの)2モーラ数字と長さが揃えられることはよく知られてい

る(Poser 1990)。しかしながら、これらの1モーラ数字の伸長には、長さに関して非対称の見られることが報告されている(田中2008)。末尾位置の1モーラ数字という同じ条件下にあっても、(11b,d,f)においては<u>義務的</u>に伸長がみられるのに対し、(11c,e)においてはそれが随意的となっている。

(11) a. {に―・てん}ご(―)　　　　　　　　　　　　　　[2.5]
　　　b. {に―・てん}{ご―・<u>に―</u>}　　　　　　　　　　[2.52]
　　　 *{に―・てん}{ご―・*に}
　　　c. {に―・てん}{ご―・に―}に(―)　　　　　　　　　[2.522]
　　　d. {に―・てん}{ご―・に―}{に―・<u>ご―</u>}　　　　[2.5225]
　　　 *{に―・てん}{ご―・に―}{に―・*ご}
　　　e. {に―・てん}{ご―・に―}{に―・ご―}ご(―)　　　[2.52255]
　　　f. {に―・てん}{ご―・に―}{に―・ご―}{ご―・<u>に―</u>}　[2.522552]
　　　 *{に―・てん}{ご―・に―}{に―・ご―}{ご―・*に}

末尾母音伸長の随意/義務の非対称は、前節のオノマトペにおける「と」付加の随意/義務的の非対称と類似の関係にある。末尾が(11b,d,f)のように小数点偶数位に位置すれば、その数字の伸長によって4モーラが満たされることになるのに対し、それが(13a,c,e)のように奇数位に位置すれば、末尾数字は4モーラの韻律単位から外れることになる。前者では4モーラの韻律条件を積極的に満たすために末尾数字が義務的に伸長するのに対し、後者ではそこから外れる(伸長によってもそれの満たされる可能性がない)ため、それが随意的となるのである。なお、川柳などの定型詩においても、4モーラの韻律条件を目指すために上記と類似した調整の行われていることが報告されている(田中2008)。

　このように、最も頻度の高い韻律条件という基準によって、個別の現象に対し一貫した説明が可能になるわけである。

Ⅵ まとめ

本稿では、平板アクセントの生起要因として別々に論じられてきた、音韻・形

態的条件と意味・語用論的条件を、それぞれの構造における「頻度の高さ」という基準により、一貫した説明を与えた。とくに4モーラという韻律条件を、日本語において最も頻度の高い音韻・形態構造と再解釈し、従来から論じられてきた語彙自体の使用頻度との間に、単語の切り出し方策において、一貫した説明を与えることを試みた。また、音韻・形態構造の上で頻度の高い4モーラの韻律条件をめぐる種々の音韻現象を紹介した。

参考文献

秋永一枝(1985/1998)『日本語発音アクセント辞典』日本放送協会
川上蓁(1995)『日本語アクセント論集』汲古書院
斎藤純男(1997)『日本語音声学入門』三省堂
柴田武(1994)「外来語におけるアクセント核の位置」『現代語方言の研究』明治書院 pp.338-418
杉藤美代子(1995)『大阪・東京アクセント音声辞典』(CD-ROM版) 丸善
田中真一(2008)『リズム・アクセントの「ゆれ」と音韻・形態構造』くろしお出版
田中真一・窪薗晴夫(1999)『日本語の発音教室－理論と練習』くろしお出版
那須昭夫(1995)「オノマトペの形態に要求される韻律条件」『音声学会会報』209, 日本音声学会. pp.9-20
Bybee, J.L.(2001) *Phonology and language use.* Cambridge University Press
Bybee, J.L.(2010) *Language, usage and cognition.* Cambridge University Press
Fonseca, M. et al.(2012) Unstressed [ãw] diphthong reduction in the verbal morphology of Brazilian Portuguese: a usage based approach. A paper presented at the [Phonology Forum 2012. (August 22nd, Tohoku Gakuin University)
Kager, R.(1999) *Optimality Theory,* Cambridge University Press
Kubozono, H.(2011) Japanese pitch accent. *The blackwell companion to phonology,* Blackwell. 2879-2907
Ohno, H.(2000) The lexical nature of Rendaku in Japanese. *Japanese Korean Linguistics* 9, pp.151-164
Poser, W.(1990) Evidence for foot structure in Japanese. *Language* 66, pp.78-105

일본어학과 일본어교육
日本語学・日本語教育

2 음운・음성(音韻・音声)

일본어학과 일본어교육 2 음운・음성

聴覚的な距離と日本語のワ行の衰退

ピンテール・ガーボル
神戸大学

1 序

　音に関わる研究においては、記述や分析の面で聞き手より話し手の立場をとるものが多いと言える。例えば、音声を記述するために調音点と調音法を使ったり、音変化の説明に発音しやすさという概念に頼ったりするのが一般的である。本論文は、調音の役目を認めながらも、聴覚が、音韻変化の分析にどのように役立つかについて論じる。まず、構造主義とそれに基づいた機能主義言語学の枠組みから発展した「対立」という概念を紹介してから、それと密接に関係している聴覚的なコントラストを紹介する。次に、聴覚的なコントラストに基づいて日本語のワ行の衰退を分析する。最後に、聴覚の顕著性による分析が可能な適応範囲とそれに関わる問題点について述べる。

Ⅱ 聴覚

1. 構造主義と言語学

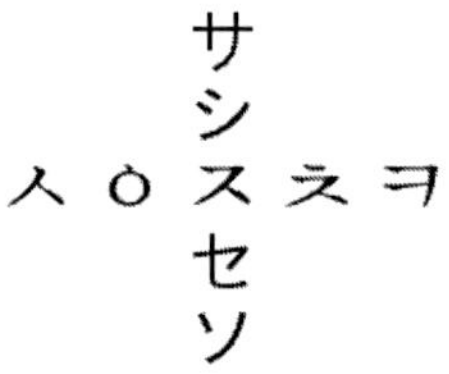

```
サ
シ
ヒ ○ ス ヲ
    セ
    ソ
```
〈図1〉記号の曖昧性

　20世紀以降の言語学の発展に最も大きな影響を与えた思想の一つは構造主義である。構造主義は言語学だけではなく、社会学、人類学、生物学などといった学問に渡って受け入れられている枠組みである。その中心的な考えは、表層で観察できる現象を理解するためには、現象を裏づける様々な要素、要素の関係、様相が構成するシステムを理解する必要があるというものである。例えば、19世紀の構造主義社会学者のエミール・デュルケーム(Émile Durkheim)は様々な国の社会構造と自殺率の間に密接な関係を見つけた。自殺はいくら個人的な行為であっても、自殺率という表層の社会現象には、深層の社会構造が反映されているという分析は当時革命的な発見であった。

　構造主義の見方を言語学に取り入れたのが、スイス人の言語学者フェルディナンド・デ・ソシュール(Ferdinand de Saussure)である。構造言語学(structural linguistics)の父としても知られているソシュールは、言語は記号のシステムだと規定し、言語現象を理解するためには言語記号(linguistic sign)と記号間の関係を理解する必要があると主張した。記号は意味と形からなるもので、記号の意味は他の記号との関係の上で決定される。例えば、図1の真ん中にある「ス」という記号は、左から横並びで読むとハングルの「ㅅ」であり、上から縦で読むとカタカナの「ス」と読むことができる。すなわち、「ス」という形を分析するためには、それが所属しているシステムへの理解が必要であるということが分かる。直接観察できる形とそれを裏付ける構造、という構造主義の概念は、言語学において言語運用と言語能力という区別[1]によって実現される。科学的な分析のためには、言語運用を対象とするか、それともその言語能力を対象とするかを明瞭に区別する必要がある。音声の科学には、音声のシステム的な理解(言語能力)を対象とする音韻論と、音声の物理的な特徴の記述(言語運用)を目的とする音声学がある。音韻論と音声学

1　「言語運用」と「言語能力」はノーム・チョムスキ(Noam Chomsky)の用語で、類似する概念では、ソシュールは「パロール」と「ラング」を、ニコライ・トルベツコイ(Nikolai Trubetzkoy)は「sprechakt」と「sprachgebilde」を使用している。

では、その見解の違いから異なる分析が行われる。例えば、音声学の立場では、無声両唇破裂音の [p] は、その調音と音響的な特徴を記述して、韓国語と日本語の両言語にも見られる音だという主張が可能である。これに対して音韻論の観点からは、韓国語の /p/ は平音・濃音・激音という三つの対立を持ち、一方で、日本語の /p/ は有声・無声の二つの対立を持っているという分析を行い、音声的な類似より構造上の相違点に注目するのである。

(1)　　韓国語　　　　　日本語
　　　　pul　火　　　　　pin　ピン
　　　　ppul　角　　　　 bin　瓶
　　　　phul　草

2. 機能主義音韻論

　構造主義の原理を受け入れた学問のなかで、特にプラハを中心に20世紀の初めに成立した学派は注目に値する。ニコライ・トルベツコイ (Nikolai Trubetzkoy) やロマン・ヤコブソン (Roman Jakobson) などが属していたプラハ学派は、言語とは何よりもまずコミュニケーションの道具であるとし、言語構造の要素はコミュニケーションの上で果たす機能に基づいて研究すべきだと主張した。コミュニケーションのもっとも重要な目標は意味を誤解なく疎通することである。誤解は意味の対立が形の対立によって充分実現されない場合に生じるものである。したがって、誤解を少なくするためには、形の対立がよりはっきりするシステムが必要である。交通信号という非常に簡単な記号のシステムにおいても、信号の色は赤・オレンジ・ピンクという似ている三色より、対立が分かりやすい赤・黄・青の三色の方が適切である。より大きいコントラストを優先する概念は音韻論にも存在し、音素目録において聴覚的に区別しにくい対立が避けられている現象で観察できる。例えば、両唇摩擦音の /ɸ/ は唇歯摩擦音/f/と音響的に似ていて、聴覚的にも /ɸ/ ⇔ /f/ の対立は聞き取りにくい方だと言える。世界の言語を調べてみると、/f/ と /ɸ/ の両方を持つ言語は非常に稀である (Maddieson 1984:46)。

　ここで注目すべきところは、聴覚的なコントラストは絶対的な尺度ではないことである。聴覚的なコントラストは大きいか小さいかというより、ある対立は他

の対立より良いか悪いかとしか研究することができない。例えば、上の例を言い換えると、二つの非歯擦音([ɸ]、[f]、[ç]など)の対立より、歯擦音([s]、[ʃ]など)と非歯擦音から成る対立の方が聴覚的にコントラストが大きいと言える。このコントラストの上での優先順位は、類型論的にも証明されている。世界の言語を調べてみると、摩擦音を二つ持つ言語においては、一つは歯擦音でもう一つは非歯擦音というパターンが最も多い(Maddieson 1994:54)。唇歯と両唇摩擦([f]⇔[ɸ])の対立は、摩擦音の中でコントラストが最も小さいうちの一つであるため、一般的に望ましくないという言い方も可能である。

(2) 聴覚的なコントラストの比較
[f]⇔[ɸ] ≪ … ≪ 摩擦音⇔摩擦音 ≪ 摩擦音⇔歯擦音

世界の言語が聴覚的に最適なパターンの方に変化していかない理由は、聴覚的なコントラスト以外にも言語に影響する原理が働くからである。聞き手の努力を最小限にするコントラストの原理と平行して、調音に関わる努力を最小限にする原理もある。この二つの原理は多くの場合働きかけの方向が正反対で成り立っている。

3. 知覚上のコントラスト

言語構造を構成する言語記号間の関係を重要視したソシュールは、言語記号の間に「統合関係」または「連合関係」があるという二分法を提案した。簡単に言えば、「統合関係」は記号の時間的な連続、「連合関係」は同じ種類の記号の集合であると解釈できる。例えば、日本語の/ ky__ /という音素連続は音節という統合関係を成していて、下線の箇所に入る音素は一つの連合関係を成している。連合関係は自然類と一致することが多く、下線に入れることができる [auo] は日本語の後舌母音に当てはまる。

聴覚的なコントラストを紹介した上の例は、音声目録を使ったもので、コントラストという概念が「連合関係」に及ぼす影響を例えている。しかし、コントラストは「統合関係」のレベルでも働く原理である。情報伝達の機能から考えると、記号の目録だけではなく、メッセージにおいて隣り合う記号もできるだけコントラストが大きい並びの方が望ましいと言える。図2の視覚的な例でも見ることがで

きるように、記号の間の差が大きい並びの方が記号の境目が目立ち、パターンが分かりやすい。似ている記号が隣に並ぶと、境目が分かりにくく、個々の形態を見逃してしまう可能性がある。

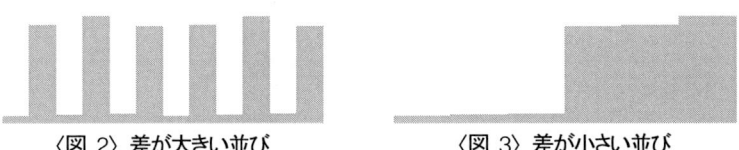

〈図2〉差が大きい並び　　〈図3〉差が小さい並び

　自然言語においても、子音連続(consonant clusters)や母音連続(hiatus)を回避しようとする傾向が見られる。摩擦音の例に戻ると、非歯擦音の摩擦音と歯擦音は聴覚的にさほど悪くなくても、摩擦音からなる連続は望ましいとは言えない。日本語は子音連続を許さないが、母音の無声化によって音声的に子音の連続ができる(例、/suki/ → [ski])。無声化は無声阻害音の間で起きるが、摩擦音の連続をもたらす環境の場合、他の環境と比べて無声化の率は低い(Maekawa & Kikuchi 2005:223)。

III 日本語のワ行の衰退

1．データと仮説

　日本語の五十音図を見わたすと、一つの仮名しか持たないワ行が目立つ。音韻の歴史を調べてみると、上代日本語から現代日本語にかけて、ワ行が徐々に衰退したという事実が確認できる(馬淵1997)。

　衰退のプロセスの最初の対象が /wu/ で、最後が /wa/ であるというパターンは聴覚の影響をうかがわせる。半母音の [w] と母音 [u] は音響的に非常に近く(Kent & Read 1992)、母音の前に半母音があるかどうか(/u/ ⇔ /wu/) という区別は聴覚的に困難である。日本語や韓国語と同様に /w/ と /u/ を別々に持っていても /wu/ という連続を許さない言語が多い。英語には /wu/ が存在していても、/u/ ⇔ /wu/ というミニマルペアを見つけることは容易ではない ('ooze' ↔ 'woos'、'swoop' ↔ 'soup')。

〈표 1〉五十音図

ん	わ	ら	や	ま	は	な	た	さ	か	あ
		り		み	ひ	に	ち	し	き	い
		る	ゆ	む	ふ	ぬ	つ	す	く	う
		れ		め	へ	ね	て	せ	け	え
		ろ	よ	も	ほ	の	と	そ	こ	お

〈表 2〉ワ行の衰退

上代	wa	wi	?wu	we	wo
中古	wa	wi		we	wo
中世	wa				wo
近代	wa				

　日本語のワ行において最後まで残る /wa/ は /wu/ と違って顎の動きも必要とする音節で、ワ行において聴覚的に恐らく最もコントラストが大きい半母音・母音連続(/wV/)だと予測することができる。この予測を音響的に、聴覚的に証明できるかどうかは次節で調べる。

2. ワ行における聴覚的なコントラスト

　聴覚的な分析を行うためには、まず音声の聴覚メカニズムについて研究する必要がある。日本語の /w/ と /j/ の半母音は母音と同じ「母音類」(vocoid)とされている。そのため、母音類を聞き取るためにもっとも重要な音声学的な手がかりは母音と同様にフォルマントだと思われる。フォルマントは音声の特定の周波数におけるエネルギーのピークである (Ladefoged 2006:181)。母音の第一フォルマント(F1) は口の開き、すなわち母音の高さ、第二フォルマント(F2) は舌の前後、すなわち母音の前後に相当するものである。図5は第一と第二フォルマント値の上で計算した日本語の母音空間を示している。

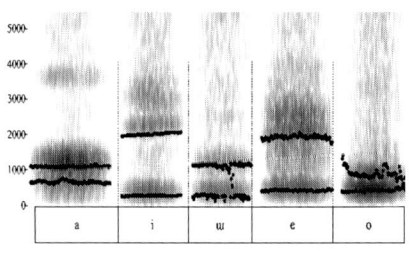

〈図 4〉日本語の母音フォルマント

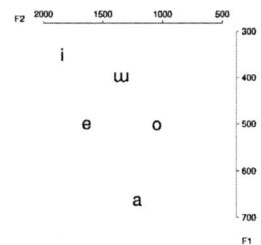

〈図 5〉日本語の母音空間[2]

母音類の聴覚的な特徴を分析するためには、フォルマントの差を聴覚的な差にどのように相当させるかを調査する必要がある。しかし、聴覚の距離は直接的に周波数の上で計算できない。例えば、400Hzと300Hzの間の100Hzの差は聞き取りやすいが、同じ100Hzの差でも2400Hzと2300Hzの間はさほど著しくない。母音間の聴覚的な距離を計算するためには、(3)で表示するような心理学の実験に基づいた数式を使用することができる(de Boer 2001:45)。この数式には、音響心理学が提案したバーク尺度[3]で求めた値をフォルマントの周波数の代わりに用いる。

(3) 聴覚的な距離を計算する式

$$D = \sqrt{(F_1^a - F_1^b)^2 + \lambda(F_2^{a'} - F_2^{b'})}\quad \text{where}$$

$$F_2' = \begin{cases} F_2 & \text{if } F_2 - F_3 > c \\ \frac{(2-w_1)F_2 + w_1 F_3}{2} & \text{if } F_3 - F_2 \leq c \text{ and } F_4 - F_2 > c \\ \frac{w_2 F_2 + (2-w_2)F_3}{2} - 1 & \text{if } F_4 - F_2 \leq c \text{ and } F_3 - F_2 < F_4 - F_3 \\ \frac{(2+w_2)F_2 + w_2 F_4}{2} - 1 & \text{if } F_4 - F_2 \leq c \text{ and } F_3 - F_2 \geq F_4 - F_3 \end{cases}$$

$$w_1 = \frac{c - (F_3 - F_2)}{c} \qquad w_2 = \frac{(F_4 - F_3) - (F_3 - F_2)}{F_4 - F_2}$$

　(3)の数式は母音間の距離を計算する数式である。この数式を日本語の分析に使用するためには、一点追加する必要がある。Kent & Read(1992:165)などが示したように、半母音の/w/と母音の/u/は同じフォルマント構造を持ち、音声学的な差は音声の持続時間に過ぎない。そのため、計算の上では、/w/のフォルマント情報を/u/と同等として扱う。上述の式を適用した/wV/における聴覚的な距離は以下のとおりである。

2　Keating & Huffman 1984のデータに基づいて。
3　バーク尺度は以下の式に周波数xを代入して計算できる:
　　Bark = 13 arctan(0.00076 x) + 3.5 arctan($(x/7500)^2$) xはHzの値。

V	F1	F2	F3	wV距離
u	3.1	9.1	14.2	**0**
o	4.1	6	15.1	**1.97**
i	2.8	13.8	15.8	**2.71**
e	4.3	13.1	14.7	**2.82**
a	7.1	9.8	14.9	**4.02**

〈表 3〉/wV/ における聴覚的な距離
(計算値)

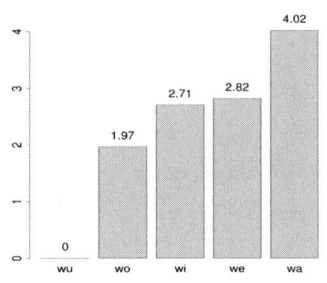

　予測どおり、/w/ との聴覚的な差が最も大きいのは /wa/ で、最も小さいのはフォルマントの値において /w/ と差がない /wu/ である。聴覚的な距離に基づいて /wV/ の聴覚的な顕著性は以下の順序になる。

　　(4) 聴覚的なコントラストの順序
　　　　wu ＜ wo ＜ wi, we ＜ wa

3. 分析

　ワ行の衰退の分析において聴覚的な要素が重要な役割を果たすと主張しても、ワ行の衰退の順番は聴覚的な順序と異なっている。聴覚的なコントラストの順序で進むと仮定すると、/wu/ に次いで /wo/ が日本語から消えるはずだが、/wo/ は /wi/ と /we/ よりも長く近代日本語まで日本語に残っていた。聴覚による予測と歴史のデータの不一致は、対立という概念に頼れば解決できる。上の(3)の数式を使って、半母音 /w/ と母音 /V/ の距離を計算したが、この値は /wV/ 音節が半母音を持たない母音だけの音節 /V/ からの聴覚的な距離としても解釈できる。したがって、もし距離が十分でない場合には、/wV/ そのものがなくなるというより、/wV/ ⇔ /V/ の対立がなくなるという予測が適切であろう。たとえば、/wo/ の場合は、/wo/ が早い段階でなくなるというより、/wo/ ⇔ /o/ の対立が早い段階で衰退するということが推測できる。日本語の音韻史においても、表面上には /wo/ が近代日本語まで存在していたが、/wo/ ⇔ /o/ の対立は、/we/ ⇔ /e/ と /wi/ ⇔ /i/ の対立より先に、中世日本語で既になくなっていた。したがって、コント

ラストの中立化の順番は、聴覚的なコントラストと一致する。さらに、子音・半母音・母音 (CwV) からなる「拗音」の歴史にも同じパターンが観察できる。/wo/ ⇔ /o/ の対立は拗音においても中世日本語で中和した。ただし、後者は半母音がない /Co/ 音節に統一された (馬淵 1997)。

(5) /wo/ ⇔ /o/ の対立の衰退

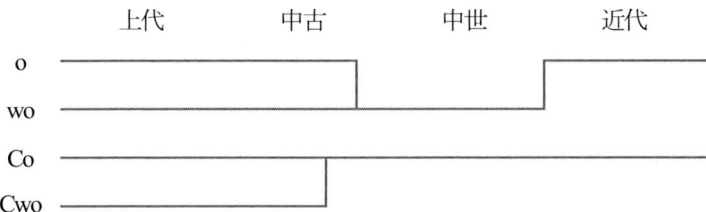

　/wo/ ⇔ /o/ はなぜ半母音がない /Co/ に統一したのかという問題に入る前に、誤解を避けるために聴覚の働きについて述べたい。まず、上で論じたように、聴覚的なコントラストは異なる2つの音素または音素配列音を比較することによってのみ観察され、測定できるものである。さらに、絶対的な尺度はなく、特定の対立が他の対立よりいいかどうかという相対的な使い方しかない。一般的に、聴覚的な原因による中和は、コントラストが弱いところに起きやすい。しかし、対立が失われる際に、中和がどの方向で進むかは聴覚の領域を超える問題であり、その問題を解決するためには、音韻論の他の原理も必要となってくる (Padgett 2001:194)。ワ行の場合、中世日本語では /wo/ ⇔ /o/ が対立を失って中和しているが、この対立がどうして /wo/ に中和したのかを説明するためには、聴覚的性質を補う説明が必要である。

　ここでは、音節に頭子音 (onset) がないといけないという音韻論でよく知られている制約を適用することができる。この制約は必ず守らなくてはいけないというものではなく、頭子音がない音節よりある音節の方が優先されているという傾向が、世界の言語には見られる (Prince & Smolensky [1993] 2004:106) というものである。中世日本語においてもこの制約が働いて、/wo/ ⇔ /o/ の対立が頭子音を持つ /wo/ の方に中和したと説明することができる。ワ行以外も、/ye/ ⇔ /e/ の対立が /ye/ に統一され、語中の母音連続が一切許されないといった現象も、中世日本

語で頭子音の制約が働いた証明として考えられる。

　以上の分析をまとめると、ワ行の衰退の裏には /wV/ ⇔ /V/ という聴覚的な対立の段階的な中和が仮定されている。対立の衰退は、/wV/ ⇔ /V/ の聴覚的な距離の順序に従って進むが、表面上観察できる順序は頭子音の制約のため、聴覚的な順序と多少異なるわけである。

〈表 4〉 ワ行の衰退と聴覚的なコントラスト

			上代	中古	中世	近代
/ wa /	⇔	/ a /	wa, a	wa, a	wa, a	wa, a
/ we /	⇔	/ e /	we, e	we, e	ye	e
/ wi /	⇔	/ i /	wi, i	wi, i	i	i
/ wo /	⇔	/ o /	wo, o	wo	wo	o
/ wu /	⇔	/ u /	u	u[4]	u	u

頭子音制約の範囲

Ⅳ まとめ

　20世紀の言語学はソシュールの「通時的」対「共時的」という二分法を受け、特定の言語状態に研究範囲を定める学派と、言語の歴史を研究する学派として、それぞれの方向で発展してきた。言語学のこういった二分化は共時的なアプローチの強化及び、言語学そのものの独立した研究分野としての確立に大きく貢献した。今後は、同じ言語を扱う分野であることからも、お互いの発展の方向はさらに近づいて行くと思われる。

　本論文では、共時的と通時的な分野がさらに歩み寄ることを促す立場に立って、聴覚的な距離に基づいた分析によって言語の歴史、音声学、音韻論という三つの分野の協力の例を紹介してきた。日本語のワ行の衰退のデータは歴史的な研究で明らかになった現象である。また、聴覚的な距離は、言語音声の聴覚の過程を研究する聴覚音声学と心理学によって示すことができた。そして、歴史的なデー

4　語頭の /i/ と /u/ は [ji] と [wu] で発音された可能性があるが、十分な根拠は示されていない。

タを音声学的な概念を取り入れた枠組みで分析できるのはやはり音韻論である。

　本論文が提供するワ行の衰退の説明は、論文の長さの制約もあり、初歩的な研究にとどまっている。しかし、音韻史、聴覚音声学、音韻論の方向に研究を極める余地は十分にある。例えば、対象とする歴史的なデータを増やしたり(拗音の歴史、語中と語頭のワ行の差)、聴覚的な距離の適合性を聴覚実験で確認する等である[5]。また、音韻分析を柔軟かつ形式的な枠組みとして知られている最適性理論(Optimality Theory)で分析することも可能である。こういった方面にも研究を進めることは、音韻史だけではなく、聴覚音声学と音韻論に対する知識及び、それらのインタラクションへの理解を深めることもでき、非常に価値のある研究へとつなげることができるだろう。

参考文献

de Boer, Bart(2001) *The origins of Vowel Systems*. Oxford: Oxford University Press
Martinet, Andre(1952) Function, Structure and Sound Change. *Word* 8 1-32
Keating, Patricia & Huffman, Marie(1984) Vowel Variation in Japanese. *Phonetica* 41 191-207
Kent, Ray & Read, Charles(1992) *The Acoustic Analysis of Speech*. Singular Publishing Group.
Ladefoged, Peter(2006) *A Course in Phonetics*. Thomson Wadsworth
馬淵和夫(1997)『国語音韻論』笠間書院、東京
Maekawa, Kikuo & Kikuchi, Hideaki (2005). Corpus-based analysis of vowel devoicing in spontaneous Japanese : an interim report. In: van de Weijer, Jeroen and Nanjo, Kensuke and Nishihara, Tetsuo(eds). Voicing in Japanese. Berlin ; New York : Mouton de Gruyter, 2005, 205-228
Maddieson, Ian(1994) *Patterns of sounds*. Cambridge: Cambridge University Press
Ohala, John(1981) The Listener as a Source of Sound Change. In : *Papers from the Parasession on Language and Behavior*. Chicago Linguistic Society. 178-203
Padgett, Jaye(2001) Contrast Dispersion and Russian Palatalization. In : Hume & Johnson (eds): *The Role of Speech Perception in Phonology*. 187-218
Saussure, Ferdinand(1986) [1921]. *Course in General Linguistics*. La Salle, Ill. Open Court Publishing

---

5　少人数の参加者による簡単な聴覚実験によって、本論分で計算した聴覚的な距離と同じ順番が確認できた。参加者は日本人6人、韓国人6人で、課題は / w / の有無に関わるラベリングタスクで、刺激音は Keating & Huffman(1984)のフォルマント値に基づいて合成した音声だった。

일본어학과 일본어교육
日本語学・日本語教育

2 음운・음성(音韻・音声)

일본어학과 일본어교육 **2** 음운·음성
저자약력

▎저자약력은 본 책의 게재 순으로 되어 있음

▎**고수만**(高秀晩)
- 인하대학교 문과대학 국제언어문화학부 교수
- 한국외국어대학교 일본어과 졸업, 조치(上智)대학 대학원(석사), 동 대학원 박사과정수료, 한국외국어대학교 대학원(박사)
- 인하대학교 문과대학 학장 역임, 현 한국일어일문학회 회장
- 『日本語의 音聲과 音韻』不二文化社 2004, 『上代日本語の母音体系の研究』한국외국어대학교 박사논문 2006, 「韓国語 軟音의 有聲化와 日本語의 連濁」『일본연구30』 2006, 「日本漢字音의 漢音·吳音이라는 명칭에 대하여」『日本學研究30』 2010, 「日本語의 音便에 대하여」『일본연구53』 2012

▎**小城彰子**(こしろ あきこ·고시로 아끼코)
- 한림대학교 인문대학 일본어학과 조교수
- 한국외국어대학교 대학원(박사)
- 「韓国語話者の促音の知覚について」『音声研究11(1)』 2007, 「韓国人学習者の日本語朗読文の発話に見られる音節長の特徴」『日本学研究31』 2010, 「韓国語話者による撥音の知覚」『日本研究51』 2012

▎**권경애**(權景愛)
- 한국외국어대학교 일본어통번역학과 교수, 한국외국어대학교 일본연구소 소장
- 한국외국어대학교 일본어과 졸업, 동 대학교 대학원(석사), 쓰쿠바(筑波)대학 대학원(박사)한국외국어대학교 외국어교육연구소 소장 역임
- 『일본어의 역사』(공저) 제이앤씨 2006, 「上代日本語における母音脱落」『国語学197』 1999, 「부정추량의 조동사[mazi]에 대한 사적 고찰」『日語日文学研究43』 2002, 「韓日両国語の語中両唇音の変化推移について」『日本研究50』 2010, 「複合語「-ヒト(人)」에 見られる音韻現象」『日本語文学60』 2012

▎**田中真一**(たなか しんいち·다나카 신이치)
- 神戸大学大学院人文学研究科 准教授
- 大阪外国語大学日本語学科卒業, 大阪外国語大学大学院修士課程日本語学専攻修了

(修士), 神戸大学大学院博士課程文化学研究科修了(博士), 長崎総合科学大学留学生別科専任講師, 神戸女学院大学文学部准教授 역임
* 『リズム・アクセントの「ゆれ」と音韻・形態構造』くろしお出版 2008, 『日本語の発音教室-理論と練習』(共著) くろしお出版 1999, 『漢語の言語学』(共著) くろしお出版 2010, 「言語の韻律構造と歌のリズム・メロディー」『日本語学27(4)』 2008, 「日本語の音節量とソノリティ―階層」『レキシコンフォーラム3』 ひつじ書房 2007

▎高山知明(たかやま ともあき・다카야마 도모아키)
* 金沢大学人間社会研究域歴史言語文化学系 教授
  筑波大学大学院終了(博士), 香川大学准教授 역임
  「日本語における連接母音の長母音化―その歴史的意味と発生の音声的条件―」『言語研究101』 1992, 「促音による複合と卓立」『国語学182』 1995, A survey of Rendaku in loanwords, Voicing in Japanese, Mouton de Gruyter 2005, 「四つ仮名混乱と前鼻子音衰退化との干渉―個別言語史の視点の重要性―」『古典語研究の焦点』 武蔵野書院 2010, 「現代日本語の音韻とその機能(第2章)」『朝倉日本語講座第3巻 音声・音韻』 朝倉書店 2003

▎민광준(閔光準)
* 건국대학교 사범대학 일어교육과 교수
* 쓰쿠비(筑波)대학 대학원(석사), 동 대학원 박사과정수료, 도호쿠(東北)대학 대학원(박사)
* 일본음성학회 편집위원, 일본어교육학회 대의원 및 사독 협력위원, 한국일본어학회, 한국일본어문학회 편집위원
* 『일본어 음성학 입문』 건국대학교출판부 2002, 『한·일 양 언어 운율의 음향음성학적 대조 연구』 제이앤씨 2004, 『일본어 악센트 연구』(역서) 제이앤씨 2008, 「日本語教育の過去・現在・未来」『第4卷 音声』 凡人社 2009, 『일본어학 연구의 최전선』(공저) 책사랑 2012

▎酒井真弓(さかい まゆみ・사카이 마유미)
* 덕성여자대학교 일어일문과 부교수
* 東京女子大学文理学部(학사), 한국외국어대학교 대학원(석사), 동 대학원(박사)
* 「韓国人学習者の日本語音声に関する研究」 한국외국어대학교 박사논문, 「発音指導法としてのシャドーイングの効果に関する一考察」『日語日文学研究61(1)』, 「韓国語母語話者のための音声教育シラバスに関する一考察」『日本文化研究27』「韓国にお

ける高等学校日本語教育の実態」『日本語教育研究』「韓国の大学における聴解指導の方法」『日本語学研究32』

손범기(孫範基)
- 한국외국어대학교 강사
- 한국외국어대학교 일본어과 졸업, 동 대학교 대학원(석사), 도쿄(東京)대학 대학원(석사) 동 대학원(박사)
- 한국외국어대학교 일본어과 조교 역임, 한국일어일문학회 학술상 신진우수논문상 수상(2012)
- 「現代日本語における母音連続の回避」『音韻研究12』2009, Coda Conditions in Korean, Journal of the Phonetic Society of Japan 13-2 2009, 「現代日本語の母音連続回避のためのわたり音挿入について」『日語日文学研究78』2011, 「일본어가고시마방언의말음약화」『언어와언어학54』2012, 「東京方言における母音連続の回避方法の相補性」『日語日文学研究83』2012

이경철(李京哲)
- 동국대학교 일어일문학과 교수
- 동국대학교 일어일문학과 졸업, 동 대학교 대학원(석사), 히로시마(広島)대학 대학원(박사)현재 한국일본학회 이사, 한국일본어교육학회 편집위원, 한국일본언어문화학회 이사, 한국일어교육학회 부회장
- 『한일 한자음 체계의 비교연구』보고사 2003, 『佛母大孔雀明王經 字音研究』책사랑 2005, 『日本漢字音의 理解』책사랑 2006, 「韓國漢字音의 輕脣音化 반영여부에 관한 고찰」『일본학연구36』2012, 「韓國漢字音 1·2等 開口韻의 受容 樣相」『日本言語文化22』2012

조대하(趙大夏)
- 서울여자대학교 교수
- 릿쿄(立教)대학 대학원(박사)
- 한국일어교육학회 회장·편집위원장, 일본어문학회 부회장, 한국일어일문학회 상임이사·편집위원
- 「일본어 발음 지도 방안 연구」『일본어교육연구25』2013, 「彌爾의 古音에 대한 연구, 일본어문학59』2012, 「中國上古音系 日本漢字音에 대한 연구」『일어일문학연구80』2012, 「止攝 漢字音에 대한 韓日 對比研究」『일본어문학52』2011, 『초스피드 일본어3,4』(공저), YBM더텍스트, 2010/2012

▌ピンテール・ガーボル(Pintér Gábor·핀텔 가볼)
- 神戸大学国際コミュニケーションセンター 准教授
- カーロリ大学 日本語・日本文化学科(ハンガリー), ELTE大学院 理論言語学専攻 博士課程(後期)(ハンガリー), 神戸大学文化学研究科博士課程終了(博士), 株式会社アドバンスト・メディア, 基礎技術開発部 教育用音声認識擔當 역임
- Asymmetrical phonologization in Japanese: a case study, Asymmetries in Phonology: An East-Asian Perspective, Kuroshio, 2008, Richness of the Base and Lexicon Optimization in Language Change, Phonological Studies 9, 2006, Vowel Coalescence in Middle Japanese, Phonological Studies 8, 2005

▌황광길(黃光吉)
- 단국대학교 교수
- 쓰쿠바(筑波)대학 대학원 박사과정수료, 한국외국어대학교 대학원(박사)
- 『일본어 촉음연구』제이앤씨 2008, 「촉음이 출현하는 음성환경에 대해서」『日語日文學研究26』1995, 「일본어에서 한자의 기능」『일본학연구30』2010

▮ 간행 및 편집위원장 : 한미경(한국외대)		
▮ 간행위원 : 고수만(인하대)	김광태(한서대)	김준숙(백석예술대)
송영빈(이화여대)	윤상실(명지대)	윤호숙(사이버한국외대)
정상철(한국외대)	정수현(동국대)	최창완(가톨릭대)
황미옥(인천대)		
▮ 편집위원 : 권경애(한국외대)	김동규(한국외대)	박민영(한국외대)
송정식(인하공전)	오미영(숭실대)	이우제(백석예술대)
이은미(명지대)	정상미(신라대)	

일본어학과 일본어교육
2 음운·음성

초판인쇄 2013년 5월 24일
초판발행 2013년 6월 1일

편　　자　韓 美 卿
발 행 인　윤 석 현
발 행 처　J&C
책임편집　최인노·김선은·주수련
등록번호　제7-220호

우편주소　㈜ 132-702 서울시 도봉구 창동 624-1 북한산 현대홈시티 102-1106
대표전화　02) 992 / 3253
전　　송　02) 991 / 1285
홈페이지　http://www.jncbms.co.kr
전자우편　jncbook@hanmail.net

ⓒ 韓美卿 2013 All rights reserved. Printed in KOREA

ISBN 978-89-5668-952-4　94730　　　정가 17,000원
　　　978-89-5668-950-0　94730 (set)

* 이 책의 내용을 사전 허가 없이 전재하거나 복제할 경우 법적인 제재를 받게 됨을 알려드립니다.
** 잘못된 책은 구입하신 서점이나 본사에서 교환해 드립니다.